Kohlhammer

Die Herausgeberinnen

© Isa Lange

Viola B. Georgi ist Professorin für Diversity Education und Direktorin des Zentrums für Bildungsintegration: *Diversity und Demokratie in Migrationsgesellschaften* an der Stiftung Universität Hildesheim. Sie lehrt und forscht u. a. zu Schule in der Migrationsgesellschaft, Diversity Education und historisch-politischer Bildung. Sie publizierte zu Themen wie Erinnerungskultur, Professionalisierung von Lehrkräften, Bildungsmedien, kultureller Bildung und Citizenship Education. Georgi wirkt als Mitglied in verschiedenen Fachbeiräten und Expertengremien, u. a. im Sachverständigenrat für Integration und Migration.

Yasemin Karakaşoğlu ist Professorin für Interkulturelle Bildung am Fachbereich Erziehungs- und Bildungswissenschaften der Universität Bremen. Sie lehrt, forscht und publiziert u. a. zu Schul- und Hochschulentwicklung sowie Lehrer*innenbildung in der Migrationsgesellschaft, Transnationalität und Bildung sowie Islam im Kontext von Schule. Karakaşoğlu ist zivilgesellschaftlich engagiert u. a. als Vorsitzende des Rats für Migration e. V. und wirkt in verschiedenen Fachbeiräten mit, darunter im Vorstand des DAAD, als Vizepräsidentin der Stiftung Niedersachsen sowie Mitglied des Kuratoriums der Freudenberg Stiftung.

Viola B. Georgi, Yasemin Karakaşoğlu (Hrsg.)

Bildung in früher Kindheit

Diversitäts- und migrationssensible
Perspektiven auf Familie und Kita

Verlag W. Kohlhammer

Dieses Werk einschließlich aller seiner Teile ist urheberrechtlich geschützt. Jede Verwendung außerhalb der engen Grenzen des Urheberrechts ist ohne Zustimmung des Verlags unzulässig und strafbar. Das gilt insbesondere für Vervielfältigungen, Übersetzungen, Mikroverfilmungen und für die Einspeicherung und Verarbeitung in elektronischen Systemen.

Die Wiedergabe von Warenbezeichnungen, Handelsnamen und sonstigen Kennzeichen in diesem Buch berechtigt nicht zu der Annahme, dass diese von jedermann frei benutzt werden dürfen. Vielmehr kann es sich auch dann um eingetragene Warenzeichen oder sonstige geschützte Kennzeichen handeln, wenn sie nicht eigens als solche gekennzeichnet sind.

Es konnten nicht alle Rechtsinhaber von Abbildungen ermittelt werden. Sollte dem Verlag gegenüber der Nachweis der Rechtsinhaberschaft geführt werden, wird das branchenübliche Honorar nachträglich gezahlt.

Dieses Werk enthält Hinweise/Links zu externen Websites Dritter, auf deren Inhalt der Verlag keinen Einfluss hat und die der Haftung der jeweiligen Seitenanbieter oder -betreiber unterliegen. Zum Zeitpunkt der Verlinkung wurden die externen Websites auf mögliche Rechtsverstöße überprüft und dabei keine Rechtsverletzung festgestellt. Ohne konkrete Hinweise auf eine solche Rechtsverletzung ist eine permanente inhaltliche Kontrolle der verlinkten Seiten nicht zumutbar. Sollten jedoch Rechtsverletzungen bekannt werden, werden die betroffenen externen Links soweit möglich unverzüglich entfernt.

1. Auflage 2022

Alle Rechte vorbehalten
© W. Kohlhammer GmbH, Stuttgart
Gesamtherstellung: W. Kohlhammer GmbH, Stuttgart

Print:
ISBN 978-3-17-037611-3

E-Book-Formate:
pdf: ISBN 978-3-17-037612-0
epub: ISBN 978-3-17-037613-7

Vorwort

Der vorliegende Band »Frühe Kindheit« eröffnet die Reihe »Diversity, Migration und Bildung«.[1] Unter einer diversitätssensiblen und diskriminierungskritischen Perspektive präsentiert die Reihe, die sich in der Abfolge der Bände an einer gedachten Bildungsbiographie über die verschiedenen Lebensphasen hinweg orientiert, aktuelle Forschungsergebnisse und Konzepte der Bildung im Kontext von Diversity und Migration. Mit Diversity, Migration und Bildung werden dabei nicht drei voneinander unabhängige Analysekategorien, Dimensionen und Felder in den Blick genommen, sondern uns interessiert gerade die Interdependenz dieser drei Beobachtungsschwerpunkte. Sie bildet den verbindenden theoretischen Bezugsrahmen der in den einzelnen Bänden versammelten Aufsätze. Die Autor*innen mit ihren unterschiedlichen Forschungs- und Praxisperspektiven leuchten diese Interdependenz jeweils spezifisch, am Beispiel unterschiedlicher Gegenstände (in diesem Band etwa bezogen auf die Zusammenarbeit mit Eltern, sprachliche Bildung, religiöse Pluralität oder Kindermedien), aus. Auf diese Weise wird den Leser*innen ein Einblick in vielfältige aktuelle Diskurse über theoretische und empirische Zugänge, Methoden und Konzepte von und zu Bildung im Kontext von Diversity und Migration geboten. Gleichwohl kann und will nicht der Anspruch erhoben werden, das gesamte mögliche Spektrum an Aspekten, die bezogen auf Bildung im Kontext von Diversity und Migration in den jeweiligen Lebensphasen denkbar wären, abzudecken.

Bildung wird von uns dabei im umfassendsten Sinne der Bedeutung dieses Wortes als pädagogisches Konzept verstanden, das Zielvorstellungen, Prozesse und Ergebnisse von Sozialisation, Erziehung, Lernen und (in Band 1 bezogen auf Kita und Grundschule) auch Unterricht umfasst. Bildung in diesem Sinne zielt auf die Entwicklung von Handlungs- und Urteilsfähigkeit ab und vermittelt zentrale Grundlagen für eine aktive und selbstbestimmte Partizipation an einer von Pluralismus geprägten, demokratisch verfassten Gesellschaft (vgl. Horlacher 2010, S. 61; Reichenbach 2010, S. 87).

Diversity steht als Analysekategorie zum einen für die Mannigfaltigkeit der gesellschaftlich wirksamen Differenzlinien und die Heterogenität individueller und kollektiver Identitäten bzw. ihrer historischen und aktuellen gesellschaftlichen Konstruktionen, etwa bezogen auf soziale Herkunft, Ethnizität, Religion, Spra-

---

1 Unser besonderer Dank gilt Caroline Schäfer, die als studentische Mitarbeiterin im Arbeitsbereich Interkulturelle Bildung an der Universität Bremen alle Phasen der Entstehung dieser Buchpublikation mit großem Engagement, klugen Ideen und themenbezogenem Sachverstand maßgeblich unterstützt hat.

che, sexuelle Orientierung, Behinderung, Alter, Geschlecht etc. Mit der Verwendung des *Diversity*-Begriffs (anstelle von *Diversität*) richten wir den analytischen Blick jedoch nicht verkürzt auf Diversität als einfache Beschreibung von Vielfalt, als fraglos gegeben in ihren verschiedenen Ausprägungen, sondern auf die Komplexität und Interdependenz im Sinne von intersektionaler Wirksamkeit von Diversitätsdimensionen für Identitätskonstruktionen, Zugehörigkeitsordnungen, Selbst- und Fremdzuschreibung. Dabei interessieren wir uns nicht zuletzt für historisch bedingte und gesellschaftlich verankerte hierarchische Kategorisierungen entlang von Diversitätsmerkmalen. Damit schließt unser Verständnis von Diversity an macht- und herrschaftskritische Ansätze an, mit denen eine besondere Aufmerksamkeit der Frage gewidmet wird, *weshalb* bestimmte soziale, kulturelle, sprachliche oder religiöse Orientierungen und Zugehörigkeiten von Individuen z. B. im Bildungssystem mit Benachteiligung, Diskriminierung und Exklusionen einher gehen, während andere Zugehörigkeiten privilegiert werden.

Gerade Formen migrationsbedingter Diversität, die einen thematischen Fokus dieser Reihe darstellt, können durch nach wie vor gängige und simple Unterscheidungen, etwa zwischen Personen *mit* und *ohne* Migrationshintergrund, Mehrheitsgesellschaft und Minderheit, nicht angemessen erfasst werden. Um die gesellschaftliche Realität in einer hoch diversifizierten deutschen Migrationsgesellschaft zu beschreiben, bedarf es komplexerer Kategorien, wie sie etwa die Diversityforschung bereithält (vgl. Georgi 2018).

Migration, die unsere Gesellschaft und ihre Bildungsinstitutionen grundlegend prägt und maßgeblich zur Diversifizierung der Gesellschaft beiträgt, bildet den zentralen theoretischen und bildungspolitischen Verweisungszusammenhang der Reihe. Migration ist in unterschiedlicher Intensität und Ausprägung allgegenwärtig in städtischen und ländlichen Regionen. Dies drückt sich aus etwa in Form der Zunahme von Mobilitätserfahrungen, von transnationalen Lebensentwürfen und damit verbunden in der alltäglichen Erfahrung religiöser, sprachlicher und kultureller Vielfalt. Alle heute in Deutschland lebenden und aufwachsenden Menschen sind je spezifisch von den Wirkungsweisen und Auswirkungen von Migration als die Gesellschaft transformierender Tatsache betroffen. Im Bildungserwerb über die Lebensspanne hinweg spielen unterschiedliche formale, informelle und non-formelle Bildungsinstitutionen und -instanzen eine spezifische Rolle, welche in der Reihe systematisch ausgelotet werden soll. Dabei geht es beispielsweise um die Erfahrung und Förderung von Selbstwirksamkeit und gesellschaftlicher Teilhabe, von Wissenserwerb und Sozialisation, um spezielle oder allgemeine Zugänge von Institutionen im Umgang mit Migration, um die Auseinandersetzung mit Identitätskonstruktionen und Fragen nach Selbstermächtigung und Vergemeinschaftung, um Erfahrungen von Zugehörigkeit und Ausgrenzung, Diskriminierung und Rassismus im Kontext von Bildung und Bildungsinstitutionen (vgl. dazu auch Mecheril et al. 2016; Gogolin et al. 2018).

Migration als die Gesellschaft transformierendes Faktum wird noch immer als besondere Herausforderung für die Bildungsinstitutionen und -instanzen von der Kita bis zur Hochschule beschrieben. Dies ist maßgeblich darauf zurückzuführen, dass das weitgehend an nationalen Paradigmen orientierte Bildungssystem und die Regierungspolitik, die bis weit in die 2000er Jahre hinein die Entwicklung Deutschlands zu einer Einwanderungsgesellschaft negiert hat, lange versäumt haben, die notwendigen, mit Migration einhergehenden Veränderungen auch strukturell und inhaltlich in die Wege zu leiten (Karakaşoğlu 2014). Im Ergebnis formulieren auch heute noch die im Handlungsfeld Bildung tätigen pädagogischen Fachkräfte nicht selten Probleme damit, den Umgang mit Diversity in ihr professionelles Selbstverständnis zu integrieren und Migration als Normalfall zu betrachten (Doğmuş et al. 2016). Auch der Thematik der pädagogischen Professionalität und Professionalisierung in der Migrationsgesellschaft soll daher in der Reihe durchgehend Rechnung getragen werden. Jeder Band endet mit einem englischsprachigen Originalbeitrag, der exemplarisch für transnationale Perspektiven auf das Thema aktuelle empirische Forschungsergebnisse zu einem spezifischen nationalen Kontext präsentiert. Die Entscheidung, diesen Beitrag nicht ins Deutsche übersetzen zu lassen, beruht auf der Überlegung, dass jede Übersetzung eine Interpretation bedeutet und wir in die Autonomie nicht deutschsprachiger Autor*innen nicht eingreifen wollen.

Wie alle Bände dieser Reihe richtet sich auch dieser Band an vielfältige Zielgruppen. In diesem Fall sind dies Pädagogik-Studierende, in Einrichtungen der frühen Bildung sowie an Grundschulen tätige pädagogische Fachkräfte und Lehrer*innen, Mitarbeiter*innen in der Bildungsadministration und Bildungspolitik sowie alle am Thema Interessierte.

Inhaltsverzeichnis

Vorwort 5

Einleitung 11
    Literatur 17

1   **Diversity und Migration in der frühen Bildung** 19
    Drorit Lengyel & Janne Braband
    Einleitung 19
    1.1   Diversity und Diversity Education 21
    1.2   Die Pädagogik der frühen Kindheit im Spiegel von Diversity 24
    1.3   Qualität in frühkindlichen Bildungsinstitutionen 26
    1.4   Frühpädagogische Handlungsfelder 32
    1.5   Diversitätsgerechte Professionalisierung frühpädagogischer Fachkräfte 41
    1.6   Fazit 43
    Literatur 44

2   **Sprachpolitik in zugewanderten Familien und Einrichtungen frühpädagogischer Erziehung und Bildung** 49
    Julie A. Panagiotopoulou & Evamaria Zettl
    Einleitung 49
    2.1   Sprachpolitik und Sprachpraxis in (neu) zugewanderten Familien 51
    2.2   Sprach(en)politik im frühpädagogischen und vorschulischen Alltag 54
    2.3   Zusammenfassung und Schlussfolgerungen 60
    Literatur 62

3   **Migrationsspezifische Perspektiven auf Bildung und Erziehung in der Frühen Kindheit** 65
    Berrin Özlem Otyakmaz
    3.1   Perspektiven auf Konzepte der Bildung und Erziehung in der Migrationsgesellschaft in der erziehungswissenschaftlichen Kontroverse 65
    3.2   Perspektiven auf Erziehungs- und Bildungskompetenzen von Eltern mit »Migrationshintergrund« im bildungswissenschaftlichen Diskurs 68

	3.3	Perspektiven der Frühpädagogik und die Problematik der Umsetzung notwendiger partnerschaftlicher Kooperation zwischen Kita und Elternhaus	69
	3.4	Perspektiven von Eltern auf Erziehungs- und Bildungskompetenzen von Kita und Elternhaus	71
	3.5	Perspektiven auf Frühpädagogik in der Migrationsgesellschaft	74
	Literatur		76
4	**Zur Bedeutung religiöser Pluralität in der frühen Kindheit**		**80**
	Fahimah Ulfat		
	Einleitung		80
	4.1	Religiöse Pluralität in der frühen Kindheit	81
	4.2	Umgang mit religiöser Differenz im Elementar- und Primarbereich	87
	4.3	Herausforderungen für das interreligiöse und religionssensible Lernen in frühkindlichen institutionellen Kontexten	92
	4.4	Fazit	95
	Literatur		96
5	**Rassismuskritische Perspektiven auf Kindheit. Eine diversitätspädagogische Perspektivierung der Anerkennungsfunktion didaktischer Medien**		**98**
	Maisha-Maureen Auma		
	5.1	Rassismus als in der frühen Kindheit wirksame Marginalisierungserfahrung	98
	5.2	Eine diversitätspädagogische Perspektivierung des Destigmatisierungspotentials didaktischer Kindermedien	101
	5.3	Ausblick: Prozesse der Destigmatisierung als Empowerment-, Normalisierungs- und Dekonstruktionsarbeit	105
	Literatur		110
6	**Challenges to and Opportunities for Educational Access for Immigrant-origin Children in the U. S.**		**115**
	Carola Suárez-Orozco		
	Introduction		115
	6.1	Challenges to Integration	116
	6.2	Challenges in the Educational Landscape	123
	6.3	Conclusion	126
	References		126

Autorinnenverzeichnis **132**

Einleitung

Die mit früher Kindheit bezeichnete Altersspanne umfasst im Allgemeinen die Lebensjahre 0 bis 6. Einzelne Beiträge dieses Bandes gehen allerdings mit der Einbeziehung der Institution Grundschule auch darüber hinaus und verweisen auf in Teilbereichen dieser beiden pädagogischen Institutionen überlappende Anforderungen. Etwa wenn es um die Haltung gegenüber der Zusammenarbeit mit Eltern geht oder um die von der Bildungspolitik an Institutionen frühkindlicher Bildung herangetragene Aufgabe einer Vermittlung der Bildungssprache Deutsch und die eingesetzten Bildungsmaterialien. In kaum einer anderen Altersgruppe ist die Transformation der Gesellschaft zu einer superdiversen (Vertovec 2007) Einwanderungsgesellschaft so unmittelbar nachvollziehbar. Darauf verweist der hohe Anteil an Personen, denen das statistisch ermittelte Merkmal ›Migrationshintergrund‹ (d. h. die Person selbst oder mindestens ein Elternteil ist im Ausland geboren) zugeschrieben wird, nämlich mit 43 % in Westdeutschland (inkl. Berlin) und 14,2 % in Ostdeutschland (DJI 2020, S. 14). In den westdeutschen Großstädten macht diese ›Gruppe‹, die in sich äußerst heterogen ist, heute die Mehrheit der unter Sechsjährigen aus.

Mit Migration gehen sowohl vielfältige Erfahrungen mit transnationalen familiären Netzwerken, mit Mehrsprachigkeit und religiös-weltanschaulicher Vielfalt als auch – je nach zugeschriebener natio-ethno-kultureller Zugehörigkeit – sehr unterschiedliche Erfahrungen mit *Othering*, Stigmatisierung und Rassifizierung einher. Nicht nur über mehr oder weniger unmittelbare biographische Bezüge zu Migration, sondern auch über vielfältige globale, transnationale Verweisungszusammenhänge, die Kinder in ihrem unmittelbaren Umfeld wie auch medial wahrnehmen, stellen migrationsgesellschaftliche Rahmenbedingungen heute einen Erfahrungshorizont für alle Kinder in Deutschland dar. Die Migrationsgesellschaft als gemeinsamer Sozialisationsrahmen aller in Deutschland lebenden Kinder prägt somit nicht nur das Aufwachsen derjenigen, die unmittelbare Migrationserfahrungen als Teil der jüngeren Familiengeschichte mitbringen, sondern über den Kontakt im alltäglichen Leben vor Ort sowie Effekte der politischen, ökonomischen und nicht zuletzt kulturellen Globalisierung die Sozialisationserfahrungen aller Kinder (vgl. Akbas et al. 2017). Wenn also im Folgenden von einer migrationsgesellschaftlichen Perspektive auf frühe Kindheit die Rede ist, dann soll der Blick nicht einseitig auf Personen »mit Migrationshintergrund« und damit auf »ein detektivisches Ermitteln der exotischen Differenz und damit der Festschreibung diffuser Fremdheit« (Hamburger und Stauf 2009, S. 30) ausgerichtet bleiben. Wenngleich die Forschungspraxis auch heute noch häufig diese Kategorie als zentrales Unterscheidungsmerkmal zugrunde legt und ein Rekurs auf den

Forschungsstand nicht umhinkommt, die nach ›mit‹ und ›ohne Migrationshintergrund‹ differenzierenden Ergebnisse entsprechend kritisch reflektiert zur Kenntnis zu nehmen (vgl. verschiedene Beiträge in Otyakmaz und Karakaşoğlu 2015). Untersuchungen mit einer nach Migrationshintergrund, Migrationsgeneration und sozialer Schicht differenzierenden Beobachtungsperspektive arbeiten heraus, dass es vor allem sozioökonomisch bedingte Differenzen sind, die Unterschiede im Hinblick auf die Partizipation etwa in frühkindlichen Betreuungseinrichtungen erklären und nicht – wie häufig angenommen – kulturelle Distanz gegenüber den Einrichtungen (vgl. dazu Betz, Prein und Rauschenbach 2015 oder auch Sahrei 2015; DJI 2020). Kulturalisierende Erklärungsansätze für sog. Inanspruchnahmebarrieren, die als Ursache einer im Vergleich mit Eltern ›ohne Migrationshintergrund‹ geringeren Nutzung frühkindlicher Betreuungs- und Bildungsangebote identifiziert werden, haben lange den Blick auf eine notwendige migrationsgesellschaftliche Öffnung der Institutionen verstellt (u. a. SVR 2013; Amirpur 2015). Diese bedeutet mehr als die Stärkung der Vermittlungsfähigkeit bildungssprachlicher Kompetenzen in Deutsch durch Fachkräfte im Elementarbereich als Vorbereitung auf die Anforderungen der Schule. Eine solche Aufgabenerweiterung für die Fachkräfte war als Empfehlung der Kultusministerkonferenz bereits ein Jahr nach dem Bekanntwerden der für Deutschland unerwartet schlecht ausgefallenen Ergebnisse von PISA ausformuliert worden (KMK 2002) und hatte den Bedeutungswandel des Elementarbereiches von einer Betreuungs- und Sozialisationsinstanz hin zur ersten Stufe des Bildungssystems insbesondere im Hinblick auf den frühkindlichen Deutsch-Spracherwerb für alle Kinder eingeläutet. Damit einher ging eine Ausblendung der Bedeutung einer herkunftssprachlichen Sozialisation sowohl für die Eltern-Kind-Beziehungen, die Aufrechterhaltung transnationaler familiärer Netzwerke, als auch für die Ausbildung von metasprachlichen Kompetenzen zum Erwerb weiterer Sprachen, so auch des Deutschen (u. a. Leyendecker et al. 2015). Was daran deutlich wird, ist, dass eine migrationsgesellschaftliche Perspektive alle in den Blick nimmt, ohne dabei spezifische – auch über migrationsbezogene biographische Erfahrungen bedingte – Rahmenbedingungen und Bedürfnisse auszublenden.

Der Band »Bildung in früher Kindheit – Diversitäts- und migrationssensible Perspektiven auf Familie und Kita« versammelt sechs in sich abgeschlossene Beiträge, die auf das Thema jeweils ein spezielles Schlaglicht werfen und dabei relevante empirische Befunde und theoretische Bezüge aufgreifen. Sie adressieren theoretische Konzepte von Diversitäts- und Kultursensibilität, von Diskriminierungs- und Rassismuskritik, von Interkulturalität und Interreligiosität und spannen damit den Bogen zwischen verschiedenen Diskurslinien aktueller erziehungswissenschaftlicher Migrationsforschung. In ihnen spiegeln sich gegenwärtige und zukünftige Herausforderungen für das Handlungsfeld der Pädagogik der Frühen Kindheit in der Migrationsgesellschaft, die in vielfacher Hinsicht als international geteilt zu verstehen sind. Daraus werden in je unterschiedlicher Pointierung Schlussfolgerungen für wissenschaftliche, pädagogische sowie auch bildungspolitische Weichenstellungen abgeleitet. Die Beiträge sollen hier in der Reihenfolge ihrer Platzierung im Band und mit ihren inhaltlichen Ausrichtungen kurz vorgestellt werden, um damit die Orientierung für die Leser*innen zu erleichtern:

Drorit Lengyel und Janne Braband geben in ihrem Beitrag »Diversity und Migration in der frühen Bildung« einen umfassenden und einführenden Überblick zu diversitätssensibler und diskriminierungskritischer Bildung in der Pädagogik der frühen Kindheit. In Rezeption des aktuellen Forschungsstandes wird herausgearbeitet, wie sich die Pädagogik der Frühen Kindheit mit migrationsbedingter Diversität auseinandersetzt. Das Begriffsfeld Diversity wird mit Bezug auf die Pädagogik der frühen Kindheit sondiert und die Frühpädagogik als zentrales Handlungsfeld ausgewiesen. Parallel dazu werden Qualitäts- und Professionalisierungskriterien benannt und reflektiert. Ausgehend von den gestiegenen Anforderungen und bildungspolitischen Erwartungen hinsichtlich der Effektivität der frühen Bildung werden aktuelle Studien und Befunde der frühkindlichen Bildungsforschung in den Blick genommen, die auf die Qualität im System der Kindertagesbetreuung abzielen. Schließlich werden zentrale frühpädagogische Handlungsfelder fokussiert: die Sprachbildung, die interreligiöse Erziehung und Bildung, die vorurteilsbewusste Erziehung sowie die Kooperation mit Eltern und anderen Akteur*innen, Organisationen und Verbänden.

Die Autorinnen fragen danach, welche Modelle von Professionalität und Professionalisierung pädagogischer Fachkräfte als einem weiteren Gebiet der frühkindlichen Bildungsforschung und Pädagogik der frühen Kindheit vorliegen und mit Bezug auf Diversity als geeignet erscheinen. Sie argumentieren, dass es darum gehe, »an den grundlegenden menschenrechtlichen Prinzipien (Gleichheit, Freiheit, Solidarität) in der pädagogischen Orientierung anzuknüpfen und sich mit den je individuellen Lebenslagen der Kinder auseinanderzusetzen, aber auch Schieflagen im System, in der Einrichtung und/oder im Handeln selbst macht- und hierarchiekritisch zu analysieren«. Daran anknüpfend heben Lengyel und Braband vorwiegend Untersuchungen und Professionalisierungsmodelle als weiterführend hervor, denen ein relationales und deskriptives Qualitätsverständnis zugrunde liegt.

Julie Panagiotopoulou und Evamaria Zettl zeigen in ihrem Beitrag »Sprachpolitik und Sprachpraxis in zugewanderten Familien und in Einrichtungen frühkindlicher und vorschulischer Bildung – Herausforderungen für pädagogische Fachkräfte« Praxen von Mehr- und Quersprachigkeit und Translanguaging auf. Dabei adressieren sie sowohl die familiale Sprachenpolitik als auch offizielle Sprach(en)politiken in der Migrationsgesellschaft und in pädagogischen Praxen. In einer internationalen Perspektive beziehen sie sich auf Deutschland, Luxemburg und die Schweiz und thematisieren deren bildungspolitische und migrationsgesellschaftliche Besonderheiten im Vergleich. Entlang dieser Länderbeispiele illustriert ihr Beitrag die Beteiligung von Bildungsinstitutionen an der Festlegung und Durchsetzung von Sprachstandards.

Mehr- und Quersprachigkeit sowie Translanguaging werden als zentral für die Interaktion von Migrationsfamilien betrachtet. Die vorgestellten Studien zeigen, dass es in Migrationsfamilien den Wunsch nach dem mehrsprachigen Aufwachsen der Kinder gibt, der u. a. damit begründet wird, dass die sprachlichen Ressourcen der Herkunftsfamilien zugänglich gemacht werden sollen, sodass den mehrsprachig aufwachsenden Kindern eine selbstbestimmte (sprachliche) Positionierung ermöglicht wird. Es wird beschrieben, wie Kinder ihren Sprachgebrauch situativ anpassen, d. h. sprachlich zwischen mono- und translingualem Handeln wechseln. Panagiotopoulou und Zettl nehmen auch die Sprachpolitik und Sprachpraxis der pädagogischen Fachkräfte in Bildungseinrichtungen unter die Lupe. Diese handelten innerhalb ihrer Institutionen sprachpolitisch und seien damit Teil des lokalen Sprachregimes. Die Autorinnen zeigen, dass sich im Kita-Alltag ein breites Handlungsspektrum ausmachen lässt, welches von der Implementation mehrsprachiger Praxis als wertzuschätzender Normalität bis hin zur Thematisierung von Mehrsprachigkeit als Normabweichung und pädagogischem Problem reicht. Letztere Praxis zöge unweigerlich Prozesse des ›Otherings‹ nach sich. Der Beitrag macht deutlich, dass Defizitperspektiven auf mehrsprachige Kinder weder sprach- noch erziehungswissenschaftlichen Erkenntnissen zu Bildung und Erziehung in Migrationskontexten entsprächen, noch würden sie der gelebten Alltagspraxis in Familien und deren transnationalen Bezügen gerecht.

Schließlich formulieren Panagiotopoulou und Zettl Anforderungen für die Sprach(en)praxis in der Migrationsgesellschaft. Danach sollten Fachkräfte Eltern und Kinder zum Gebrauch ihres gesamten Sprachenrepertoires ermutigen. Außerdem sollte den Eltern Vertrauen in ihre (mehrsprachige) Erziehungsfähigkeit entgegengebracht werden. Schließlich sollten pädagogische Fachkräfte bestärkt werden, »ihre sprachpolitischen Handlungsspielräume – wenn notwendig auch widerständig – zu nutzen, um die familiale Sprachpraxis als legitim anzuerkennen und gelebte Mehrsprachigkeit behutsam aufzugreifen, ohne sie als besondere Praxis ethnisierend zu thematisieren oder zu inszenieren«.

Der Beitrag »Migrationsspezifische Perspektiven auf Bildung und Erziehung in der Frühen Kindheit« von *Berrin Özlem Otyakmaz* nimmt die Kooperation zwischen Kitas und Eltern mit sog. »Migrationshintergrund« in den Blick. Die Autorin zeigt, wie dominanzkulturelle Normalitätsvorstellungen sowie Defizitannahmen gegenüber Eltern und Kindern aus eingewanderten Familien in Bildungsinstitutionen und pädagogischen Praxen fortwirken. Der hier in Anschlag gebrachte migrationspädagogische Ansatz fokussiert auch auf die Erforschung des Wissens und der Vorstellungen des oder der ›Anderen‹. Dieses Wissen müsse genau wie das der die Dominanzkultur Vertretenden als legitimes Wissen zur Grundlage pädagogischer Theorien und Praxen zur Verfügung stehen und reflektiert werden. Otyakmaz kritisiert die asymmetrische Beziehung zwischen Eltern mit sog. »Migrationshintergrund« und Pädagog*innen von Kindertageseinrichtungen. »Kulturelle Differenz« und fehlende Deutschsprachkenntnisse würden dabei von letzteren häufig als Gründe für die nicht ausreichende oder schlechte Kooperation ins Feld geführt. Die Autorin hebt hingegen hervor, dass kulturalisierende Zuschreibungen die legitimen Forderungen der Eltern, welche häufig mit den bildungs- und integrationspolitischen Diskursen sowie mit den Erwartungen von Eltern ohne sog. »Migrationshintergrund« übereinstimmen, verdecken und delegitimieren. Hinter solchen Annahmen der Pädagog*innen stünde eine pauschale Abwertung von elterlichen Erziehungs- und Bildungskompetenzen. Schließlich diskutiert Otyakmaz, welche Berücksichtigung selbstbestimmte ethnische oder kulturelle Bezugnahmen und Zuordnungen in der Kooperation von Kita und Eltern finden sollten und wie diese reflektiert werden können. Der

Beitrag mündet in einer Forderung nach mehr Differenzsensibilität in den frühkindlichen Bildungseinrichtungen. Otyakmaz unterstreicht zudem, dass pädagogische Forschung und Praxis Differenzzuschreibungen konsequent dekonstruktivieren müssten.

Fahimah Ulfat stellt in ihrem Beitrag »Zur Bedeutung religiöser Pluralität in der frühen Kindheit und den Herausforderungen interreligiösen und religionssensiblen Lernens in Kindertageseinrichtung und Grundschule« ausgewählte aktuelle Studien zu religiöser Pluralität im Elementar- und Primarbereich aus dem deutschsprachigen Raum vor. Da Bildungsinstitutionen in der frühen Kindheit »in Bezug auf Erfahrungen von Selbstwirksamkeit und der damit einhergehenden Formung des Selbstbildes, aber auch Erfahrungen von Zugehörigkeit und Ausgrenzung« eine hohe Bedeutung hätten, sei die Reflexion der pädagogischen Praxis ebenso bedeutsam wie die damit einher gehende Konzeption einer religionspädagogischen Professionalisierung.

Die Autorin skizziert die Bedeutung religiöser Sozialisation in einer religiös pluralen Gesellschaft und expliziert empirisch belegte kindliche Gottesvorstellungen. Sie stellt fest, dass Kinder eine Vielzahl individueller Gottesbilder haben und dass die religiösen Vorstellungen generell sowohl auf (familiären) Beziehungserfahrungen, elterlicher Vermittlung entsprechender Vorstellungen wie auch auf eigenen Erfahrungen der Kinder basieren. Die Kinder verfügten bereits früh über Fähigkeiten, mit erlebter religiöser Differenz im Alltag umzugehen. Außerdem würden sie nicht nur religiöses Wissen rezipieren, sondern sich auch aktiv damit auseinandersetzen und so zu eigenständigen Deutungen gelangen. Der Beitrag zeigt, dass eine gezielte familiär vermittelte religiöse Sozialisation grundsätzlich keinen negativen Einfluss auf ein reflexives Verhältnis zu religiösen und nicht-religiösen Lebenswelten hat. Dennoch argumentiert die Autorin, dass es in Kitas und Grundschulen wichtig sei, »unreflektierte religiöse Orientierungen« zu thematisieren, da sich die Anschlussfähigkeit an säkulare Welten sonst tendenziell als schwierig gestalte.

Ulfat sondiert sodann den Umgang mit religiöser Differenz in Kitas. Hierfür trägt sie zentrale empirische Untersuchungen zusammen, die der Frage nachgehen, ob und wie religiöse Differenz in Kita und Grundschule zum Thema gemacht wird. Dabei spielt auch die Thematisierung von religiöser Differenz von Seiten der Pädagog*innen und Einrichtungen eine wichtige Rolle. Ulfat resümiert, dass die Kultur der Einrichtung (das »Einrichtungsmilieu«) entscheidend für die Wahrnehmung und Verhandlung unterschiedlicher Religionen im Alltag der Kinder sei. Denn schon im Kita-Alter werde in »Wir« und »Ihr« in Bezug auf Religionszugehörigkeiten kategorisiert, wobei Religion und Nationalität oftmals zusammengedacht würden. Die Autorin hebt hervor, dass Kinder, die sich durch ihre Religion in einer gesellschaftlichen Minderheitsposition befinden, religiöse Differenz eher thematisieren. Grundsätzlich werde religiöse Vielfalt von Pädagog*innen wahrgenommen und wertgeschätzt, jedoch fehle es häufig an professioneller interreligiöser Kompetenz.

Schließlich formuliert der Beitrag Herausforderungen für die pädagogische Praxis im Elementarbereich. Es sei Aufgabe dieser Einrichtungen, religiöses Interesse zu wecken, denn das Sprechen über religiöse Pluralität sei u. a. auch dafür bedeutsam, dass Kinder auch Zweifel am Glauben ausdrücken können. Nur eine interkulturell-interreligiös sensible Bildung könne entsprechende Lernprozesse in Gang setzen. Ulfat betont abschließend, dass Kinder ein Recht auf religionspädagogische Begleitung und Förderung in den Einrichtungen früher Bildung hätten. Außerdem fordert sie eine rassismuskritische Perspektive ein. Eine solche Perspektive einzunehmen bedeute, auf die Anerkennung religiöser Individualität, Diversität und Differenz hinzuwirken, sodass Kinder die Möglichkeit erhalten, ihre religiösen Erfahrungen und ihr religiöses Wissen kritisch reflektierend zu verarbeiten und auf dieser Basis weiterzuentwickeln.

Der Beitrag von *Maureen Maisha Auma* entwickelt dezidiert »rassismuskritische Perspektiven auf Kindheit« unter exemplarischem Bezug auf Werke der Kinder- und Jugendliteratur, die vorgestellt und rassismuskritisch analysiert werden. Die Autorin zeigt die Bedeutung von rassistisch geprägten Marginalisierungserfahrungen für das Aufwachsen von *weiß* bzw. *schwarz* positionierten Kindern. Die Autorin stellt heraus, dass rassistisch geprägte Ordnungen und Zuordnungen Teil der sozialen Wirklichkeit von Kindern sind. Diese fänden sich sowohl in Alltagsroutinen als auch in institutionellen Praktiken in Einrichtungen der frühen Kindheit. Kinder- und Jugendliteratur stelle in diesem Zusammenhang ein sekundäres Wirklichkeitsmodell dar, das hyperdiverse Kinder gezielt adressieren müsse. Kinder- und Jugendliteratur könne nämlich entstigmatisierend und damit empowernd wirken. Auma verweist aber auch darauf, dass Kinderbücher im deutschsprachigen Raum in der Breite aktuell Rassismus eher unsichtbar machten oder sogar reproduzierten. Denn rassistisch marginalisierte Kinder seien hier unterrepräsentiert bzw. auf rassialisierte Merkmale reduziert. Um dem entgegenzuwirken, plädiert Auma für einen intersektionalen Ansatz, der Mehrfachmarginalisierung thematisiert. Mithilfe einer intersektionalen Perspektive sollen Didaktik und Pädagogik der Kinder- und Jugendliteratur daraufhin befragt werden, ob und inwiefern sie imstande sind, die hohen Diskriminierungsrisiken der am stärksten marginalisierten Zugehörigen einer sozialen Gruppe zu adressieren.

Der Beitrag fragt danach, warum es der Kinder- und Jugendliteratur so schwer fällt, BIPoC[1] Kinder zu imaginieren. Zwar zeichneten sich im deutschen Diskurs um Jugendschutz und Werktreue in der Kinderliteratur erste Tendenzen ab, diskriminierende Repräsentationen sichtbar zu machen, jedoch blieben ›weiße‹ Welten in Kinderbüchern dominant und unhinterfragt. So würden Erfahrungen weißer, christlich geprägter, bürgerlicher Kinder und heteronormative Familienverhältnisse als die prototypisch menschliche Erfahrung normalisiert. Auma betont, dass Kinder- und Jugendmedien, die Marginalisierungen entgegenwirken wollen, Erfahrungs- und Handlungsräume rassistisch stigmatisierter Kinder, ihrer Familien und Zugehörigen thematisieren müssten. Sie resümiert mit dem Appell, dass die Diversitätspädagogik ›lernen‹ müsse, »eine hyperdiverse, postmigrantische Generation« als Lesepublikum zu imaginieren.

---

1 Die Abkürzung »BIPoC« ist eine inklusive Sammelbezeichnung für schwarze, indigene und nicht-weiße Menschen. Die Abkürzung BIPoC setzt sich aus drei Teilen zusammen: B = Black, damit sind Schwarze gemeint; I = »Indigenous«, zu Deutsch »Indigene«; PoC = »People of Color«, damit sind nicht-weiße Menschen gemeint.

Mit *Carola Suárez-Orozcos* Beitrag »Challenges to and Opportunities for Educational Access for Immigrant-origin Children in the U. S.« weitet der Band seinen Blick transatlantisch. Im Zentrum stehen Kinder aus Einwander*innenfamilien im Bildungssystem der USA. Suárez-Orozco thematisiert die Lebensrealitäten und -kontexte von Kindern mit Migrationsgeschichte (in erster und zweiter Generation) und betont dabei die Diversität der Lebensumstände, Lernvoraussetzungen und Bildungsbedingungen. Die Autorin zeichnet zunächst Bedingungen nach, die die Bildungsintegration beeinflussen, und unterscheidet dabei zwischen dem sozialen Kontext der Aufnahme (social context of reception), dem familiären Kapital (familial capital) und dem pädagogischen Umfeld (educational setting). Die Herausforderungen, vor denen die Migrationsfamilien und insbesondere die Kinder stehen, umfassen ökonomische Hindernisse, Unsicherheiten über den Aufenthaltsstatus, Ausgrenzungs- und Marginalisierungserfahrungen, familiale Trennungserfahrungen sowie fehlende Ressourcen der Schulen und deren sozialen Umfelds. Diese Faktoren beeinflussen den Zugang zu Bildungseinrichtungen sowie Bildungs- und Integrationserfolge auf vielfältige Weise. Die Autorin stellt fest, dass Institutionen der frühen Kindheit seltener von Kindern mit Migrationsgeschichte besucht werden. Grund dafür seien u. a. die Angst vor Abschiebung in Familien mit prekärem Aufenthaltsstatus sowie irreguläre Arbeitszeiten der Eltern und kulturelle Prägungen, die einer frühkindlichen Betreuung skeptisch gegenüberstehen.

Insgesamt zeigt die Autorin, dass die vielfältigen Möglichkeiten innerhalb des Bildungssystems, Bildungsungleichheiten entgegenzuwirken, in den USA bisher nicht genutzt werden. Sie konstatiert, dass Segregation und Stereotypisierung weiterhin dominieren. Dies komme beispielsweise in Form geringer Leistungserwartungen Lehrender an Kinder mit Migrationsgeschichte zum Ausdruck. Außerdem gebe es weiterhin Zugangsbarrieren zu Einrichtungen der frühen Kindheit für Einwander*innen und es fehle den pädagogischen Fachkräften an Kompetenzen, etwa in Bezug auf die Unterstützung des Erwerbs der Zweitsprache Englisch. Suárez-Orozco bewertet dies als großes Versäumnis und verpasste Chance, da diese Kinder die am schnellsten wachsende Populationsgruppe in den USA darstellten und damit perspektivisch einen zentralen Teil der Bürger*innen des Landes ausmachten. Der Beitrag macht deutlich, was sich im US-amerikanischen Bildungssystem verändern müsste, um mehr Chancengleichheit zu schaffen und Bildungsbenachteiligungen von Kindern aus Einwandererfamilien zu beseitigen.

Literatur

Akbas, B.; Mecheril, P. und Spies, A. (2017): Frühkindliche Bildung in der Migrationsgesellschaft. In: Plate, A. und Amirpur, D. (2017): Handbuch Inklusive Kindheiten. Stuttgart: utb, S. 197–209.

Amirpur, D. (2015): Migration und Behinderung – Familien im Bildungs- und Hilfesystem. In: Otyakmaz, B. Ö. und Karakaşoğlu, Y. (Hrsg.) (2015): Frühe Kindheit in der Migrationsgesellschaft. Erziehung, Bildung und Entwicklung in Familie und Kindertagesbetreuung. Springer Fachmedien Wiesbaden, S. 97–110.

Deutsches Jugendinstitut (Hrsg.) (2020): Jugendmigrationsreport 2020. https://www.dji.de/themen/jugend/kinder-und-jugendmigrationsreport-2020.html [Letzter Zugriff: 15.03.2021].

Doğmuş, A.; Karakaşoğlu, Y. und Mecheril, P. (Hrsg.) (2016): Pädagogisches Können in der Migrationsgesellschaft. Wiesbaden: Springer Fachmedien.

Gogolin, I.; Georgi, V. B.; Krüger-Potratz, M.; Lengyel, D. und Sandfuchs, U. (Hrsg.) (2018): Handbuch Interkulturelle Pädagogik. Bad Heilbrunn: Verlag Julius Klinkhardt.

Hamburger, F. und Stauf, E. (2009): »Migrationshintergrund« zwischen Statistik und Stigma. Schüler: Wissen für Lehrer, Migration. Seelze: Friedrich, S. 30–31.

Horlacher, R. (2010): Bildung. In: M. Schlüter und S. Jordan (Hrsg.) (2010): Lexikon Pädagogik, Hundert Grundbegriffe. Stuttgart: Reclam, S. 60–62.

Karakaşoğlu, Y. (2014): Bildung als Voraussetzung für gleichberechtigte Teilhabe an der Gesellschaft. In: M. Krüger-Potratz und C. Schroeder (Hrsg.): Vielfalt als Leitmotiv. Göttingen: V & R Unipress (Beiträge der Akademie für Migration und Integration, H. 14), S. 103–112.

Kultusministerkonferenz (2002): Bericht Zuwanderung. https://www.kmk.org/fileadmin/Dateien/veroeffentlichungen_beschluesse/2002/2002_05_24-Zuwanderung.pdf [Letzter Zugriff: 15.03.2021].

Leyendecker, B.; Willard, J.; Caspar, U. (2015): Die Bedeutung der Muttersprache in zugewanderten Familien für die Eltern-Kind-Beziehung. In: B. Ö. Otyakmaz und Y. Karakaşoğlu (2015): Frühe Kindheit in der Migrationsgesellschaft. Wiesbaden: Springer Fachmedien, S. 111–124.

Mecheril; P.; Kourabas, V. und Rangger, M. (2016): Handbuch Migrationspädagogik. Weinheim: Beltz.

Reichenbach, R. (2010): Erziehung. In: Lexikon Pädagogik, Hundert Grundbegriffe. Stuttgart: Reclam, S. 87–90.

Sachverständigenrat für Migration und Integration (SVR) (2013): Forschungsbericht: Hürdenlauf zur Kita: Warum Eltern mit Migrationshintergrund ihr Kind seltener in die frühkindliche Tagesbetreuung schicken. https://www.svr-migration.de/publikationen/huerdenlauf-zur-kita-warum-eltern-mit-migrationshintergrund-ihr-kind-seltener-in-die-frueh kindliche-tagesbetreuung-schicken/ [Letzter Zugriff: 15.03.2021].

Vertovec, S. (2007): Super-diversity and its implications. In: Ethnic and Racial Studies 30 (6), S. 1024–1054.

1 Diversity und Migration in der frühen Bildung

Drorit Lengyel & Janne Braband

Einleitung

Bildung und Erziehung in der frühen Kindheit sind stetigen Veränderungsprozessen unterworfen. Diese betreffen gesamtgesellschaftliche Diversifizierungsprozesse. Insbesondere Migration in ihren unterschiedlichen Ausprägungen und Formen, wie etwa Pendelmigration und Transmigration, zeitlich (un)begrenzte Wanderungen oder Fluchtmigration, trägt zu dieser Diversifizierung bei. Migration hat nicht nur Folgen für die Migrant*innen und deren Familien, sondern auch für die Herkunfts- und Zielländer und damit auch für die Bildungssysteme. Für Kinder, die (größtenteils) in Deutschland aufwachsen, besteht eine Folge von Migration darin, dass trotz regionaler Unterschiede (Stadt/Land; Ost/West) ihre Lebenswelten zunehmend von Diversität geprägt sind: Sie lernen anderssprachige Kinder auf dem Spielplatz oder in der Kita kennen, nehmen bei Freund*innen neue Lebensstile und familiäre Entwürfe, religiöse Gebräuche und Rituale wahr und erkunden so Unterschiede und Gemeinsamkeiten ihres Aufwachsens in ihrem unmittelbaren Sozialraum.

Auch das System der Kindertagesbetreuung hat in den letzten zwei Jahrzehnten weitreichende Veränderungen durchlaufen: Durch den Rechtsanspruch auf einen Kita- bzw. Krippenplatz und damit zusammenhängend den Ausbau der Unter-Dreijährigen-Betreuung ist der Sektor allein schon durch die zur Verfügung gestellten Kita- und Krippenplätze und das benötigte Personal stark angewachsen. Dabei sind auch neue Formen der Kindertagesbetreuung entstanden, bei Tagesmüttern und -vätern oder in Familienzentren nach dem angelsächsischen Vorbild. Zudem wurde im bildungspolitischen Diskurs um die Jahrtausendwende die Bedeutung frühkindlicher Entwicklungs- und Bildungsprozesse in institutionellen Settings für Bildungserfolg, Partizipation und Teilhabe in einer (demokratischen) Gesellschaft betont. Dieses Verständnis wurde angereichert durch (inter-)nationale Studien zur Bedeutung der frühen Bildung in Kitas sowie der wachsenden frühkindlichen Bildungsforschung und der Pädagogik der frühen Kindheit auch im deutschsprachigen Raum (Pädagogik der Frühen Kindheit)[1]. So weisen besonders sog. Longitudinale Studien darauf hin, dass der Be-

---

1 Die begriffliche Fassung des Feldes ist komplex, daher möchten wir an dieser Stelle verdeutlichen, mit welchen Begriffen wir arbeiten. Mit *Pädagogik der frühen Kindheit* (Pädagogik der Frühen Kindheit) meinen wir die Subdisziplin der Erziehungswissenschaft, die bildungstheoretisch und empirisch ausgerichtet ist. Der Begriff *frühkindliche Bildungs-*

such einer frühkindlichen Bildungseinrichtung kurzfristige positive Effekte auf die kognitive und soziale Entwicklung von Kindern nach sich zieht (Sylva et al. 2004; für einen Überblick vgl. Melhuish 2013, S. 211–218; ausführlich Roßbach et al. 2008, S. 7–83); langfristige Effekte hängen aber stark von der pädagogischen Qualität, insbesondere von den anregungsreichen Interaktionen und Beziehungen, in den Einrichtungen ab (Siraj-Blatchford et al. 2003). Die hohe Bedeutung, die der frühen Bildung zugesprochen wird, wurde bildungspolitisch übersetzt in Curricula bzw. Bildungspläne, die für jedes Bundesland inzwischen vorliegen und Auskunft über die Umsetzung der Bildungsbereiche sowie das zugrunde liegende Verständnis vom (generalisierten) Kind und von Bildung geben (in Bezug auf Migration und Mehrsprachigkeit vgl. die Analyse von Lengyel und Salem 2018). Sie deuten gleichzeitig auf die gestiegenen Anforderungen und Erwartungen an die pädagogischen Fachkräfte in den Einrichtungen hin. In diesem Zusammenhang muss auch die fortschreitende Teilakademisierung des Erzieher*innenberufs gesehen werden. Denn in dem Maße, wie sich Kitas zu Bildungsorten entwickelten, wurde auch entsprechend qualifiziertes Personal benötigt. Zugleich war dies auch international betrachtet ein folgerichtiger Schritt, da pädagogische Fachkräfte in der frühen Bildung in fast allen anderen Ländern ein akademisches Studium absolvieren. Gleichzeitig ist diese Entwicklung schlicht dem angestiegenen Bedarf an Fachkräften geschuldet, die über die klassischen Ausbildungsgänge (Fachschulen) nicht gewonnen werden konnten. Letztlich stehen die Veränderungen wiederum im Zusammenhang mit gesamtgesellschaftlichen Entwicklungen auf der Makroebene, wie der gestiegenen Erwerbstätigkeit, dem Erhalt internationaler Wettbewerbsfähigkeit u. v. m., die auf den (bildungs-)politischen Diskurs einwirken.

Veränderungen – und dies sei als letzter Punkt vorangestellt – lassen sich auch in der Inanspruchnahme von Kindern in frühkindlichen Bildungseinrichtungen ausmachen. Die Bildungsteilhabe bei den 3- bis 6-Jährigen unterscheidet sich zwischen Kindern unterschiedlicher sozialer, ethnischer, kultureller oder sprachlicher Herkunft heutzutage kaum noch im Vergleich zum Beginn des Jahrtausends: Vier von fünf Kindern mit einem sog. ›Migrationshintergrund‹ besuchten im Jahr 2019 eine Kindertageseinrichtung (vgl. Autorengruppe Bildungsberichterstattung 2020, S. 87). Auch 48 % der Kinder mit Beeinträchtigungen oder Behinderungen (sog. Kinder mit Eingliederungshilfe) besuchen entsprechende Einrichtungen (vgl. ebd., S. 88). Der Besuch einer Kita als erste außerfamiliäre Bildungsinstanz gehört in Deutschland mittlerweile zur kindlichen Sozialisation ab drei Jahren.

Ziel des vorliegenden Beitrags ist es, in das Feld der frühen Bildung im Zusammenhang mit Fragen von Diversity einzuführen. In Kapitel 1.1 beschäftigen wir uns mit dem Begriffsfeld Diversity und gehen in Kapitel 1.2 auf die Pädagogik der frühen Kindheit als wissenschaftliche Disziplin und die Frühpädagogik

---

forschung wird verwendet, um die seit der Jahrtausendwende zunehmenden (quantitativen und qualitativen) Forschungsbemühungen darzustellen. Mit dem Gebrauch des Begriffs *Frühpädagogik* konzentrieren wir uns stärker auf die Praxis und ihre Akteure, während *frühe Bildung* in diesem Beitrag als Oberbegriff verwendet wird.

als Handlungsfeld ein. Es soll herausgearbeitet werden, wie sich die Disziplin und das Feld mit migrationsbedingter Diversität auseinandergesetzt haben. Ein zentrales Gebiet der frühkindlichen Bildungsforschung stellt, ausgehend von den gestiegenen Anforderungen und bildungspolitischen Erwartungen hinsichtlich der Effektivität der frühen Bildung, die Forschung zur Qualität im System der Kindertagesbetreuung dar. Daher widmen wir uns in Kapitel 1.3 diesem Diskurs aus einer diversitätsgerechten Perspektive. In Kapitel 1.4 gehen wir auf zentrale frühpädagogische Handlungsfelder ein – Sprachbildung, interreligiöse Erziehung und Bildung, vorurteilsbewusste Erziehung sowie Kooperation mit Eltern und anderen Akteuren, Organisationen und Verbänden. Diese Handlungsfelder werden z.T. in den nachfolgenden Beiträgen vertieft. Hiervon ausgehend schlagen wir in Kapitel 1.5 den Bogen zur Professionalität und Professionalisierung pädagogischer Fachkräfte als einem weiteren Gebiet der frühkindlichen Bildungsforschung und Pädagogik der frühen Kindheit: Welche theoretischen Modelle liegen vor und scheinen geeignet für Professionalisierungsprozesse in Bezug auf Diversity? Welche empirischen Erkenntnisse liegen hierzu vor? Der Beitrag schließt mit einem Fazit, in dem auch Forschungsdesiderate benannt werden.

1.1 Diversity und Diversity Education

Diversity (engl.) oder auch *Diversität* stammt ursprünglich von dem lateinischen Begriff *diversitas* ab, der mit *Verschiedenheit, Unterschiedlichkeit* übersetzt wird. Häufig werden die Begriffe *Heterogenität* oder *Vielfalt* als Synonyme verwendet. Allerdings, so Sliwka (2012, S. 170 f.), bedeutet Heterogenität eher einen Übergang von Homogenität als Nichtanerkennung von Unterschieden zu Diversität als Anerkennung von Vielfalt im Sinne einer Ressourcenorientierung, die Benachteiligungen entgegenwirkt. Aufgrund der vielfältigen disziplinären Bezüge und wissenschaftlichen Perspektiven auf Diversity spricht Georgi (2018, S. 61) von einem Begriffsfeld und nicht von einem Begriff im Sinne eines klar konturierten Konzepts. Sie macht zwei Diskursstränge der gesellschaftlichen Ressourcenorientierung von Diversity aus: Diversity Management als »Konzept der Unternehmensführung« (ebd., S. 62) und Diversity als kritische Reflexion der Folgen von »Herrschaftsstrukturen und mit diesen einhergehenden Ungleichheitsverhältnissen« mit dem Ziel, »Chancengleichheit zu verwirklichen« (ebd.). Neben diesen beiden Strängen liegt eine Wurzel im politisch-rechtlichen Antidiskriminierungsdiskurs (vgl. Scherr 2008, S. 12) und den dazugehörigen Leitlinien, Konventionen und Gesetzen (z.B. die UN-Behindertenrechtskonvention, das Allgemeine Gleichbehandlungsgesetz). Dieser Diskurs wird mit der Entstehung der US-amerikanischen Human Rights Movements und dem politischen Kampf gegen Diskriminierung bzw. dem Kampf um Antidiskriminierungsgesetze in Verbindung gebracht (vgl. Thuswald 2016, S. 277).

Hormel und Scherr (2004, S. 203 ff.) machen darauf aufmerksam, dass mithilfe konzeptueller Rahmungen von Diversity bzw. Diversity Education die komplexe Verschränktheit von »Normalitätskonzepten, Identitätspolitiken« mit Machtverhältnissen und sozialen Ungleichheiten analysiert und kritisiert werden soll. Vor diesem Hintergrund wird für die begriffliche Rahmung von Diversity die Nichthierarchisierung von Verschiedenheit bedeutsam und damit einhergehend die permanente Infragestellung gesellschaftlicher Normalitätsvorstellungen oder -erwartungen, die sich in nationalen Kontexten in der Regel an (vermeintlicher) Homogenität orientieren (ebd.).

> »Diversity steht für die Mannigfaltigkeit der wirkenden Differenzlinien und die Heterogenität individueller und kollektiver Identitäten, etwa bezogen auf soziale Herkunft, Ethnizität, Religion, sexuelle Orientierung, Behinderung, Alter und Geschlecht. Diversity umfasst individuelle ebenso wie gruppenbezogene Merkmale von Menschen.« (Georgi 2018, S. 61)

Diese Differenzlinien sind in gesellschaftlichen Strukturen und institutionellen Ordnungen (vgl. Scherr 2008) verankert und werden als Kategorien in öffentlichen Diskursen und in pädagogischen Kontexten und Institutionen stetig hervorgebracht und reproduziert , d. h. sie manifestieren sich in den dort vorherrschenden Interaktionen und erlangen auf diese Weise eine Wirkmächtigkeit bei der Betrachtung Einzelner bzw. Gruppen durch Zuschreibung bestimmter, relevant gesetzter Merkmale sowie (z. B. in Bezug auf die frühe Bildung) bei der Gestaltung von Erziehungs- und Bildungsprozessen.

Dem Diskurs um Diversity und Diversity Education in der Erziehungswissenschaft und ihren Subdisziplinen ist also ausgehend von seiner Entstehungsgeschichte eine macht- und herrschaftskritische Perspektive auf individuelle und kollektive Zugehörigkeitsordnungen inhärent, die verdeutlicht, dass die Konstruktion von Zugehörigkeit und Nichtzugehörigkeit (z. B. Menschen mit und ohne einen sog. ›Migrationshintergrund‹) nicht einfach gegeben ist, sondern dass »das Ergebnis von Prozessen und […] interpretativen Handlungen […] immer neu bestimmt wird« (Fuchs 2007, S. 17). Daher muss in diesem Zusammenhang auch immer der Differenzbegriff mitgedacht werden, denn Diversität ist »das Resultat von Differenzierungen und von Differenzierungshandlungen« (»doing difference«, vgl. Fuchs 2007, S. 17; s. auch Prengel 2014; Thuswald 2016). Der Kampf um Anerkennung, in dessen Zusammenhang Diversity Education entstanden ist, beinhaltet indes ein Dilemma, das Diversity-Ansätze nicht aufheben, aber bearbeiten können: Einerseits wird mit dem Bezug auf Diversity ein Recht auf Differenz eingeklagt und andererseits wird gegen eine Zuschreibung von Andersheit und Differenz gekämpft, die mit der gesellschaftlichen Legitimierung von Machtansprüchen und Hierarchien einhergehen. Eine zentrale Komponente von Diversity-Ansätzen ist daher immer eine selbst- und machtkritische Reflexion (Georgi 2018, S. 65; Fuchs 2007, S. 22).

Nach Prengel (2020, S. 31 f.) versteht sich Diversity Education als Pädagogik der Vielfalt bzw. Inklusive Pädagogik/Inclusive Education. Ihre Ursprünge liegen in menschenrechtlichen Prinzipien – Freiheit, Gleichheit und Solidarität – und den Einsichten demokratisch orientierter Differenz- und Pluralitätstheorien (vgl. Prengel 2014, S. 51 ff.). Gemein ist den genannten Pädagogiken, dass sie »sich mit einer unabschließbaren Reihe an Differenzlinien hierarchiekritisch auseinandersetzen [...] und eine Pädagogik des Abbaus von Diskriminierungen anstreben« (Prengel 2020, S. 32). Mit Gleichheit ist keineswegs gemeint, dass alle Kinder gleich seien bzw. alle Kinder sich an eine bestimmte Erwartung oder Vorstellung angleichen sollen. Vielmehr geht es hier um gleiche Zugangsmöglichkeiten zu früher Bildung, gleiche Rechte »auf Schutz, Förderung und Beteiligung« (ebd., S. 33). Damit geht die Forderung einher, »als Gleiche hinsichtlich [...] humaner Grundbedürfnisse nach Nahrung, nach Bindung an Bezugspersonen, nach Peer-Beziehungen, nach Bewegung und geistiger Anregung« (Prengel 2014, S. 51) zu gelten. Freiheit im Kontext früher Bildung bedeutet vor diesem Hintergrund »gleiche Freiheit« (Prengel 2020, S. 33) für jedes Kind, »in seiner Einzigartigkeit anerkannt zu werden [...], seinen Beitrag zur Gesellschaft leisten zu dürfen [...] nach eigenen Wünschen zu spielen und sich beim Lernen eigenen Themen und Interessen zu widmen« (ebd.) sowie im Sinne einer freiheitlichen »Anerkennung aller Kinder untereinander« erzogen zu werden mit dem Ziel, »sich wechselseitig als freie Menschen zu respektieren« (ebd.). Dies erfordert Solidarität als drittes menschenrechtliches Prinzip, in dem Sinne, dass Erwachsene für die Grundversorgung aller Kinder verantwortlich sind, »die Hinsichten« klären, in denen Kinder »gleiche Freiheit« genießen können (ebd., S. 34) und an kulturellen Errungenschaften teilhaben können, und indem sie die Kinder zur »wechselseitigen Solidarität« (ebd., S. 34) untereinander erziehen. Zentral für Diversity Education oder die Pädagogik der Vielfalt sind auch die Grundbegriffe Differenz und Anerkennung. Letztere bezieht sich auf die »bedürfnisgemäße feinfühlich-solidarische Anerkennung der gleichen Freiheit« (ebd., S. 35). Differenz verweist auf a) Verschiedenheit, die nicht einem hierarchischen Prinzip der Über- bzw. Unterordnung folgt; b) Vielschichtigkeit, die eine intersektionale Betrachtung im Sinne einer einzigartigen, individuellen Verschränktheit von Unterschieden erfordert; c) Veränderlichkeit ohne Festschreibung, womit deutlich werden soll, dass (manche) Differenzen z. B. kulturelle oder sprachliche, veränderbar sind und einen dynamischen Verlauf in der individuellen Biographie oder im Hinblick auf kollektive Identitäten haben können; d) Unbestimmtheit, die ausdrückt, dass es unmöglich ist, Menschen oder Gruppen »gültig in Kategorien zu fassen« (Prengel 2014, S. 52), da jede Aussage aus einer bestimmten Perspektive bzw. Sicht und Konstruktion von Welt getätigt wird.

Der Umgang mit Gleichheit und Differenz, aber auch mit den anderen genannten Prinzipien[2], ist im System der Kindertagesbetreuung an einen stetigen

---

2 Die von Prengel ausgearbeitete Pädagogik der Vielfalt (1993), die sie in dem hier zitierten Beitrag von 2020 als Diversity Education bzw. Inklusive Pädagogik begreift, weist deutliche Bezüge zur Interkulturellen Pädagogik auf, wie sie Georg Auernheimer in den 1990er Jahren entwickelt hat. In dieser sind das Gleichheitsprinzip und das Anerkennungsprinzip – zugespitzt auf Migration – Leitmotive (vgl. Auernheimer 1995). In seinem Ansatz wurde die Anerkennung von Differenz in dem Sinne gefordert, wie Rommelspacher (1995, S. 100) es darstellt: »Vertrauen herzustellen setzt (...) die Anerkennung der Differenzen voraus. Die Differenzen anzuerkennen bedeutet nicht, die anderen auf die Differenz festzulegen und sie in der Differenz einzuschließen. Denn damit würden sie ausschließlich über ihre Gruppenzugehörigkeit definiert und im vorgestanzten

Aushandlungsprozess gebunden, mit dem Ziel, eine diversitätsgerechte pädagogische Handlungsfähigkeit zu erreichen.

1.2 Die Pädagogik der frühen Kindheit im Spiegel von Diversity

Dass Kinder unterschiedlicher Herkunft frühpädagogische Einrichtungen besuchen, ist kein Novum der vergangenen Jahre. Migrationsbedingte Diversität in Kindertageseinrichtungen hat seit den 1960er und 1970er Jahren stetig zugenommen. Verständigungsschwierigkeiten, unterschiedliche Verhaltenserwartungen und Erziehungs- bzw. Wertvorstellungen prägen die Anfänge der praktischen Auseinandersetzung, in der erste Handlungskonzepte entstanden. Sie können als erste Versuche gedeutet werden, eine pädagogische Antwort auf die ›neuartige‹ Diversität sowie auf neue soziale Disparitäten zu finden (vgl. Lengyel und Ilic 2014).

Schmidt (2018) verzeichnet eine »Wende hin zur interkulturellen Erziehung« (ebd., S. 199) in der Pädagogik der Frühen Kindheit in einer ähnlichen Zeit, Mitte der 1970er Jahre, in der »curriculare Bausteine für die Kindergartenpraxis« entwickelt wurden, die »wesentliche Elemente einer interkulturellen Bildung und Erziehung« enthielten (ebd.). Jedoch merkt Diehm (2016, S. 347) kritisch an, dass diese vor allem projekthaften Charakter gehabt hätten und nicht breit implementiert wurden, so dass die »Migrationstatsache« (ebd., S. 342) marginalisiert worden sei. Konzeptionell verankert wurde eine auf Diversität bezogene frühe Bildung erst mit der Einführung von Bildungsplänen in den Bundesländern um die Jahrtausendwende, jedoch ist ihre Umsetzung in die Praxis laut Schmidt (2018) nur unzureichend erforscht, wobei die bisherigen Erkenntnisse auf eine eher geringe Verbreitung in der Praxis hindeuten. Auch König (2018, S. 579) bilanziert kritisch, dass »ein Paradigmenwechsel hin zu einer Diversity Pädagogik bisher noch nicht vollzogen wurde« (ebd.). Zudem stellt Diehm (2016, S. 347) mit Blick auf migrationsbedingte Diversität fest, dass lediglich das Projekt Kinderwelten über eine kulturalisierende frühpädagogische Praxis hinausgekommen sei.

Die Pädagogik der Frühen Kindheit als wissenschaftliche Disziplin greift auf die Kindheits- und Sozialisationsforschung, Kindheitssoziologie sowie Entwicklungspsychologie zurück und beschäftigt sich zentral mit dem Wandel und der Bedeutung von Kindheit und Familie, Bildung und Erziehung vor dem Hinter-

---

Bild der anderen eingekerkert« (ebd.). Auch wenn heutzutage Kritik an der Interkulturellen Pädagogik artikuliert wird (vgl. Mecheril 2004), darf nicht vergessen werden, dass Auernheimer sich in seinem Ansatz immer auch auf Theorien und Wissenschaftler*innen bezogen hat, die in neueren Strömungen wie der Migrationspädagogik eine zentrale Rolle spielen.

grund gesellschaftlicher Veränderungsprozesse (vgl. Lengyel und Ilic 2014). Daher sind die Voraussetzungen, um diversitätsbezogene Theoriebildung, Forschung und Praxis als selbstverständliches Element zu verankern, in der frühen Bildung eigentlich vorhanden. Dennoch fehlen Studien, die intersektional angelegt sind und verschiedene Differenzkategorien in den Blick nehmen (z. B. soziale Herkunft, Behinderung, Gender, Migration). Mit Blick auf die Praxis stellt Diehm fest, dass sich die »sozialpädagogische Organisation des Kindergartens (...) als grundsätzlich geeigneter« (2016, S. 345) als die Schule erwiesen habe, auf Diversity einzugehen. Dass die Organisationsform »Kindergarten« sich »heterogenitäts- und differenzadäquater« (ebd., S. 346) zeige, liege in seiner Geschichte und Funktion begründet, in der es, anders als in der Schule, nicht um Selektion nach Leistung und Schaffung von Homogenität gehe. Stattdessen stellten hier in altersgemischten Gruppen die Bildungsvoraussetzungen und Lebenswelten der Kinder von vornherein den Ausgangspunkt des pädagogischen Handelns dar (vgl. dazu auch König 2020, S. 24 ff.).

Im Rahmen der gegenwärtigen Erwartungen an die frühe Bildung findet die Thematisierung von (migrationsbedingter) Diversität allerdings häufig mit einem ganz bestimmten Fokus statt: Die Schieflagen im deutschen Bildungssystem sollen durch möglichst frühe und gezielte Förderung bearbeitet werden. Als besonders förderungsbedürftig werden dabei nicht nur diejenigen Kinder ausgemacht, die in sozioökonomisch schwierigeren Lebenslagen aufwachsen, sondern vor allem diejenigen, die aus Familien mit einem sog. ›Migrationshintergrund‹ kommen[3]. So merkt auch Cloos (2018, S. 340) an, dass der »Migrationshintergrund häufig als problematisierende Differenzkategorie entworfen« werde. Somit lässt sich die Auseinandersetzung mit Diversity in der Pädagogik der Frühen Kindheit und in der Frühpädagogik jeweils auch als ein Spiegel von gesellschaftspolitischen Entwicklungen lesen: Die eher abwehrende Integrationspolitik, die den Status der Bundesrepublik als Einwanderungsland über Jahrzehnte nicht anerkannte, findet eine Entsprechung in einer defizitorientierten und segregierenden ›Ausländerpädagogik‹ der 1960er bis 1980er Jahre. Auch die spätere Entwicklung einer Interkulturellen Pädagogik beinhaltete *in ihrer Umsetzung* bei aller erklärten Wertschätzung von Vielfalt dennoch eine Essentialisierung und Kulturalisierung von Differenz. Die aktuelle Betonung des Bildungsauftrags der Frühpädagogik im Hinblick auf einen Ausgleich von Bildungschancen schließlich und die damit verbundene systematische Forcierung der Förderlogik zeigen wiederum einen besonderen Zugriff auf das Thema Diversity und Migration. Indem dabei Kinder mit ›Migrationshintergrund‹ als besondere Risikogruppe ausgemacht werden, stehen Differenz und damit verbundene Defizite im Mittelpunkt und deren Behebung wird als Aufgabe der ›Anderen‹ ausgemacht. Betrachtet man diese Entwicklungen vor dem Hintergrund der Diversity Education, so wie Prengel sie formuliert (▶ Kap. 2), wird deutlich, dass einer Verkürzung und Verzerrung der Bedeutungsdimensionen von Differenz stattgegeben wird.

---

3 Diese Konzentration auf den Migrationsstatus als Ursache von Bildungsbenachteiligung lässt sich indes auch als eine Dethematisierung der Auswirkungen sozialer Ungleichheit auf den Bildungserfolg lesen (vgl. Scarvaglieri und Zech 2013; Braband 2019, S. 20 f.).

Im Folgenden wird der Qualitätsdiskurs genauer vorgestellt. Dabei wird der Frage nachgegangen, welche Perspektiven auf Diversität in der Debatte und Forschung hierzu vorliegen.

1.3 Qualität in frühkindlichen Bildungsinstitutionen

Auch in der Debatte um die Qualität in der frühen Bildung spiegelt sich wider, dass Diversity und Migration bisher eher am Rande und auf eine besondere Weise thematisiert werden. In diesem Kapitel wird die Entwicklung des Qualitätsdiskurses nachgezeichnet und auf die verschiedenen Dimensionen des Qualitätsbegriffs eingegangen. Außerdem werden Forschungsbefunde vorgestellt und deren Perspektive auf Diversität beleuchtet. Daraufhin wird auf die Frage eingegangen, wie der Einbezug von Diversity als Normalität auch das Verständnis von Qualität und ihrer Untersuchung sowie ihrer Maßstäbe verändert.

1.3.1 Qualitätsdiskurs und Qualitätsbegriff

Die Anfänge einer empirischen Analyse von Faktoren frühpädagogischer Qualität sind für die Bundesrepublik zum Beginn der Bildungsreform in den 1960er Jahren auszumachen. Während zunächst nach Einflussfaktoren auf die Qualität gesucht wurde, gerieten im Laufe der 1970er Jahre soziale Aspekte stärker in den Fokus. In den 1980er Jahren stellte Individualisierung einen zentralen Bezugspunkt für Qualitätsforschung dar (Fried und Roux 2013, S. 130). Erst ab den 1990er Jahren entstand eine wissenschaftliche Diskussion um die Qualität in der Frühpädagogik (Honig 2004, S. 20), die sich zunächst hauptsächlich mit strukturellen Fragen (z. B. Erzieher*in-Kind-Schlüssel) auseinandersetzte und später auch auf prozessuale Aspekte (z. B. Erzieher*in-Kind-Interaktion) bezog. Einen entscheidenden Motor für die Auseinandersetzung mit Qualität und für entsprechende Aktivitäten in der Forschung sowie der Qualitätsentwicklung und -sicherung stellt(e) die (Bildungs-)Politik dar, sodass der Qualitätsdiskurs laut Honig (2004) seine Bedeutung »erst in einem bildungs- und sozialpolitischen Kontext« gewinnt (ebd., S. 20).

Der Qualitätsdiskurs in der Frühpädagogik ist bis in die Gegenwart vor allem geprägt von Fragen nach der Qualitätsdefinition, nach der Qualitätserfassung und nach der Qualitätsentwicklung und -sicherung, ohne dass dabei jedoch übergreifende, gemeinhin anerkannte und konzeptionell geteilte Vorstellungen zum Qualitätsbegriff hervorgebracht worden wären (Fried und Roux 2013, S. 130). Stattdessen blieb der Qualitätsbegriff selbst weiterhin inhaltlich unbestimmt und eine systematische Auseinandersetzung mit ihm eher selten (Honig 2004, S. 23). Zudem betont Honig, dass Qualität in der Debatte der Frühpädagogik kein analytischer Begriff sei, sondern ein operatives Konstrukt, das »generalisierte Erwartungen an die professionellen Leistungen des Bildungs-, Sozial- und Gesundheitswesens« repräsentiere und nicht deren Beschaffenheit (Honig 2004, S. 23). Statt mit dem Qualitätsbegriff also die Beschaffenheit pädagogischer Settings und Praxen zu beschreiben, werde er stattdessen regelmäßig mit Evaluation, also mit deren Bewertung gleichgesetzt (ebd., S. 24).

Dennoch lassen sich vier verschiedene Qualitätskonzepte im Hinblick auf ihren theoretischen Hintergrund, ihr Ziel und ihren Gegenstand sowie ihre Methodik unterscheiden, auf deren Grundlage die Qualität in der Frühpädagogik untersucht wird: (1) Quantitativ-empirisch ausgerichtete Forschung zur Entwicklung allgemeingültiger Qualitätsstandards, die sich am Kindeswohl und an den Bedürfnissen der Eltern orientieren; (2) an der Handlungsforschung orientierte Qualitätskonzepte, die eher auf eine diskursive, am Situationsansatz ausgerichtete Qualitätsentwicklung setzen; (3) ethnographische Qualitätskonzepte, die mit feldtheoretischen Perspektiven arbeiten und in erster Linie nach dem Entstehen von Qualität und nach einer relationalen Qualitätsdeutung fragen, und schließlich (4) Qualitätskonzepte, die am Qualitätsmanagement orientiert sind und vor allem die Qualitätssicherung innerhalb der Strukturen eines Dienstleistungsunternehmens im Blick haben (vgl. Fried und Roux 2013, S. 132).

Für eine Auseinandersetzung mit Qualität im Hinblick auf Diversity in der Frühpädagogik sind einerseits Ergebnisse aus der quantitativ-empirisch ausgerichteten Qualitätsforschung interessant, da hier mit der NUBBEK-Studie (Tietze et al. 2013) eine erste übergreifende Untersuchung der Qualität der frühen Bildung in Deutschland vorliegt, die auch explizit Familien mit einem sog. ›Migrationshintergrund‹ einbezieht. Andererseits gibt vor allem die ethnographisch ausgerichtete Qualitätsforschung Hinweise auf Möglichkeiten einer diversitätsgerechten Untersuchung und Entwicklung von Qualität.

1.3.2 Qualitätsforschung

Die »Nationale Untersuchung zur Bildung, Betreuung und Erziehung in der frühen Kindheit« (NUBBEK) (Tietze et al. 2013) weist sowohl in ihrer Perspektive auf Diversität und Qualität als auch in ihren Ergebnissen einige Aspekte auf, die für den Umgang mit Diversity in der Frühpädagogik und für Fragen der Weiterentwicklung von Qualität bemerkenswert sind.

Die NUBBEK-Studie bezieht sich auf eine Stichprobe von 2000 mit ihren Familien untersuchten zwei- bis vierjährigen Kindern in 567 Betreuungssettings. Pädagogische Qualität wird in einem Modell gefasst, das sich international durchgesetzt hat. Sie gliedert sich in Strukturqualität (Betreuungsschlüssel, Räumlichkeiten, Ausstattung), Orientierungsqualität (pädagogische Vorstellungen und Überzeugungen der Fachkräfte, pädagogischer Ansatz und Leitbild) und Prozessqualität (Anregungen durch Interaktionen, Beziehungen, Erfahrungen). Die Studie enthält neben anderen Erkenntnissen solche zur pädagogischen Qualität in Kindertageseinrichtungen und Kindertagespflegestellen, zu Strukturen und Qualitätsmerkmalen in der Familienbetreuung und zu den Zusammenhängen zwischen familiärer und außerfamiliärer Betreuungsqualität mit dem kindlichen Bildungs- und Entwicklungsstand. Die Ergebnisse zeigen insgesamt, dass die pädagogische Qualität in vielen Teilen der Früherziehung erheblich weiterentwickelt werden muss (Tietze et al. 2012, S. 14) und die Rahmenbedingungen in den verschiedenen untersuchten Betreuungsformen (altersgemischte Gruppen, Gruppen für über Dreijährige, Gruppen für unter Dreijährige, Tagespflegegruppen) sehr stark variieren, auch innerhalb derselben Betreuungsform (Tietze et al. 2013, S. 143). Die pädagogische Prozessqualität weist eine sehr große Spannweite auf, die von unzureichender bis zu guter Qualität reicht. Dabei kommt allerdings gute bis sehr gute Qualität in jeder der Betreuungsformen nur in weniger als 10 % der Fälle vor, unzureichende Qualität dagegen in deutlich mehr als 10 % der Fälle (ebd.). Weiterhin wurde festgestellt, dass die Prozessqualität in erheblichem Maße von Rahmenbedingungen abhängig ist, die sich in bestimmten Merkmalen der Struktur- und Orientierungsqualität zeigen.

Die Ergebnisse der NUBBEK-Studie enthalten einen eigenen Abschnitt über die frühe Bildung von Kindern ›mit Migrationshintergrund‹, die sich auf Familien türkischer und russischer Herkunft in der Stichprobe bezieht. Hier zeigt sich, dass diese Kinder deutlich später in die außerfamiliäre Betreuung eintreten als Kinder ›ohne Migrationshintergrund‹, nämlich im Durchschnitt erst kurz vor Vollendung des dritten Lebensjahres (ebd., S. 149). Weiterhin wird festgestellt, dass in diesen Familien teilweise andere Voraussetzungen und Bedingungen für das Aufwachsen bestehen als in Familien ›ohne Migrationshintergrund‹, dies betreffe et al. das Bildungsniveau und den sozioökonomischen Status (vgl. ebd., S. 146). Weitere Unterschiede beziehen sich auf die Orientierungen und Einstellungen. In allen erfassten Bereichen der Prozessqualität erzielten Familien mit türkischem und russischem ›Migrationshintergrund‹ niedrigere Werte, am stärksten ausgeprägt in Bezug auf die häusliche Entwicklungsumgebung (vgl. ebd.).

Die Ergebnisse der NUBBEK-Studie zeigen vordergründig, dass es in der pädagogischen Qualität, wo sie Kinder ›mit Migrationshintergrund‹ betrifft, tatsächlich einen Unterschied gibt zu Kindern ›ohne Migrationshintergrund‹. Die Autor*innen stellen fest, dass die Qualität in Einrichtungen, die von vielen Kindern ›mit Migrationshintergrund‹ besucht werden, unterdurchschnittlich ist, und dass auch der Anregungsgehalt der häuslichen Umgebung in Familien ›mit Migrationshintergrund‹ insgesamt schlechter ausfällt als bei solchen ›ohne Migrationshintergrund‹. In der Zusammenfassung der Studie wird zwar betont, dass innerhalb der Familien mit russischem und türkischem ›Migrationshintergrund‹ eine beachtliche Heterogenität besteht (Tietze et al. 2013, S. 148 f.) und dass die Ergebnisse nicht pauschal auf alle Familien ›mit Migrationshintergrund‹ übertragen werden könnten. Die Darstellung der Ergebnisse für die Gruppe der Familien ›mit Migrationshintergrund‹ als »Ergebnisse zur Struktur-, Orientierungs- und Prozessqualität *in Abhängigkeit von Migration*« (ebd., S. 6, Hervorh. D. L. und J. B.) legt allerdings nahe, dass die Unterschiede in der pädagogischen Qualität durch den Migrationsstatus selbst begründet seien. So entsteht schließlich doch der Eindruck, Familien ›mit Migrationshintergrund‹ wären als homogene Gruppe fassbar und die Ergebnisse ließen sich generell auf diese Familien beziehen und seien außerdem durch den Migrationsstatus an sich begründet.

Hier zeigt sich, wie ein unkritischer Umgang mit Differenzlinien dazu führen kann, implizit vorausgesetzte Unterschiede zu reproduzieren und unzulässig Kausalitäten zu suggerieren. Gleichzeitig wird deutlich, dass eine solche Vorgehensweise und ihre Folgen nicht grundsätzlich dadurch abgefangen werden, dass die Heterogenität innerhalb einer Gruppe betont wird. Vor diesem Hintergrund lohnt es sich, einen Blick auf das Zustandekommen der Ergebnisse zur Qualität zu werfen. So wurde in der NUBBEK-Studie die Prozessqualität der Betreuung in der Familie et al. anhand der häuslichen Entwicklungsumgebung und des Anregungsgehaltes, den das Kind dort erlebt, ermittelt. Hierbei wurden stark ausgeprägte Unterschiede zwischen Familien mit und ohne ›Migrationshintergrund‹ festgestellt (Tietze et al. 2012, S. 10). Als Instrument für die Untersuchung der häuslichen Entwicklungsumgebung wurde die HOME-Skala eingesetzt, die in den USA von Caldwell und Bradley (1984) entwickelt wurde und ein weltweit sehr verbreitetes Instrument zur Erfassung des häuslichen Entwicklungskontextes ist (vgl. Otyakmaz 2008, S. 4). Allerdings stellten bereits Bradley und Caldwell selbst bei Untersuchungen in verschiedenen ethnischen Gruppen innerhalb der USA fest, dass minorisierte Familien geringere HOME-Werte erreichten als anglo-amerikanische Familien (Bradley et al. 1989). Es wurde daraufhin vermutet, dass die HOME-Skala solche Aspekte der Lebenswelt von Kindern aus Minderheitenfamilien, die sich von der anglo-amerikanischen Mehrheit unterschieden, nicht erfasste (vgl. Otyakmaz 2008, S. 6). Angesichts dieses auf westlichem Denken beruhenden cultural bias (Bradley et al. 2001) in der HOME-Skala prüfte Otyakmaz deren Kriteriumsvalidität (Gültigkeit der Skala) in »Migrationsfamilien türkischer Herkunft« (Otyakmaz 2008, S. 1). Sie untersuchte den häuslichen Entwicklungskontext von 36 einjährigen Kindern aus Familien mit türkischem und 35 gleichaltrigen Kindern aus Familien ohne sog. Migrationshintergrund als Vergleichsgruppe, wobei sie gleichzeitig den Einfluss des sozioökonomischen Status kontrollierte. Anhand ihrer statistischen Analysen konnte Otyakmaz zeigen, dass ein großer Teil der Unterschiede im häuslichen Entwicklungskontext, der über die HOME-Skala erhoben wird und in der NUBBEK-Studie für die Ermittlung der Betreuungsqualität in Familien herangezogen wird, nicht ›migrationsabhängig‹, sondern stärker abhängig vom sozioökonomischen Status ist. Auch sei »eine intentionale Förderung der kognitiven Entwicklung von Kindern in ihren ersten Lebensjahren«, wie sie von den Caldwell und Bradley für die HOME-Skala zugrunde gelegt wurde, »keineswegs ein kulturübergreifendes, universelles Muster« (ebd., S. 13). Stattdessen zeigten kulturvergleichende Studien, dass sich »weder die sozialen Umwelten des Kindes, noch die Eltern/Mutter-Kind Interaktionen, der Erziehungsstil, die Formen des kindlichen Spiels und die Vorstellungen über die Funktionen des Spiels für die kindliche Entwicklung oder die elterlichen Vorstellungen über die Natur des Kindes und seiner Entwicklung durchweg in einer der westlichen Vorstellung entsprechenden Form« gestalten (ebd., S. 2). Die in der entwicklungspsychologischen und pädagogischen Literatur wie auch in Instrumenten zur Erfassung des häuslichen Entwicklungskontextes als selbstverständlich angenommenen optimalen häuslichen Förderbedingungen seien daher keineswegs universell gültig, sondern spiegelten die Lebensrealität westlicher (Mittelschichts-)Familien wider.

Die Kritik an dieser sog. ethnozentrischen Schieflage in der Qualitätsdebatte, die hier am Beispiel der NUBBEK-Studie und den Untersuchungen von Otyakmaz zur HOME-Skala vorgestellt wurde, wird auch von Stamm und Edelmann (2013) geteilt. Sie halten fest, dass der gegenwärtige Qualitätsdiskurs auf einem einseitigen Konzept von pädagogischer Qualität aufbaue, was angesichts der Diversität in frühpädagogischen Einrichtungen nicht angemessen sei. Das vorrangig in der Forschung verwendete Qualitätsmodell sei ein Abbild von »individualisierten westlichen Gesellschaften«, das deren »Denk-, Handlungs- und Kommunikationsmuster als selbstverständliche und verbindliche Grundlage« betrachte (ebd., S. 326). Die Kindheitsbilder ebenso wie Erziehungs- und Bildungsziele sowie Förderpraxen seien in verschiedenen Gesellschaften aber unterschiedlich und diese Vielfalt sei mittlerweile auch innerhalb von Gesellschaften vorzufinden. Die Verengung der Qualitätsmaßstäbe, durch die »andere Qualitätsvorstellungen ignoriert oder sogar deklassiert werden« (ebd., S. 326), führe dazu, dass die bisherigen Anstrengungen zur Qualitätsentwicklung in der Frühpädagogik zu kurz greifen. Die Autorinnen schlagen daher vor, die normativen Beschränkungen des ethnozentrischen Qualitätsmodells zu reflektieren und das Modell selbst zu überarbeiten mit dem Ziel, »die Welt auch mit anderen Augen zu sehen und zu akzeptieren, dass das, was anders ist, nicht zwangsläufig ein Defizit darstellt« (ebd., S. 338).

Der Blick hinter die Kulisse der Forschungsergebnisse zeigt also, dass die Messinstrumente und das gängige Modell pädagogischer Qualität keineswegs universell sind und Schieflagen im Vergleich unterschiedlicher Gruppen erzeugen. Daher wird im Folgenden auf die Frage eingegangen, wie der Einbezug von Diversity als Normalität auch das Verständnis von Qualität und ihrer Untersuchung sowie ihrer Maßstäbe verändert.

1.3.3 Qualität vor dem Hintergrund von Diversity

Wie bereits gesehen, sind für die frühe Bildung vor allem zwei Anforderungen in den Fokus geraten: einerseits der Ausgleich von Bildungsungleichheiten und andererseits die Erhöhung der pädagogischen Qualität insgesamt. Durch die Verknüpfung von zu erhöhender Bildungsqualität mit speziellen Erwartungen zur Verbesserung der Bildungschancen wird die Bildungs- und Integrationsleistung von frühpädagogischen Einrichtungen gerade in Bezug auf Kinder ›mit Migrationshintergrund‹ bzw. solchen aus ›sozioökonomisch schwachen‹ Familien zu einem Qualitätsmerkmal und zu einem Arbeitsfeld der Qualitätsentwicklung und -sicherung.

Wie kann nun aber eine Qualitätsdebatte geführt und eine Qualitätsentwicklung gestaltet werden, die Diversität jenseits einer kulturalisierenden, essentialistischen Defizitperspektive einbezieht und gleichzeitig den gegenwärtigen Erwartungen gerecht wird? Wichtige Hinweise hierfür geben ethnographische Zugänge zur Qualitätsforschung, wie sie z. B. von Honig et al. (2004) vorgeschlagen wurden. Honig (2004) vertritt ein relationales und deskriptives Verständnis von Qualität im Gegensatz zu einem normativen und evaluativen Verständnis.

Mit der Frage »wie bewirkt Pädagogik, was sie leistet« (ebd., S. 17) schafft Honig einen erfahrungswissenschaftlichen Zugang zum Problem pädagogischer Qualität, der sich für die soziale Hervorbringung von Qualitätsmaßstäben und für ihre Strukturierung der pädagogischen Praxis interessiert. Aus dieser Perspektive ist die Frage »unter welchen Bedingungen sich das ›Gute‹ überhaupt zu erkennen gibt« (Neumann und Honig 2009, S. 192), zentral. Neumann und Honig schlagen einen Forschungszugriff in Anlehnung an Bourdieus feldtheoretischen Zugang vor, der »die Eigenschaften des zu untersuchenden Gegenstandes nicht in einem unveräußerlichen Wesen« sucht, sondern sie »als Momente eines Systems von Beziehungen« versteht, in die der Gegenstand »jeweils eingebettet ist und in dem seine je besondere Qualität erst zu Tage tritt« (ebd., S. 198 f.). Pädagogische Qualität entsteht somit in einem »Netz von Relationen« (Bourdieu und Wacqant 1996, S. 196), das sich in der Gestalt von Feldern vorstellen lässt. Was als ›gute Praxis‹ gilt bzw. gelten soll, wird in einer feldtheoretisch angelegten Qualitätsforschung nicht vorab festgelegt, sondern es geht darum, zu beobachten, wie ›gute Praxis‹ überhaupt erst erzeugt wird. Die Frage, was ›Pädagogische Qualität‹ ist, wird also in der Frage nach ihrer Realisierung aufgelöst (ebd., S. 203). Am Beispiel der Trierer Kindergartenstudie (Honig et al. 2004) zeigen Neumann und Honig, wie pädagogische Qualität mit einem solchen feldtheoretischen Zugang untersucht werden kann, indem einerseits die Erwartungen und Qualitätsbegriffe der beteiligten Akteur*innen in einem relationalen Feld in den Blick genommen und andererseits die Herstellung von Qualität im Feld ethnographisch betrachtet und mit den Vorstellungen von guter Qualität in Zusammenhang gebracht werden. Hierbei zeichnen sich die Möglichkeiten ab, die ein solches Verständnis für die Einbeziehung von Diversity in die Debatte um Qualität birgt. So zeigen Neumann und Honig anhand der Studienergebnisse in Bezug auf die beteiligten Eltern ›mit Migrationshintergrund‹, dass sich die Erwartungen durchaus in einigen Punkten von denen der Eltern ›ohne Migrationshintergrund‹ unterschieden. Gleichzeitig wird deutlich, dass das Anerkennen und Aufgreifen von Ansprüchen bei der Herstellung von Qualität bedingt ist »durch die soziale Position derjenigen, die diese Ansprüche artikulieren« (ebd., S. 204 f.).

Der ethnographische und feldtheoretische Ansatz einer Qualitätsforschung, die die Relationen und Praktiken im Feld, in dem Qualität überhaupt erst hergestellt wird, fokussiert, stellt demnach einen Zugang dar, pädagogische Praxis diversitätsgerecht und damit gleichzeitig macht- und ungleichheitsanalytisch zu reflektieren. Im Folgenden soll die Thematik des Einbezugs von Diversity in die frühe Bildung anhand verschiedener frühpädagogischer Handlungsfelder weiterbearbeitet werden.

1.4 Frühpädagogische Handlungsfelder

1.4.1 Sprachliche Bildung

Die zentrale Bedeutung von Sprachbildung für Bildungserfolg, Integration und den Ausgleich von sozialer Benachteiligung ist in der bildungspolitischen Diskussion sowie im fachwissenschaftlichen Diskurs unstrittig. Häufig wird betont, dass die Förderung von sprachlichen Kompetenzen – womit meistens die Förderung des Deutschen gemeint ist – ein entscheidender Schlüssel sei für die Bekämpfung von Bildungsbenachteiligung und die Verbesserung von Bildungs- und Lebenschancen (vgl. Braband 2019). In der frühkindlichen Bildungsforschung wird in zahlreichen Studien untersucht, wie diese Art der Sprachförderung optimiert werden kann[4]. In Bezug auf Mehrsprachigkeit hat sich die Erkenntnis, dass die Fähigkeiten in der Erstsprache eine wichtige Voraussetzung für den kindlichen Zweitspracherwerb sind, mittlerweile durchgesetzt und ist in fast allen Bildungsplänen wie auch in Empfehlungen und Konzepten zur sprachlichen Bildung in der Kita zu finden (vgl. Lengyel und Salem 2018). Ebenso durchgesetzt haben sich die Empfehlung, dass Eltern im Kontakt mit den Kindern ihre Familiensprache(n) beibehalten sollten, auch wenn die Kinder Deutsch als zweite Sprache lernen, und die Notwendigkeit, die Fähigkeiten der Kinder in ihren verschiedenen Sprachen zu beachten und wertzuschätzen. Eine eingehende Auseinandersetzung mit der sprachlichen Entwicklung mehrsprachiger Kinder und mit der Rolle der verschiedenen Sprachen in der sog. alltagsintegrierten Sprachbildung[5] findet jedoch selten statt.

Reich (2010) kommt ausgehend von seinen Untersuchungen zu einer Reihe von Empfehlungen für die mehrsprachige Bildung. Hierzu gehören die Stärkung der Kooperation zwischen Eltern und Einrichtung, die allgemeine Wertschätzung aller Sprachen, die richtige Einschätzung von Fortschritten auch in der schwächer entwickelten Sprache, Individualisierung und Einnahme einer dialogischen Haltung im Kita-Alltag, eine sorgfältige Beobachtung der sprachlichen Entwicklung, möglichst auch in der Familiensprache, und die Ermöglichung von ausreichenden Deutschkontakten sowie die Einbeziehung der Familiensprache in die Kommunikation in der Einrichtung (ebd., S. 30 f.). Möglichkeiten des Einbezugs von Familiensprachen in den Kita-Alltag werden et al. von Lengyel (2009) aufgezeigt und in Projekten wie Hippy, Rucksack Kita oder Family Literacy um-

---

4 Weiteres zu dem Aspekt der Mehrsprachigkeit: ▶ Kap. 2.
5 Sprachbildung bezieht sich nach Reich (2008) im Gegensatz zur Sprachförderung auf die erzieherischen Bemühungen der Fachkräfte, alle Kinder in ihrer Sprachaneignung zu unterstützen. Da Sprache nicht nur kommunikativen Zwecken dient, sondern mit ihr erst Denken und Verstehen auf eine Art und Weise möglich wird, die Voraussetzung für die kumulative Wissensaneignung ist, geht es in der alltagsintegrierten Sprachbildung darum, Verbindungen herzustellen zwischen den kindlichen Entwicklungsbereichen (motorische, sensorische, soziale, kognitive, emotionale Entwicklung) und den Bildungsbereichen der Kita (vgl. Lengyel 2017, S. 273 f.).

gesetzt, die Eltern in sprachbildenden Aktivitäten mit den Kindern in der bzw. den Familiensprache(n) unterstützen.

Eine umfassende Konzeption, die explizit die Förderung von Mehrsprachigkeit in der Kita fokussiert, hat Reich (2008) vorgelegt. Die hier geforderte Orientierung an der tatsächlichen Sprachenvielfalt der Kinder steht laut Reich jedoch dem sprachlichen Einheitlichkeitsinteresse des öffentlichen Bildungswesens, seiner Sprachenpolitik und der »gesellschaftlichen Normalisierungserwartung« (ebd., S. 251) gegenüber. Diese Machtverteilung zugunsten einsprachiger Normalitätserwartungen und in der Folge Maßnahmen einer forcierten Deutschaneignung führten so zu einer »Defizitorientierung für eine Vielzahl von Kindern, die im Widerspruch steht zu einer generellen Kompetenzorientierung in der Elementarpädagogik« (ebd., S. 255).

Sprachliche Bildung und der Umgang mit sprachlicher Diversität sind somit ein frühpädagogisches Handlungsfeld, in dem – gerade durch die gestiegenen Bildungserwartungen – in besonderem Maße Differenz und Zugehörigkeit verhandelt werden. Laut Panagiotopoulou (2017, S. 257) wirkt die herrschende Sprachenideologie und Sprachenpolitik, die von Monolingualität als gesellschaftlicher Ordnung ausgeht, sowohl im frühpädagogischen Diskurs als auch in der Praxis, wo in der sprachlichen Bildung vor allem auf die Normalisierung von Mehrsprachigkeit im Sinne von Sprachentrennung, getrennter Zweisprachigkeit und perfekter Beherrschung der Mehrheitssprache abgezielt werde.

Diese Einschätzungen zur Sprachenpolitik in der Kita in ihrer Eingebundenheit in dominante gesellschaftliche Ordnungen basieren et al. auf ethnographischen Untersuchungen, die die auf sprachliche Bildung bezogenen Praktiken in der Frühpädagogik fokussieren. Brandenberg et al. (2017) bereiten im Rahmen einer solchen »Ethnographie der Mehrsprachigkeit« (ebd., S. 255) Ergebnisse aus der frühkindlichen Bildungsforschung auf, die den Umgang mit sprachlicher Diversität in Kindertagesstätten zum Gegenstand haben und diesen vor dem Hintergrund programmatischer Orientierungen – wie bildungspolitischen Richtlinien, Sprachbildungsprogrammen oder Sprachpolitiken und Sprachverwendungspraktiken in Einrichtungen – untersuchen. Zu den wichtigsten Ergebnissen gehört hier, dass der Umgang mit Mehrsprachigkeit eine der grundlegenden Herausforderungen im pädagogischen Alltag darstellt und dass die Durchsetzung einer monolingualen Norm in der Kita eine zentrale Strategie ist, um die bildungspolitisch geforderte Sprachförderung umzusetzen. Dabei würden Sprachförderpraktiken und -programme systematisch Auslese- bzw. Integrationseffekte erzeugen und legitimieren, was mit der »institutionellen Produktion von Ungleichheit zwischen einzelnen herkunftssprachlichen Gruppen« einhergehe (ebd., S. 258).

Im Sinne einer diversitätsgerechten sprachlichen Bildung im Kontext von Mehrsprachigkeit schlägt et al. Panagiotopoulou (2016) eine »Wende zur Mehrsprachigkeit« im Sinne eines »offene(re)n Umgangs mit der [...] gelebten Mehrsprachigkeit von Kindern und Professionellen« vor (ebd., S. 24). In diesem Zusammenhang seien sprachpädagogische Konzepte wie Translanguaging, Multilingual Literacy oder der Ansatz der Quersprachigkeit geeignet, die verbreiteten Normalitätserwartungen gegenüber Mehrsprachigen zu entkräften und ihr sprachliches

Handeln in den Mittelpunkt zu stellen (ebd., S. 24). So stehen der Begriff Translanguaging und die damit verbundenen Konzepte für eine soziolinguistische Perspektive, die den Fokus auf Sprachpraktiken legt, in denen verschiedene Sprachen, Sprachregister und Sprachvarietäten involviert sind. Translanguaging sei in mehrsprachigen Familien der normale Modus der Kommunikation:

> »Dabei verwenden und entfalten sie [die Kinder, D. L. und J. B.] zugleich ihr individuelles und dynamisches Repertoire, auf das sie je nach Situation entsprechend zugreifen, um in ihrem mehrsprachig organisierten Alltag pragmatisch adäquat zu kommunizieren« (ebd., S. 16).

Statt nach Abweichungen oder Übereinstimmungen von Äußerungen mit dem jeweiligen Sprachsystem zu fragen, könne daher mit Translanguaging der Sprachenerwerb als dynamischer Prozess im Kontext realer Kommunikation betrachtet und die komplexe, flexible sprachenübergreifende Praxis der Kinder erfasst werden.

Eine wichtige Studie aus der frühkindlichen Bildungsforschung untersucht über mehrere Jahre die Auswirkungen des Einbezugs von Mehrsprachigkeit in den Kita-Alltag im Rahmen einer Intervention (Kratzmann; Sawatzky und Sachse 2020). Dabei zeigte sich, dass insbesondere das Wissen, vor allem aber die Einstellungen bzw. Orientierungen der Fachkräfte bedeutsam für die Integration der Familiensprachen waren. Erst nach einer dreijährigen Intervention konnten hinsichtlich der pädagogischen Orientierungen Veränderungen in den Einstellungen zu Mehrsprachigkeit festgestellt werden, die auch veränderte Praktiken nach sich zogen (vgl. ebd.). Die Ergebnisse dieser Studie untermauern die Notwendigkeit, im Rahmen von Professionalisierungsprozessen an den an Monolingualität ausgerichteten Vorstellungen und Sprachideologien zu arbeiten, um mehrsprachigkeitsintegrierende und translinguale Praktiken systematisch zu implementieren.

1.4.2 Antirassistische und Vorurteilsbewusste Bildung und Erziehung

Antirassistische Erziehung soll im Folgenden im Hinblick auf fünf Aspekte vorgestellt werden: Erstens geht es um das zugrunde liegende Verständnis von Rassismus, zweitens um das Grundkonzept des Antirassismus, drittens um Formate und Grundzüge antirassistischer Bildungsarbeit, viertens um den Anti-Bias-Approach und fünftens um den Ansatz vorurteilsbewusster Bildung und Erziehung im Rahmen der KINDERWELTEN-Projekte.

Rassismus wird in der erziehungs- und bildungswissenschaftlichen Fachdebatte mittlerweile nicht mehr als individuelles Problem ›falscher‹ Einstellungen verstanden, sondern als gesellschaftliches Verhältnis im Sinne eines machtvollen Systems »von Diskursen und Praxen der Unterscheidung, mit welchen Ungleichbehandlung und hegemoniale Machtverhältnisse legitimiert werden sollen« (Scharathow 2009, S. 13). Unterschieden wird dabei entlang sozialer Gruppen, die als ›Rassen‹, ›Ethnien‹ bzw. ›Völker‹, ›Stämme‹, ›Nationen‹ oder ›Kulturen‹ konstruiert und zueinander in ein hierarchisches Verhältnis gesetzt werden (vgl.

Leiprecht 2018, S. 255). Historisch stellt dabei der Kolonialismus einen wichtigen Hintergrund dar, in dessen Zusammenhang die Konstruktion von ›Rasse‹ ein zentrales Mittel darstellte, um die Versklavung und Ausbeutung Schwarzer Menschen zu rechtfertigen. Die Naturalisierung sozialer Unterschiede im Rassismus diente als Rechtfertigung dafür, dass trotz der gleichzeitigen Erklärung der Menschenrechte einem großen Teil der Erdbevölkerung der Status des Menschseins abgesprochen wurde (vgl. Rommelspacher 2009, S. 25 f.). Rassismustheorien unterscheiden rassistische Diskriminierungsmechanismen in heutigen Gesellschaften auf verschiedenen Ebenen: Auf der *strukturellen* Ebene des gesellschaftlichen Systems können z. B. Rechtsvorstellungen und politische Entscheidungen Ausgrenzung entlang rassistischer Differenzlinien bewirken, auf der *institutionellen* Ebene können z. B. etablierte Handlungsmaximen rassistische Strukturen von Organisationen prägen und auf der *individuellen* Ebene führen rassistische Einstellungsmuster zu ausgrenzenden Handlungen und Äußerungen. Die von den verschiedenen Ausgrenzungsmechanismen auf den unterschiedlichen Ebenen geschaffenen Segregationslinien durchziehen die gesamte Gesellschaft und resultieren et al. in *ökonomischer* Segregation (z. B. Armutsrisiko und Arbeitslosenquote bei Migrant*innen), *politischer* Segregation (z. B. Hürden für die Erlangung der deutschen Staatsbürgerschaft), *sozialer* Segregation (z. B. geringer Kontakt zwischen Gewanderten und Nichtgewanderten) und *kultureller* Segregation (z. B. Bilder von den ›anderen‹ und Abwehr gegen ›fremde Kulturen‹) (vgl. ebd., S. 30).

Antirassismus ist laut Leiprecht (2018) vor diesem Hintergrund

> »als Versuch zu verstehen, den benachteiligenden, herabwürdigenden und ausgrenzenden Folgen solcher Unterscheidungspraxen entgegen zu wirken und Formen des Zusammenlebens zu entwickeln, in denen diese Praxen als hierarchische Prinzipien sozialer Ordnung keine Wirkungen mehr entfalten können« (ebd., S. 255).

Antirassistische Konzepte grenzen sich von solchen Ansätzen ab, die ›kulturelle Differenzen‹ essentialisieren und dabei institutionelle oder strukturelle Dominanzverhältnisse dethematisieren. Konzepte antirassistischer Bildungsarbeit umfassen die kritische Reflexion eigener Praxen, Bilder und Zuschreibungen, sie regen zur Analyse von Strukturen und Angeboten der eigenen Institution an. Mit ihnen werden Möglichkeiten entwickelt, über Rassismuserfahrungen zu sprechen und vorgefundenen rassistischen Strukturen, Bildern oder auch Entscheidungspraxen entgegenzuwirken. Des Weiteren geht es antirassistischer Bildungsarbeit um das Sichtbarmachen von privilegierten Positionen und um die kritische Reflexion von unhinterfragbaren Normalitätsverständnissen. Mit dem Begriff *Othering* wird in diesen Konzepten außerdem auf »historische und gesellschaftliche Prozesse der Besonderung aufmerksam gemacht, in denen Großgruppen im Kontext rassialisierender und kulturalisierender Vorstellungen und Praxisformen als ›Andere‹ oder ›Fremde‹ konstruiert werden« (ebd., S. 257). Der Begriff *Diversität* wird in antirassistischen Konzepten genutzt für eine intersektionelle Betrachtung von Differenz- und Dominanzverhältnissen. Hierbei werden neben rassistischen auch weitere Zuschreibungs- und Hierarchisierungspraxen analysiert, die entlang von Differenzlinien wie Geschlecht, Klasse oder Religion wirken[6].

Einen besonders für den frühpädagogischen Bereich fruchtbar gemachten Ansatz antirassistischer Erziehung stellt der Anti-Bias-Approach (Derman-Sparks und A. B. C. Task Force 1989) dar. Dieser Ansatz verknüpft im Sinne antirassistischer Bildung und Erziehung den Umgang mit Diversity mit der Frage nach gesellschaftlichen Macht- und Dominanzverhältnissen und analysiert die Verstricktheit von Institutionen, aber auch Individuen, in die Aufrechterhaltung von ungleichen Machtverhältnissen (vgl. Wagner 2013). Der Anti-Bias-Approach zielt als pädagogischer Ansatz vor allem auf einen Prozess der Praxisentwicklung in frühpädagogischen Einrichtungen ab. Der Ansatz beinhaltet vier Ziele (vgl. Derman-Sparks und Olsen 2010): (1) alle Kinder in ihren Identitäten zu stärken; (2) allen Kindern Erfahrungen mit Vielfalt zu ermöglichen; (3) kritisches Denken über Gerechtigkeit und Fairness anzuregen und (4) ein Aktivwerden gegen Ungerechtigkeit und Diskriminierung. Im Rahmen solcher langfristigen Prozesse der nachhaltigen Veränderung, die individuelles und organisationales Lernen einschließen, können Fachkräfte in entsprechenden Aus- und Fortbildungen lernen, ihre Verantwortung für die Gestaltung der Lernumwelten wahrzunehmen und dementsprechend ihren Umgang mit Unterschieden kritisch zu reflektieren sowie Stereotype, Abwertung und Ausgrenzung zu hinterfragen.

Im Rahmen des Projekts KINDERWELTEN wurde der Anti-Bias-Approach für die Arbeit mit jungen Kindern als »Ansatz Vorurteilsbewusster Bildung und Erziehung« (Wagner 2013) entwickelt. Der Ansatz von KINDERWELTEN geht davon aus, dass auch Kinder die Dominanzkultur reproduzieren, dass also gesellschaftliche Ungleichheitsverhältnisse Eingang finden in kindliche Konstruktionen von Weltwissen. Auch junge Kinder nehmen somit schon Bewertungen entlang bestimmter Identitätsmerkmale vor und beziehen sich dabei z. B. auf Alter, Religion, Behinderung, Familienkonstellationen, sozioökonomische Unterschiede oder sexuelle Orientierung. Diese Kategorisierungen seien zwar auch als Schritte zum Begreifen der Welt zu sehen, erforderten aber »gleichzeitig Hinterfragung und Irritation, auch indem diejenigen deutlichen Schutz erfahren, die über die bewertenden Kategorisierungen ausgegrenzt, herabgewürdigt, beschämt werden« (ebd., S. 12).

In der Arbeit von KINDERWELTEN wurden die Ziele des Anti-Bias-Approach auf vier Handlungsfelder der Kita bezogen: auf die Gestaltung der Lernumgebung, auf die Interaktion mit den Kindern, auf die Zusammenarbeit mit den Eltern und auf die Zusammenarbeit im Team. Ein Hauptanliegen war und ist die Konzeption von Instrumenten zur Qualitätssicherung, die et al. in einem Qualitätshandbuch für die interne Evaluation gesammelt wurden, das pädagogische Fachkräfte und Trägereinrichtungen für die Sicherung und Weiterentwicklung vorurteilsbewusster Bildung und Erziehung nutzen können. In einem ersten Entwicklungsprojekt zwischen 2000 und 2003 wurde die Adaption des Anti-

---

6 Zu einer rassismuskritischen/postkolonialen Perspektive auf Bildung in der frühen Kindheit anhand der Beschäftigung mit Kinder- und Jugendliteratur als didaktische Medien, aber auch als Ausdruck von Normalitätsvorstellungen: ▶ Kap. 5.

Bias-Approach in vier Berliner Kitas umgesetzt. Aus diesem Projekt entstand einerseits ein praxiserprobtes Konzept (Preissing und Wagner 2003) und andererseits ein Fortbildungshandbuch für Fachkräfte mit im Projekt erprobten Qualifizierungsschritten (Wagner et al. 2006). Zwischen 2004 und 2008 folgte ein Disseminationsprojekt in Zusammenarbeit mit Trägern in Baden-Württemberg, Thüringen und Niedersachsen, an dem 33 Kitas und Tagespflegestellen beteiligt waren. Nach dem Ansatz der Fortbildung im Delegiertenprinzip bildeten die Mitarbeiter*innen des Berliner KINDERWELTEN-Projekts in den drei Bundesländern Fachkräfte in Trägerorganisationen und Kitas zu Multiplikator*innen für vorurteilsbewusste Bildung und Erziehung aus, die den Transfer in die Einrichtungen leisten sollten. Eine wissenschaftliche Befragung der beteiligten pädagogischen Fachkräfte zeigt, dass diese das Projekt als geeignetes Fortbildungs- und Entwicklungsprogramm bewerten, mit dessen Hilfe Fragen des Umgangs mit Diversität und Diskriminierung als ein zentraler institutioneller Handlungsbereich aufmerksamer wahrgenommen und entschiedener angegangen werden können (vgl. Gomolla 2010). 2011 entstand die Fachstelle KINDERWELTEN, die Publikationen und Materialien aus den verschiedenen Projekterfahrungen zur Verfügung stellt, Beratungen und Fortbildungen anbietet, Veranstaltungen durchführt und Praxisprojekte initiiert.

1.4.3 Interreligiöse Erziehung

Da interreligiöse Erziehung in der Kita in einem der Folgekapitel den Schwerpunkt bildet (▶ Kap. 4), wird an dieser Stelle nur kurz hierauf eingegangen. Zunächst einmal kann festgestellt werden, dass es kaum Untersuchungen zur Frage der interreligiösen Erziehung und Bildung in der frühen Kindheit gibt. Dies betrifft sowohl den institutionellen Kontext wie auch den der Tagesbetreuung und den familiären Rahmen. Interreligiöse Erziehung und Bildung scheint auch eine Nische in der frühpädagogischen Praxis darzustellen und wird überlagert von Aktivitäten zur sprachlichen, interkulturellen oder antirassistischen Bildung. Gleichwohl gehört religiöse Erziehung zu einem der sechs Bildungsbereiche, auf die sich die Jugendministerkonferenz und die Kultusministerkonferenz 2004 im »Gemeinsamen Rahmen der Länder für frühe Bildung in Kindertageseinrichtungen« einigten. Neben Mathematik/Naturwissenschaft/Technik, der musischen Bildung und Medienbildung, Körper/Bewegung/Gesundheit, Natur und kulturelle Umwelten sowie Sprache, Schrift und Kommunikation stellt die personale und soziale Entwicklung, Werteerziehung und religiöse Erziehung den sechsten Bildungsbereich dar.

Lengyel und Salem (2018, S. 443 ff.) haben die Bildungspläne der Bundesländer mit Blick auf diversitätsbezogene Querschnittsaufgaben analysiert. Dabei ist aufgefallen, dass die Themen Religion und interreligiöse Erziehung häufig mit kultureller Diversität verknüpft werden, aber auch mit sprachlicher Bildung und Mehrsprachigkeit sowie Identität und Gesellschaft. Die Erkenntnisse der Bildungsplananalyse lassen sich wie folgt zusammenfassen:

Alle Bildungspläne der Länder enthalten Verweise auf unterschiedliche Religionen und Weltanschauungen in der Lebenswelt vieler Kinder, jedoch unterscheiden sie sich in der Intensität ihrer Auseinandersetzung. Während einige Pläne wenige und allgemeinere Bezüge aufweisen, legen andere ein umfassendes Verständnis interreligiöser Erziehung und Bildung dar. Da unterschiedliche religiöse und weltanschauliche Hintergründe Teil der kindlichen Lebenswelt seien, gelte es, Offenheit zu entwickeln durch bewusste Auseinandersetzung mit unterschiedlichen Traditionen, religiösen Symbolen usw. Ziel religiöser Bildung ist es den meisten Bildungsplänen zufolge, mithilfe eines altersangemessenen Angebots unterschiedlichen religiösen Hintergründen mit Respekt und Anerkennung zu begegnen sowie die Aufgeschlossenheit der Kinder zu fördern. Auch sollen Empathie, Toleranz und Verständnis für Eigenartigkeit entwickelt werden und die Kinder sollen durch die bewusste Auseinandersetzung lernen, religiöser und weltanschaulicher Vielfalt Wertschätzung und Respekt entgegenzubringen. Der Bayrische Bildungsplan nimmt darüber hinaus Bezug auf die Kooperation mit Eltern: Angesichts religiöser Vielfalt sei der Dialog mit dem Elternhaus zu gestalten. Der Bildungsplan Sachsen-Anhalt verweist auf die Relevanz, Informationen zu religiösen Bindungen bei den Eltern zu erfragen und dieses Wissen für die Begleitung der Kinder zu nutzen.

Dennoch kommt Dommel (2018, S. 466 f.) auf Basis der wenigen verfügbaren Studien zu dem Schluss, dass interreligiöses Lernen bislang für viele Einrichtungen kein Thema ist. Zudem erscheint problematisch, dass das Konzept aus der christlich-theologisch orientierten Religionspädagogik heraus entwickelt wurde, auf das Lernen zwischen den Religionen abhebt und aus dieser Weltsicht heraus somit auch nichtreligiöse Weltanschauungen wie Religionen betrachtet werden. So können »sie zwar zum Guten führen (...), [bleiben, D. L. und J. B.] in ihrer ›Heilsbedeutsamkeit‹ jedoch defizitär im Vergleich zur religiösen Perspektive« (Dommel 2018, S. 467). Aus diesem Grund plädiert Dommel für eine inklusive Religions-Bildung im Sinne einer ›Interreligion‹ als »Religion im Zwischen« (ebd.), die in den säkularen, allgemeinbildenden Konzepten der Frühpädagogik ihren Platz haben soll. Ziel sei es, »uns selbst und unser Gegenüber wahrzunehmen als Menschen mit vielschichtigen Identitäten, bei denen die religiöse Zugehörigkeit nur eine von mehreren ist« (Dommel 2018, S. 467). Über die Anbindung religiöser Traditionen an Lebenswelten der Kinder und die Bildungsbereiche in der Kita ließen sich Unterschiede und Gemeinsamkeiten zwischen den Religionen im Sinne von religiösen Motiven und Themen erkunden.

1.4.4 Kooperation und Vernetzung

Für eine diversitätsgerechte frühe Bildung spielen Kooperation und Vernetzung eine besonders wichtige Rolle. Bereits im 12. Kinder- und Jugendbericht (BMFSFJ 2005) wird in Form einer Leitlinie das »Zusammenspiel (...) aller bildungs- und lernrelevanten Akteure« betont, »damit die soziale Herkunft so wenig wie möglich auf die (Bildungs-)Biografie der Kinder durchschlägt« (ebd., S. 341). Auch der gesetzliche Auftrag von Kitas sieht Kooperation und Vernetzung mit weiteren Institutionen im Sozialraum als zentrale Aufgabe an (SGB VIII § 22a [2] 2., 3.), um die Bildungsmöglichkeiten der Kinder angesichts heterogener Lebenslagen zu erweitern.

Im Sinne einer interkulturellen Öffnung von Bildung und Erziehung müssen Kooperationen speziell auch die Lebenslagen von Familien ›mit Migrationshintergrund‹ einbeziehen, z. B. durch eine Zusammenarbeit mit Migrationssozialdiensten, mehrsprachigen Beratungsstellen und Migrantenselbstorganisationen (Lengyel und Salem 2017). Die dazu nötige Kenntnis der unterschiedlichen Lebenslagen der Zielgruppen von früher Bildung ist dabei gleichzeitig Voraussetzung und Ziel der Kooperations- und Vernetzungsarbeit und macht laut Salem (2018) auch eine Organisationsentwicklung der Einrichtungen notwendig. Obwohl jedoch die Kooperation und Vernetzung im Sozialraum gerade für die Verbesserung der Bildungschancen von Kindern ›mit Migrationshintergrund‹ als nötig und vielversprechend vorgestellt werden, lassen sich in Konzepten zur Kooperation kaum Hinweise auf die Berücksichtigung von Diversität finden. Die Fragen, mit welchen Kooperationspartnern und Kooperationsaktivitäten welcher Beitrag zu einem Ausgleich von Bildungschancen geleistet wird und wie eine entsprechende Weiterentwicklung und Öffnung von Institutionen erreicht werden kann, sind bisher nicht ausreichend untersucht (vgl. ebd.).

Neben der Kooperation und Vernetzung mit Institutionen im Sozialraum wird vor allem der Zusammenarbeit mit den Eltern in der frühen Bildung eine besonders hohe Bedeutung zugeschrieben (vgl. Sulzer 2013). In vielen Bundesländern sehen die Neufassungen der Bildungspläne für die Frühpädagogik vor, dass Kindertageseinrichtungen offen für die Wünsche, Bedürfnisse und Interessen aller Eltern sein und Kommunikationsbarrieren abbauen sollen, z. B. durch ein mehrsprachiges Bildungsangebot. Darüber hinaus sollen Fachkräfte migrationsspezifische Aspekte wie die Migrationserfahrung einer Familie oder ihre religiösen Orientierungen berücksichtigen (vgl. Salem; Braband und Lengyel 2020; Lengyel und Salem 2018).

Verschiedene Studien, ebenso wie öffentliche Diskurse, weisen jedoch auf Hindernisse und Probleme der Zusammenarbeit mit Eltern insbesondere im Kontext von Migration und Mehrsprachigkeit hin (Neumann 2012, S. 364 f.). Otyakmaz und Döge (2015) geben hierbei zu bedenken, dass die Idee einer Kooperation auf Augenhöhe durch die Absicht unterminiert wird, im Rahmen dieser Zusammenarbeit die Erziehungskompetenz der Eltern zu stärken[7]. Eine solche Zielsetzung verursache eine Machtasymmetrie zwischen Eltern und Fachkräften, die eine vertrauensvolle Zusammenarbeit erschwere. So zeigen Untersuchungen der Aussagen von Fachkräften über die Zusammenarbeit mit Eltern ›mit Migrationshintergrund‹, dass diese häufig als besonders »herausfordernd, problematisch oder kaum möglich« (ebd., S. 162) beschrieben wird, wobei die Ursachen dafür auf Seiten der Eltern gesehen werden. Wahrgenommenen Unterschieden in den Erziehungsvorstellungen begegneten die Fachkräfte häufig, indem die Eltern »infor-

---

7 Weiteres zur Studie von Otyakmaz und Döge sowie allg. zur Zusammenarbeit von pädagogischen Fachkräften in Kitas mit Eltern: ▶ Kap. 3.

miert, belehrt und manchmal auch moralisch unter Druck gesetzt« würden, wobei den Fachkräften das »strukturelle Machtgefälle in der Kommunikationsbeziehung« gar nicht bewusst werde (Gaitanides 2007, S. 33). In diesem Zusammenhang kritisieren Otyakmaz und Karakaşoğlu (2015) einen defizitorientierten Blick auf ›andere‹ Erziehungsvorstellungen und -praxen. So würden Familien mit ›Migrationshintergrund‹ nicht nur als ›Andere‹ etikettiert und ihre Unterschiedlichkeit auf bestimmte Merkmale reduziert, sondern ihre familiale Erziehung und Bildung werde darüber hinaus als mangelhaft bewertet und elterliche Erziehungsvorstellungen als ›Erziehungsdefizite‹ und Versäumnisse bzw. mangelnde Anpassung aufgefasst (Otyakmaz 2015; Demuth; Root und Gerwing 2015). Otyakmaz und Döge (2015) stellen außerdem fest, dass die Fachkräfte ihre Beziehung zu Eltern mit ›Migrationshintergrund‹ als signifikant schlechter einschätzen als ihre Beziehung zu Eltern ›ohne Migrationshintergrund‹. Tatsächlich ist jedoch bislang sehr wenig über die von Eltern ›mit Migrationshintergrund‹ gestalteten Entwicklungsumwelten bekannt. Um den Eltern in frühkindlichen Bildungseinrichtungen aber auf Augenhöhe zu begegnen, ist ein Wissen über ihre Erziehungs- und Entwicklungsvorstellungen notwendig. An diesem Forschungsdesiderat setzt die Studie von Braband (2019; 2020) an, die subjektive Theorien von Eltern (und Kitafachkräften) zur Spracherziehung untersucht und et al. feststellt, dass diese maßgeblich durch Erfahrungen mit migrationsgesellschaftlichen Zugehörigkeitsordnungen geprägt sind, die jedoch in den subjektiven Theorien höchst unterschiedlich verarbeitet werden.

Die hier skizzierten Befunde und Diskurse machen deutlich, dass die Kooperation mit Eltern im Kontext von Migration aus einer diversitätsgerechten Perspektive an bestimmte Überlegungen und Voraussetzungen geknüpft ist. Unterschiede zwischen Familien hinsichtlich ihres ethnischen, sozialen, sprachlich-kulturellen und religiösen Hintergrundes sowie ihres Alters, ihrer Art des Zusammenlebens, ihres Lebensstils und ihrer Lebenssituation lassen nicht per se Annahmen über ihre Erziehungskompetenzen oder ihre Bereitschaft zur Kooperation mit den Einrichtungen zu. Die Entwicklung eines professionellen Umgangs mit Diversität bedeutet hier, Weltbilder offen zu halten, die eigene kulturelle Einbettung anzuerkennen, Bekanntes neu zu interpretieren und Multiperspektivität zu erreichen. Diversität und Differenz – in dem Sinne, dass jedes Kind und jede Familie einzigartig ist – ist der Ausgangspunkt des Bildungsprozesses und damit der Zusammenarbeit.

Im Sinne einer macht- und herrschaftskritischen Perspektive auf Diversität ist es außerdem wiederum zentral, dominante migrationsgesellschaftliche (Zugehörigkeits-)Ordnungen im Zusammenhang mit heterogenen Lebensbedingungen kritisch zu reflektieren. Dies bedeutet z. B., zu bedenken, dass dominante Vorstellungen von Normalität, die im Rahmen sozialer Ordnungen mit besonderer Macht ausgestattet sind, auch in der Zusammenarbeit zwischen frühpädagogischen Einrichtungen und Eltern eine Rolle spielen. Eine solche Perspektive hinterfragt die Entstehung und die Mechanismen solcher Ordnungen, untersucht die Art und Weise ihrer Durchsetzung auf den verschiedenen (pädagogischen) Ebenen und betrachtet Prozesse des Othering (Mecheril 2004). Dies erfordert von den Fachkräften, darüber nachzudenken, auf welche Weise ihre Praktiken evtl. dazu beitragen, Eltern in die Rolle der ›Anderen‹ zu versetzen, z. B. wenn es darum geht, wie das Erziehungshandeln der Eltern eingeschätzt, wie ihre Vorstellungen über Erziehung eingeholt oder auch wie Prozesse der Zusammenarbeit gestaltet werden. Neben der kritischen Reflexion solcher Strukturen ist es ebenso zentral, Möglichkeiten auszuloten, wie Praktiken der Ausgrenzung und des Othering in der Zusammenarbeit verändert werden können.

1.5 Diversitätsgerechte Professionalisierung frühpädagogischer Fachkräfte

Die vorangegangenen Ausführungen verdeutlichen bereits den Handlungsbedarf einer diversitätsgerechten Professionalisierung frühpädagogischer Fachkräfte in Bildungseinrichtungen. In diesem Kapitel wird daher dem Professionalisierungsdiskurs in der frühen Bildung genauer nachgegangen, der einen Teil der Qualitätsdebatte ausmacht und in der frühkindlichen Bildungsforschung einen Forschungsschwerpunkt darstellt. Dieser Diskurs ist im Zusammenhang mit dem (staatlich verordneten) Wandel der Kitas zu Bildungseinrichtungen und den konzeptionellen Weiterentwicklungen wie den Bildungsplänen der Länder, dem Ausbau der Unter-Dreijährigen-Angebote und dem damit einhergehenden Fachkräftemangel zu sehen. All diese Entwicklungen weisen auf ein gestiegenes Anforderungsprofil an die Fachkräfte hin.

Hoffmann (2013, S. 315 f.) fasst unterschiedliche Professionalitätsmodelle zusammen. So gibt es indikatorengestützte Modelle, die sich an berufsständischen Definitionen orientieren und den Professionalisierungsgrad des Feldes früher Bildung über die Zählung der mit einem Universitätsabschluss ausgezeichneten Pädagog*innen angeben. Andere Modelle beziehen sich auf festgelegte Kriterien wie z. B. das Fachwissen. Mit *Professionalisierung* ist in erster Linie die (Weiter-)Qualifizierung des pädagogischen Personals angesprochen. Empirisch ausgerichtete Modelle beziehen sich auf den Entwicklungsprozess von Professionalität, indem bspw. durch Fallverstehen pädagogische Beziehungen zwischen Professionellen und Kindern im Mittelpunkt stehen, oder aber auf wirksamkeitsevaluative Vorstellungen im Rahmen der Qualitätssicherung. Hoffmann (ebd.) sieht in sog. feldbezogenen Modellen die größten Potentiale, Professionalisierungsprozesse breit zu untersuchen, da sie unterschiedliche Ebenen wie Aus-, Fort- und Weiterbildung, Personal, Institution, Träger, gesellschaftliche Steuerungsebenen und weitere Einflussfaktoren einbeziehen (ebd., S. 316 f.). Auf diese Weise wird Professionalisierung als »relationales Konstrukt« (ebd., S. 317) gefasst, bei dem die Frage im Vordergrund stehen sollte, welches das notwendige Wissen ist, das es ermöglicht, spezifische Herausforderungen in den pädagogischen Handlungsfeldern zu bewältigen und Probleme zu lösen.

Aus unserer Sicht liegt genau hier ein Ansatzpunkt, um Professionalität und Professionalisierungsprozesse diversitätsgerecht zu entwickeln. Ein Beispiel für eine auf einem solchen umfassenden Modell beruhenden Ansatz ist die Weiterbildungsinitiative Frühpädagogischer Fachkräfte (WIFF, www.weiterbildungsinitiative.de), die unter Federführung des BMBF, der Robert-Bosch-Stiftung und des Deutschen Jugendinstituts (DJI) auf Basis von Studien und Expertisen kompetenzorientierte Anforderungskataloge für die Aus- und Weiterqualifizierung entwickelt hat. Dabei wurden die Querschnittsthemen wie sprachliche und kulturelle Diversität sowie Inklusion ebenfalls berücksichtigt. So sind in den Expertisen von Sulzer (2013) und Sulzer und Wagner (2011), ausgehend von aktuellen Bestandsaufnahmen und der Darstellung des internationalen Forschungsstands sowie der fachwissenschaftlichen Diskussion, Kompetenzbereiche aufgefächert und mit Blick auf Diversität und Inklusion spezifiziert (ebd., S. 26–45): Hierzu gehören die wertorientierte Handlungskompetenz (Bekenntnis bzw. *Commitment* für Inklusion), die Fachkompetenz, mit der das Wissen um Diversität und Othering (bei Sulzer und Wagner als Heterogenität und Diskriminierung begrifflich verortet) und ihre Implikationen für Kinder gemeint ist, sowie die Selbstreflexionskompetenz, mit deren Hilfe Einseitigkeiten im fachlichen Handeln, die durch die eigene biographische und professionelle Verortung entstehen, überprüft werden sollen. Darüber hinaus werden die Analysekompetenz und die Methodenkompetenz vorgestellt, bei denen eine diversitätsgerechte und diskriminierungskritische Wahrnehmung, Beobachtung, Interpretation und Gestaltung der pädagogischen Praxis im Vordergrund stehen. Die Autorinnen verdeutlichen die Abhängigkeit der zu analytischen Zwecken getrennten Kompetenzbereiche voneinander, um eine fall- und situationsangemessene Passung in der Praxis herzustellen. Dabei betonen sie, dass es sich nicht um besondere Kompetenzen handelt, da diese als allgemeine Qualifikationen im Professionalisierungsprozess angesehen werden, wie sie im Deutschen Qualifikationsrahmen (DQR) dargelegt werden. Es handele sich also lediglich um eine spezifische »*Fokussierung*« (ebd., S. 49, Hervorheb. i. O.), die genau darin bestünde, die angeeigneten allgemeinen Kompetenzen »kritisch zu überprüfen und grundlegend um ein Bewusstsein für Diversität wie auch für Diskriminierungs- und Ausschlussrisiken zu *ergänzen*« (ebd., S. 50).

Ein weiteres Modell professioneller Kompetenz ist das von Fröhlich-Gildhoff et al. (2011). Dieses Modell stellt einen wichtigen Bezugspunkt im wissenschaftlichen Diskurs der Pädagogik der Frühen Kindheit und Bildungsforschung dar und soll daher kurz skizziert werden. Es handelt sich um ein allgemeines Modell professioneller Kompetenz, das nicht auf bestimmte inhaltliche Bereiche (Domänen) spezifiziert ist. Es wird unterteilt in (1) Kompetenz als Disposition (sog. Handlungsgrundlagen), (2) Handlungsbereitschaft und -planung und (3) Performanz (Handeln). Disposition und Performanz stehen zueinander in einer Wechselbeziehung. Unter *Kompetenz als Disposition* (1) fassen die Autor*innen wissenschaftlich-theoretisches Wissen und implizites Erfahrungswissen (welches in reflektiertes Erfahrungswissen umgewandelt werden kann), die Situationswahrnehmung und -analyse, Motivation und Handlungspotentiale (Fähigkeiten und Fertigkeiten). Die Bestimmung von Kompetenz muss situations- und personenspezifisch erfolgen, wobei nach den domänenspezifischen Anforderungen der Situation und den Anforderungen, die diese an die Fachkraft stellen, sowie den Wissensstrukturen, die die Fachkraft hierfür benötigt, gefragt wird. Fröhlich-Gildhoff et al. (2011, S. 9) gehen davon aus, dass eine

> »gewandt kompetente Person [...] auf zusammenhängendes und detailliertes bzw. vertieftes Wissenschaftswissen zurückgreifen kann, fall- und situationssensible Passungen zwischen theoretischem und didaktischem Wissen und Können einerseits, Handlungs- und Erfahrungswissen andererseits auch in ungewohnten Kontexten [herstellen und, D. L. und J. B.] darüber in einen spezifischen Prozess des methodisch fundierten Reflektierens eintreten«

kann. Handlungsplanung und Handlungsbereitschaft (2) stehen zwischen der Disposition und der Performanz. Sie werden von allen Dispositionsfacetten beeinflusst und wirken auf das Handeln in der jeweiligen Situation. Performanz (3) bezieht sich auf das Handeln in der Situation, das vom impliziten und expliziten Wissen beeinflusst wird. Auch die Evaluation des eigenen Handelns wird im Modell unter (3) gefasst. »Dieser – oft in Sekundenbruchteilen ablaufende – Prozess ist prinzipiell einer (begleitenden und nicht selten nachträglichen) Rekonstruktion und (Selbst-)Reflexion zugänglich (ebd., S. 18). Hinter Disposition und Performanz liegt die sog. Haltung, die sich aus handlungsleitenden Orientierungen, Werthaltungen und Einstellungen zusammensetzt. Die Haltung im Sinne eines »individuell-biografischen und kollektiven Habitus« (ebd., S. 18) beeinflusst, wie Dispositionen in pädagogisches Alltagshandeln umgesetzt werden. Ein wichtiger Schritt für die Weiterentwicklung der Theoriebildung wäre ein domänenspezifisches Modell, in dem Diversität entsprechend eine Grundvoraussetzung darstellt. Dieser wird derzeit im Projekt »SprabiPiKs – Sprachbildungsprofis in mehrsprachigen Kitas« (Salem et al. 2020) unternommen, indem empirisch an der Weiterentwicklung des Modells in den Facetten Situationswahrnehmung und -analyse sowie Handlungsplanung für Mehrsprachigkeit und sprachliche Bildung gearbeitet wird.

1.6 Fazit

Der vorliegende Beitrag hat gezeigt, dass sich die Pädagogik der Frühen Kindheit, frühkindliche Bildungsforschung und das Feld der Frühpädagogik im Wandel befinden, hervorgerufen durch neue bildungspolitische Schwerpunktsetzungen, gesellschaftliche Entwicklungen sowie Entwicklungen in den Fachdisziplinen selbst und in der Angebotslandschaft. So wurde und wird der Bildungsauftrag mit dem Ziel, Bildungschancen auszugleichen, stärker fokussiert, als dies zuvor der Fall war. Diese Fokussierung und der Ausbau der Kindertagesbetreuung sorgten auch für eine grundsätzliche Qualitätsdebatte und rückten zudem den Professionalisierungsbedarf ins Blickfeld. Diversity spielt im Rahmen dieses Wandels eine zentrale Rolle: Die ›Diversifizierung‹ der Klientel und der Ausgleich von Ungleichheiten adressiert damit auch häufig explizit Migrant*innen. Im Sinne einer Diversity Education, wie sie theoretisch in Kapitel 1.1 in Anlehnung an den Diversity-Diskurs beschrieben wurde, geht es daher einerseits darum, an den grundlegenden menschenrechtlichen Prinzipien (Gleichheit, Freiheit, Solidarität) in der pädagogischen Orientierung anzuknüpfen und sich mit den je individuellen Lebenslagen der Kinder auseinanderzusetzen, aber auch Schieflagen im System, in der Einrichtung und/oder im Handeln selbst macht- und hierarchiekritisch zu analysieren. Vor diesem Hintergrund sind im Qualitätsdiskurs besonders Studien weiterführend, die ein relationales und deskriptives Qualitätsverständnis aufweisen und untersuchen, wie Qualität im Feld hergestellt und verhandelt wird. Auch die Auffassung von Professionalisierung als relationalem Konstrukt ist in diesem Zusammenhang zielführend. Die Einblicke in die verschiedenen Handlungsfelder zeigen, dass bereits relevante theoretische und empirische Einsichten zu diversitätsgerechten Ansätzen und Konzepten vorliegen, auf denen künftige Forschung aufbauen kann: sei es im Hinblick auf die Anerkennung von Mehrsprachigkeit durch die Verbreitung translingualer Perspektiven, hinsichtlich des Umgangs mit Diskriminierung und Othering im Ansatz der vorurteilsbewussten Erziehung und Bildung oder aber in Bezug auf die interreligiöse Erziehung und die Konturierung eines Konzepts als »Religion im Zwischen«. Dabei ist diesen Ansätzen und Konzepten gemein, dass sie nicht bei der kritischen Analyse der diskursiven Hervorbringung von Unterscheidungen stehen bleiben, sondern entsprechende Schieflagen und Machtverhältnisse reflexiv bearbeiten und das pädagogische Handeln vor diesem Hintergrund neu ausrichten.

Literatur

Auernheimer, G. (1995): Einführung in die interkulturelle Erziehung. 2., überarb. u. erg. Aufl. Darmstadt: WBG.
Autorengruppe Bildungsberichterstattung (2020): Bildung in Deutschland 2020. Ein indikatorengestützter Bericht mit einer Analyse zu Bildung in einer digitalisierten Welt. Bielefeld: Bertelsmann.
BMFSFJ – Bundesministerium für Familie, Senioren, Frauen und Jugend (2005): Zwölfter Kinder- und Jugendbericht. Bericht über die Lebenssituation junger Menschen und Leistungen der Kinder- und Jugendhilfe in Deutschland. Berlin.
Bourdieu, P. und Wacquant, L. J. D. (1996): Reflexive Anthropologie. Frankfurt/M.: Suhrkamp.
Braband, J. (2020): »Die Sprache soll den Kindern als Anker dienen«. Subjektive Theorien von Eltern und Kitafachkräften über mehrsprachiges Aufwachsen. In: B. Bloch, L. Kluge, H. M. Trân und K. Zehbe (Hrsg.): Pädagogik der frühen Kindheit im Wandel. Gegenwärtige Herausforderungen und Wirklichkeiten in frühpädagogischen Handlungsfeldern. Weinheim/München: Beltz Juventa. S. 170–188.
Braband, J. (2019): Mehrsprachigkeit in der Frühpädagogik. Subjektive Theorien von Eltern und Kitafachkräften vor dem Hintergrund migrationsgesellschaftlicher Ordnungen. Bielefeld: Transcript.

Bradley, R. H. et al. (1989): Home environment and cognitive development in the first 3 years of life. A collaborative study involving six sites and three ethnic groups in North America. Developmental Psychology, 25(2), S. 217–235.
Bradley, R. H. et al. (2001): The home environment of children in the United States. Part I: Variations by age, ethnicity, and poverty status. Child Development, 72(6), S. 1844–1867.
Brandenberg, K. et al. (2017): »Weisst du auch, wie das auf Deutsch heisst?« Ethnographie der Mehrsprachigkeit in bilingualen Kindertagesstätten der Westschweiz. In: U. Stenger et al. (Hrsg.): Diversität in der Pädagogik der frühen Kindheit. Im Spannungsfeld zwischen Konstruktion und Normativität. Weinheim/München: Beltz Juventa. S. 253–270.
Caldwell, B. M. und Bradley, R. H. (1984): Home observation for measurement of the environment. Little Rock, AK: University of Arkansas.
Cloos, P. (2018): Kindertagesbetreuung. In: I. Gogolin et al. (Hrsg.): Handbuch Interkulturelle Pädagogik. Bad Heilbrunn: Verlag Julius Klinkhardt. S. 339–343.
Demuth, C.; Root, M. und Gerwing, S. (2015): »Ich nehme das beste von beidem« – Ethnotheorien türkisch-stämmiger Mütter in Deutschland. In: B. Ö. Otyakmaz und Y. Karakaşoğlu (Hrsg.): Frühe Kindheit in der Migrationsgesellschaft. Erziehung, Bildung und Entwicklung in Familie und Kindertagesbetreuung. Wiesbaden: VS-Verlag. S. 29–47.
Derman-Sparks, L. und the A. B. C. Task Force (1989): Anti-Bias-Curriculum. Tools for Empowering Young Children. Washington: NAEYC.
Derman-Sparks, L. und Olsen Edwards, J. (2010): Anti-Bias Education for Young Children and Ourselves. Washington: NAEYC.
Diehm, I. (2016): Elementarpädagogik. In: P. Mecheril (Hrsg.): Handbuch Migrationspädagogik. Weinheim: Beltz. S. 342–355.
Dommel, C. (2018): Interreligiöses Lernen. In: I. Gogolin et al. (Hrsg.): Handbuch Interkulturelle Pädagogik. Bad Heilbrunn: Verlag Julius Klinkhardt. S. 465–468.
Fried, L. und Roux, S. (Hrsg.) (2013): Handbuch Pädagogik der frühen Kindheit. Berlin: Cornelsen.
Fröhlich-Gildhoff, K.; Nentwig-Gesemann, I. und Pietsch, S. (2011): Kompetenzorientierung in der Qualifizierung frühpädagogischer Fachkräfte. Eine Expertise der Weiterbildungsinitiative Frühpädagogische Fachkräfte (WiFF). München: DJI.
Fuchs, M. (2007): Diversity und Differenz. In: G. Krell et al. (Hrsg.): Diversity Studies. Grundlagen und disziplinäre Ansätze. Frankfurt/M.: Campus. S. 17–34.
Gaitanides, S. (2007): »Man müsste mehr voneinander wissen!« Umgang mit kultureller Vielfalt im Kindergarten. Frankfurt/M.: Fachhochschulverlag.
Georgi, V. B. (2018): Diversity. In: I. Gogolin et al. (Hrsg.): Handbuch Interkulturelle Pädagogik. Bad Heilbrunn: Verlag Julius Klinkhardt. S. 61–66.
Gomolla, M. (2010): Kinderwelten – Vorurteilsbewusste Bildung und Erziehung in Kindertageseinrichtungen. Bundesweites Disseminationsprojekt. Abschlussbericht der wissenschaftlichen Begleitung.
Hoffmann, H. (2013): Professionalisierung der frühkindlichen Bildung in Deutschland. In: M. Stamm und D. Edelmann (Hrsg.): Handbuch frühkindliche Bildungsforschung. Wiesbaden: Springer VS. S. 311–323.
Honig, M.-S. (2004): Wie bewirkt Pädagogik, was sie leistet? Ansatz und Fragestellung der Trierer Kindergartenstudie. In: M.-S. Honig; M. Joos und N. Schreiber (Hrsg.): Was ist ein guter Kindergarten? Theoretische und empirische Analysen zum Qualitätsbegriff in der Pädagogik. Weinheim und München: Juventa. S. 17–38.
Honig, M.-S., Joos, M. und Schreiber, N. (Hrsg.) (2004): Was ist ein guter Kindergarten? Theoretische und empirische Analysen zum Qualitätsbegriff in der Pädagogik. Weinheim und München: Juventa.
Hormel, U. und Scherr, A. (2004): Bildung für die Einwanderungsgesellschaft? Perspektiven der Auseinandersetzung mit struktureller, institutioneller und interaktioneller Diskriminierung. Wiesbaden: Springer VS.
Kratzmann, J.; Sawatzky, A. und Sachse, S. (2020): Professionalisierung pädagogischer Fachkräfte in Kindertageseinrichtungen – über das Zusammenspiel von Wissen, Einstellungen und Handlungen. In: Zeitschrift für Erziehungswissenschaft 23, 3. S. 539–564.

König, A. (2020): Bedeutungswandel der Kindertageseinrichtung. Kulturelles Lernen als Basis für eine inklusive Frühpädagogik. In: A. König und U. Heimlich (Hrsg.): Inklusion in Kindertageseinrichtungen. Eine Frühpädagogik der Vielfalt. Stuttgart: Kohlhammer. S. 16–30.

König, A. (2018): Erzieherinnen und Erzieher. In: I. Gogolin; V. B. Georgi; M. Krüger-Potratz; D. Lengyel und U. Sandfuchs (Hrsg.) Handbuch Interkulturelle Pädagogik. Bad Heilbrunn: Klinkhardt. S. 577–580.

Leiprecht, R. (2018): Rassismuskritische Ansätze in der Bildungsarbeit. In: I. Gogolin et al. (Hrsg.): Handbuch Interkulturelle Pädagogik. Bad Heilbrunn: Klinkhardt. S. 255–258.

Lengyel, D. (2017): Alltagsintegrierte Sprachbildung im Elementarbereich. In: M. Becker-Mrotzek und H.-J. Roth (Hrsg.): Sprachliche Bildung – Grundlagen und Handlungsfelder. Band 1. Münster: Waxmann. S. 273–286.

Lengyel, D. (2009): Zweitspracherwerb in der Kita. Eine integrative Sicht auf die sprachliche und kognitive Entwicklung mehrsprachiger Kinder. Münster: Waxmann.

Lengyel, D. und Salem, T. (2018): Orientierungs- und Bildungspläne für die Kindertagesbetreuung. In I. Gogolin et al. (Hrsg.): Handbuch Interkulturelle Pädagogik. Bad Heilbrunn: Klinkhardt. S. 441–444.

Lengyel, D. und Salem, T. (2017): Zur Zusammenarbeit von Kindergarten und Elternhaus – interkulturelle Perspektiven. In: B. Kracke und P. Noack (Hrsg.): Handbuch Entwicklungs- und Erziehungspsychologie. VS Verlag für Sozialwissenschaften. S. 83–100. DOI: 10.1007/9783-642-54061-5_6-1.

Lengyel, D. und Ilic, V. (2014): Frühkindliche Bildung. In: B. Marschke und U. Brinkmann (Hrsg.): Handbuch Migrationsarbeit. Wiesbaden: Springer VS. S. 107–120.

Mecheril, P. (Hrsg.) (2004): Handbuch Migrationspädagogik. Weinheim: Beltz.

Melhuish, E. (2013): Research on Early Childhood Education in the UK. In: M. Stamm und D. Edelmann (Hrsg.): Handbuch frühkindliche Bildungsforschung. Wiesbaden: Springer VS. S. 211–221.

Neumann, S. und Honig, M.-S. (2009): Das Maß der Dinge. Qualitätsforschung im pädagogischen Feld. In: B. Friebertshäuser; M. Rieger-Ladich und L. Wigger (Hrsg.): Reflexive Erziehungswissenschaft. Forschungsperspektiven im Anschluss an Pierre Bourdieu. 2., durchgesehene und erweiterte Aufl. Wiesbaden: VS Verlag. S. 191–210.

Neumann, U. (2012): Zusammenarbeit mit Eltern in interkultureller Perspektive. Forschungsüberblick und das Modell der Regionalen Bildungsgemeinschaften. In: Die deutsche Schule, 104(4), S. 363–373.

Otyakmaz, B. Ö. (2008): Erfassung des kognitiven Entwicklungsumfeldes von türkisch-deutschen Kleinkindern. In: Bildungsforschung 5 (2008) 1, 19. S. 1–19.

Otyakmaz, B. Ö. und Karakaşoğlu, Y. (Hrsg.) (2015): Frühe Kindheit in der Migrationsgesellschaft. Erziehung, Bildung und Entwicklung in Familie und Kindertagesbetreuung. Wiesbaden: VS-Verlag. https://doi.org/10.1007/978-3-658-07382-4.

Otyakmaz, B. Ö. (2015): Erziehungsverhalten und Entwicklungserwartungen von Müttern. In: B. Ö. Otyakmaz und Y. Karakaşoğlu (Hrsg.): Frühe Kindheit in der Migrationsgesellschaft. Erziehung, Bildung und Entwicklung in Familie und Kindertagesbetreuung. Wiesbaden: VS-Verlag. S. 67–81. https://doi.org/10.1007/978-3-658-07382-4_4.

Otyakmaz, B. Ö. und Döge, P. (2015): Erzieherinnen-Eltern-Beziehung in Migrationskontexten. In: B. Ö. Otyakmaz und Y. Karakaşoğlu (Hrsg.): Frühe Kindheit in der Migrationsgesellschaft. Erziehung, Bildung und Entwicklung in Familie und Kindertagesbetreuung. Wiesbaden: VS-Verlag. S. 159–178.

Panagiotopoulou, A. (2016): Mehrsprachigkeit in der Kindheit. Perspektiven für die frühpädagogische Praxis. Eine Expertise der Weiterbildungsinitiative Frühpädagogische Fachkräfte (WiFF). Frankfurt/M.

Panagiotopoulou, A. (2017): Mehrsprachigkeit und Differenzherstellung in Einrichtungen frühkindlicher Erziehung und Bildung. In: I. Diehm; M. Kuhn und C. Machold (Hrsg.): Differenz – Ungleichheit – Erziehungswissenschaft. Verhältnisbestimmungen im (Inter-)Disziplinären. Wiesbaden: VS-Verlag. S. 257–274. https://doi.org/10.1007/978-3-658-10516-7_14.

Preissing, C. und Wagner, P. (Hrsg.) (2003): Kleine Kinder, keine Vorurteile? Interkulturelle und vorurteilsbewusste Arbeit in Kindertageseinrichtungen. Freiburg i. Br.: Herder.
Prengel, A. (2014): Heterogenität oder Lesarten von Freiheit und Gleichheit in der Bildung. In: H.-C. Koller; R. Casale und N. Ricken (Hrsg.): Heterogenität: zur Konjunktur eines pädagogischen Konzepts. Paderborn: Schöningh. S. 45–68.
Prengel, A. (2020): Pädagogik der Vielfalt im Kindergarten. Ein Überblick. In: A. König und U. Heimlich (Hrsg.): Inklusion in Kindertageseinrichtungen. Eine Frühpädagogik der Vielfalt. Stuttgart: Kohlhammer. S. 31–47.
Reich, H. H. (2008): Sprachförderung im Kindergarten. Berlin: verlag das netz.
Reich, H. H. (2010): Frühe Mehrsprachigkeit aus linguistischer Perspektive. Deutsches Jugendinstitut. Frankfurt/M.
Rommelspacher, B. (1995): Dominanzkultur. Texte zu Fremdheit und Macht. Berlin: Orlanda Frauenverlag.
Rommelspacher, B. (2009): Was ist eigentlich Rassismus? In: C. Melter und P. Mecheril (Hrsg.): Rassismuskritik. Band 1: Rassismustheorie und -forschung. Schwalbach: Wochenschau Verlag. S. 25–38.
Roßbach, G.; Kluczniok, K. und Isenmann, D. (2008): Erfahrungen aus internationalen Längsschnittstudien. In: G. Roßbach und S. Weinert (Hrsg.): Kindliche Kompetenzen im Elementarbereich: Förderbarkeit, Bedeutung, Messung. Bildungsforschung Band 24. BMBF: Bonn.
Salem, T. (2018): Kommunale Bildungslandschaften und regionale Bildungsnetzwerke. In: I. Gogolin et al. (Hrsg.): Handbuch Interkulturelle Pädagogik. Bad Heilbrunn: Klinkhardt. S. 369–373.
Salem, T.; Braband, J. und Lengyel, D. (2020): Parental Cooperation in Early Childhood Education in Germany – Bridging Language Barriers in Multilingual Settings. In: C. Kirsch und J. Duarte (Hrsg): Multilingual approaches for teaching and learning. From acknowledging to capitalizing on multilingualism in European mainstream education. Abingdon: Routledge. S. 168–185.
Salem, T. et al. (2020): Language Education Professionals in Multilingual ECEC Institutions – Sprachbildungsprofis in mehrsprachigen Kitas. In: European Journal of Applied Linguistics 8, 1. S. 127–141. DOI: 10.1515/eujal-2019-0042.
Scarvaglieri, C. und Zech, C. (2013): »ganz normale Jugendliche, allerdings meist mit Migrationshintergrund«. Eine funktional-semantische Analyse von Migrationshintergrund. In: Zeitschrift für angewandte Linguistik 58(1). S. 201–227. https://doi.org/10.1515/zfal-2013-0008.
Scharathow, W. (2009): Zwischen Verstrickung und Handlungsfähigkeit – Zur Komplexität rassismuskritischer Bildungsarbeit. In: W. Scharathow und R. Leiprecht (Hrsg.): Rassismuskritik. Bd. II: Rassismuskritische Bildungsarbeit. Schwalbach: Wochenschau Verlag. S. 12–22.
Scherr, A. (2008): Alles schön bunt hier? Eine Einleitung zum Themenschwerpunkt. In: Sozial Extra. S. 11–12.
Schmidt, T. (2018): Pädagogik der frühen Kindheit. In: I. Gogolin et al. (Hrsg.): Handbuch Interkulturelle Pädagogik. Bad Heilbrunn: Klinkhardt. S. 198–201.
Siraj-Blatchford, I. et al. (2003): The Effective Provision of Preschool Eduation (EPPE) Project. Intensive Case Studies of Practice across the Foundation Stage. London: DfEE.
Sliwka, A. (2012): Diversität als Chance und als Ressource in der Gestaltung wirksamer Lernprozesse. In: K. Fereidooni (Hrsg.): Das interkulturelle Lehrerzimmer. Wiesbaden: Springer VS. S. 169–176.
Stamm, M. und Edelmann, D. (2013): Zur pädagogischen Qualität frühkindlicher Bildungsprogramme: Eine Kritik an ihrer ethnozentrischen Perspektive. In: Dies. (Hrsg.): Handbuch frühkindliche Bildungsforschung. Wiesbaden: VS-Verlag. S. 325–341. https://doi.org/10.1007/978-3-531-19066-2_23.
Sulzer, A. (2013): Kulturelle Heterogenität in Kitas. Anforderungen an Fachkräfte. Eine Expertise der Weiterbildungsinitiative Frühpädagogische Fachkräfte (WiFF). München: DJI.

Sulzer, A. und Wagner, P. (2011): Inklusion in Kindertageseinrichtungen – Qualifikationsanforderungen an die Fachkräfte. Eine Expertise der Weiterbildungsinitiative Frühpädagogische Fachkräfte (WiFF). München: DJI.

Sylva, K. et al. (2004): The Effective Provision of Preschool Eduation (EPPE) Project: Findings from Preschool to the end of Key Stage 1. London: DfES.

Tietze, W. et al. (Hrsg.) (2012): NUBBEK. Nationale Untersuchung zur Bildung, Betreuung und Erziehung in der frühen Kindheit. Fragestellungen und Ergebnisse im Überblick. http://www.nubbek.de/media/pdf/NUBBEK%20Broschuere.pdf; zuletzt aufgerufen am 16.05.2019.

Tietze, W. et al. (Hrsg.) (2013): NUBBEK. Nationale Untersuchung zur Bildung, Betreuung und Erziehung in der frühen Kindheit. Weimar Berlin: verlag das netz.

Thuswald, M. (2016): Diversity Studies. Theorie und Forschung zu Differenzen und Diversität. In: E. Gaugele und J. Kastner (Hrsg.): Critical Studies. Wiesbaden: Springer VS. S. 263–290. DOI 10.1007/978-3-658-10412-2_15.

Wagner, P.; Hahn, S. und Enßlin, U. (Hrsg.) (2006): Macher, Zicke, Trampeltier – Vorurteilsbewusste Bildung und Erziehung in Kindertageseinrichtungen. Handbuch für die Fortbildung. Berlin: verlag das netz.

Wagner, P. (Hrsg.) (2013): Handbuch Inklusion. Grundlagen vorurteilsbewusster Bildung und Erziehung. Freiburg: Herder.

2 Sprachpolitik in zugewanderten Familien und Einrichtungen frühpädagogischer Erziehung und Bildung

Julie A. Panagiotopoulou & Evamaria Zettl

Einleitung

Frühkindliche Spracherwerbsprozesse im Kontext von (neu) zugewanderten Familien hängen mit spezifischen Bedingungen sprachlicher Sozialisation, u. a. mit elterlichen Vorstellungen gegenüber (Migrations-)Sprachen und Sprach(en)gebrauch sowie mit entsprechenden Erziehungspraktiken zusammen. Diese Bedingungen lassen sich mit dem Begriff »familiale Sprachpolitik«[1] umschreiben. Familiensprachpolitik ist in Interaktionen inner- und außerhalb der Familie beobachtbar, beispielsweise wenn Familienmitglieder je nach Situation und Gesprächspartner*in einsprachig oder/und mehr- und quersprachig bzw. translingual handeln (zu den Begriffen »Mehr- und Quersprachigkeit« sowie »Translanguaging« in der frühen Kindheit und in zugewanderten Familien vgl. ausführlich Panagiotopoulou 2016, S. 15 ff.; Montanari und Panagiotopoulou 2019, S. 27 ff.).

Die Erkenntnis, dass jenseits familialer Sprachpolitik und Sprachpraxis auch eine offizielle »Sprach(en)politik« in der jeweiligen Migrationsgesellschaft existiert und »vom Kindergarten über die Schule bis zur Universität und zu Institutionen der Erwachsenenbildung« (Marten 2016, S. 35) in die pädagogische Praxis umgesetzt wird, gewinnt im deutschsprachigen Raum allmählich an Bedeutung. Insbesondere in Einrichtungen frühkindlicher und vorschulischer Erziehung und Bildung wird dadurch versucht, den »Sprachgebrauch und Spracherwerb zunächst explizit« zu beeinflussen, während darüber hinaus alle weiteren Bildungseinrichtungen »auch implizit [...] maßgeblich daran beteiligt [sind], Sprachstandards festzuschreiben und durchzusetzen« (Marten 2016, S. 35). Ein charakteristisches Beispiel für die deutsche Sprach(en)politik, die auf der »verbreitete[n] Ideologie der staatlichen Einsprachigkeit« basiert und »auch heute oft noch Debatten zum Umgang mit Mehrsprachigkeit in Deutschland prägt« (ebd., S. 20), zeigte sich, als unmittelbar nach den Ergebnissen der ersten PISA-Studie von der Kultusministerkonferenz eine flächendeckende »bildungssprachliche Förderung« im Elementarbereich empfohlen wurde (Karakaşoğlu und Otyakmaz 2015, S. VII), die aus-

---

1 Den Begriff »Family Language Policy« (Macalister und Hadi Mirvahedi 2017a) übersetzen wir als »Familiensprachpolitik« bzw. »familiale Sprachpolitik«. Für »Language Policy/Policies« im Kontext von Bildungsinstitutionen verwenden wir – in Anlehnung an Marten 2016 (S. 16) – den Begriff »Sprach(en)politik«. Damit möchten wir auf die in deutschsprachigen Ländern vorherrschenden monolingual ausgerichteten bildungs- und sprachpolitischen Debatten und Regelungen trotz gesellschaftlicher und individueller Mehrsprachigkeit verweisen (vgl. Montanari und Panagiotopoulou 2019).

schließlich den »frühkindlichen Deutsch-Spracherwerb« zur »Vorbereitung auf die Anforderung von Schule« vorsah (ebd.). Dies hat zu weiteren – weitgehend ausschließlich auf das Deutsche bezogenen – sprachpolitischen Maßnahmen und Regelungen auf Bundes-, Länder- und auf kommunaler Ebene geführt, womit die mehrsprachigen Lebensbedingungen von Kindern, aber auch die »elterliche[n] Bildungsinteressen«, entgegen der in bildungspolitischen Dokumenten klar formulierten »Forderung, ihnen ›auf Augenhöhe‹ zu begegnen« (ebd.), vernachlässigt wurden.

Anders als die hier exemplarisch skizzierte Bildungspolitik berücksichtigt der Forschungsansatz »Family Language Policy« (FLP) die Einbettung des Sprach(en)erwerbs in (mehrsprachige) familiale Alltagspraktiken (Macalister und Hadi Mirvahedi 2017a). Eine der zentralen Herausforderungen besteht darin, entsprechende Forschungsergebnisse so in die pädagogische Praxis zu transferieren, dass diese zur Entwicklung einer inklusiven – auch die familiale Mehrsprachigkeit berücksichtigenden – Sprachpolitik im Kontext von Bildungseinrichtungen beitragen, es geht also um: »more inclusive approach that takes account of the diverse language goals of families, and how best to achieve them« (Macalister und Hadi Mirvahedi 2017b, S. 6). Von dieser im Zuge der aktuellen Inklusionsdebatten auch für den deutschsprachigen Raum bedeutsamen Zielsetzung ausgehend (vgl. dazu auch Panagiotopoulou 2020), stellen wir im vorliegenden Beitrag ausgewählte Ergebnisse hauptsächlich qualitativ-empirischer Interview-Studien und ethnographischer Forschungsarbeiten vor, die in den letzten Jahren Strategien und Praktiken von Familienmitgliedern, insbesondere von Eltern im Hinblick auf die mehrsprachige Erziehung ihrer Kinder, untersucht haben. In einem weiteren Schritt diskutieren wir Forschungsergebnisse über Strategien und Praktiken pädagogischer Fachkräfte im Umgang mit Mehrsprachigkeit in Deutschland, Luxemburg und der Schweiz, nachdem wir kurz auf die unterschiedlichen sprach- und bildungspolitischen Verhältnisse der drei Länder eingegangen sind. Dabei fokussieren wir auf frühkindliche und vorschulische Bildungseinrichtungen. Denn diese sind in der Regel die ersten Bildungsinstitutionen, in denen mehrsprachige Eltern ihre Erziehungs- und Bildungsziele explizieren und wo differente Erziehungsvorstellungen und Praktiken zur Unterstützung des kindlichen (Mehr-)Spracherwerbs aufeinandertreffen (können). Pädagogische Professionelle betrachten wir hierbei als für die Umsetzung der institutionellen Sprach(en)politik und für den Umgang mit Mehrsprachigkeit mitverantwortliche Akteur*innen, die im pädagogischen Alltag bzw. »at the local level« nicht nur als Umsetzende staatlicher Sprachpolitiken, sondern selbst auch als »language policymakers« fungieren (García und Menken 2010, S. 249): Sie können die institutionellen, impliziten und expliziten, die sog. ›de facto‹ sprachpolitischen Regelungen und Maßnahmen hinterfragen, die Familiensprachpolitik ihrer Klientel berücksichtigen und ihre eigenen Strategien und Praktiken im alltäglichen Umgang mit Mehrsprachigkeit pädagogisch handelnd verändern. So ziehen wir dann in einem letzten Schritt Schlussfolgerungen hinsichtlich eines inklusiveren Umgangs mit (familialer) Mehrsprachigkeit, der auch die Perspektiven von (neu) zugewanderten Eltern und Kindern beachtet und würdigt.

2.1 Sprachpolitik und Sprachpraxis in (neu) zugewanderten Familien

In einem 2017 erschienenen Sammelband mit dem Titel »Family Language Policies in a Multilingual World« (hrsg. von Macalister und Hadi Mirvahedi) werden neuere, internationale Forschungsergebnisse zur Sprachpolitik und Sprachpraxis im Kontext von (Flucht-)Migration vorgestellt. In der Einleitung des Buches wird zunächst die Notwendigkeit einer differenzierten Betrachtung von Mehrsprachigkeit »in a migrant or refugee setting« erläutert (Macalister und Hadi Mirvahedi 2017b, S. 6): Der Umgang mit Mehrsprachigkeit soll weder neutral, etwa unabhängig vom sozialen Prestige der jeweiligen Familien- oder Migrationssprache(n), noch jenseits von spezifischen migrationsgesellschaftlichen Verhältnissen, etwa abgekoppelt von der konkreten Sprach(en)politik des jeweiligen Bildungssystems, betrachtet werden. Die damit zusammenhängende Frage »how family language policy fits into the wider linguistic ecology« basiert u. a. auf der Erkenntnis, dass Sprachverwendungspraktiken von Familienmitgliedern auf der Mikroebene, sog. »language choices in the home«, auch mit sprachpolitischen Bedingungen auf der Meso- und Makroebene, mit »language policy, in other domains«, zusammenhängen (ebd., S. 4). Das Forschungsziel, das sie dabei identifizieren, liegt damit nicht in einer getrennten Betrachtung privater, öffentlicher oder institutioneller Sprach(en)politik im Kontext von Bildungseinrichtungen, sondern vielmehr gilt die interdependente Beziehung zwischen diesen Domänen als Forschungsdesiderat. Auf der Basis unterschiedlicher Projekte lässt sich darüber hinaus der besondere Ertrag qualitativer, insbesondere ethnographischer Feldstudien erkennen, um die Sprachideologien bzw. Einstellungen von Sprecher*innen gegenüber Sprache(n) sowie die authentische Sprachpraxis von Eltern und Kindern in Familien zu erfassen. Solche Forschungsarbeiten gehen auch der Frage nach, wie im familialen Alltag durch konkrete Interaktion zwischen den Familienmitgliedern der Erhalt der mitgebrachten Sprache(n) gepflegt, aber auch der Erwerb der neuen Sprache(n) gefördert und somit das Sprachenrepertoire erweitert wird.

Kirsch und Gogonas (2018, S. 15) haben sich mit den expliziten und impliziten Erziehungszielen sowie mit beobachtbaren Sprach- und Erziehungspraktiken von Eltern neuzugewanderter Familien, die in Luxemburg leben, befasst. Der folgende Interviewausschnitt illustriert exemplarisch die Perspektive eines Vaters und liefert Einblicke in die deutsch-griechisch-luxemburgisch-sprachige Interaktion im familialen Alltag:

Kostas: The other day I asked Hector to name the 4 seasons and he didn't remember the Greek word for ›autumn‹ and instead he used the word *Herbst*. Sometimes they ask me ›can I say it in Luxembourgish‹?
Researcher: How do you respond to these requests?
Kostas: I let them say it in Luxembourgish and then I teach them the Greek word. I also learn the Luxembourgish word like this. They love teaching me Luxembourgish (ebd.)

Die hier beschriebenen Praktiken und Strategien des Vaters verweisen auf die Verknüpfung von Erziehungsvorstellungen mit Einstellungen gegenüber migrationsbedingter Mehrsprachigkeit, die in einem unmittelbaren Zusammenhang nicht nur mit dem konkreten (migrations-)gesellschaftspolitischen Kontext, sondern auch mit der eigenen Migrationsgeschichte der Familie zu betrachten ist (vgl. hierzu auch Marten 2016, S. 88 f., Uçan 2018, S. 245 ff.). So verweisen die Einstellungen der an der Studie von Gogonas und Kirsch (2016, 2018) beteiligten Eltern auf ihren Wunsch, die sozioökonomische Situation ihrer aufgrund der Finanzkrise in Griechenland nach Luxemburg ausgewanderten Familien zu verbessern. Darüber hinaus scheinen sie auch vom gesellschaftlichen Diskurs um die Bedeutung der offiziellen Dreisprachigkeit Luxemburgs auf dem europäischen und internationalen Arbeitsmarkt geprägt zu sein. So hielten sie die Sprachentwicklung ihrer Kinder in Französisch, Deutsch und Englisch nicht nur für deren zukünftige Hochschulbildung für wertvoll, sondern betrachteten diese auch an sich als »Ware«, die ihren Kindern einen entsprechenden Erfolg auf dem globalisierten, transnationalen und postindustriellen Markt ermöglichen sollte (Gogonas und Kirsch 2016; Kirsch und Gogonas 2018). Unabhängig davon und, wie dem oben zitierten Interviewausschnitt zu entnehmen ist, auch zeitgleich, werden zwei weitere Sprachen (Griechisch und Luxemburgisch), die nicht zu den »most important languages in Europe« zählen (Gogonas und Kirsch 2016), im Alltag der Familie gezielt gefördert. Die Auswahl der Familiensprachen scheint damit auch unabhängig von ihrem unterschiedlichen sozialen Prestige getroffen zu werden. Allerdings können Eltern aufgrund ihrer Entscheidung, auch ›prestigeniedrige‹ Familiensprachen zu fördern, u. a. im Kontext von Bildungsinstitutionen unter Legitimationsdruck geraten, wie Ergebnisse einer neueren Studie aus den Niederlanden zeigen (vgl. Bezcioğlu-Göktoğla und Yağmur 2018; zit. n. Uçan 2018, S. 246 f.): In Anlehnung an den Family Language Policy-Ansatz wurde mittels Beobachtungen und Interviews in 20 Familien »mit türkischem Migrationshintergrund«[2] festgestellt, dass Eltern im Hinblick auf »den Gebrauch der Herkunftssprache« mit »widersprüchlichen Erwartungen« sowohl im Kontext der Bildungsinstitutionen, die ihre Kinder besuchen, als auch in »der eigenen Community« konfrontiert werden, so dass sie »unter Druck stehen und in der Konsequenz Türkisch im außerfamiliären Kontext zögerlich gebrauchen« (Uçan 2018, S. 247).

Auf Deutschland bezogen ist die Studie von Braband (2019), die mithilfe von Interviews subjektive Theorien von fünf Elternteilen mehrsprachiger Kita-Kinder rekonstruiert, instruktiv im Hinblick auf den Stellenwert von Mehrsprachigkeit in der familialen Sprachpolitik. Alle Befragten betonten, dass ihnen eine Erziehung zur Mehrsprachigkeit im Sinne der Förderung einer hybriden Identität wichtig sei: »Der Wunsch nach einem mehrsprachigen Aufwachsen der Kinder wird mit der sprachlichen Situation der Familie begründet, mit dem Bedürfnis, den Kindern ihre Wurzeln zugänglich zu machen und ihnen eine selbstbestimmte

---

2 Zur kritischen Reflexion der Differenzkategorie »Migrationshintergrund« vgl. Stosič (2017).

Positionierung zu ermöglichen« (Braband 2019, S. 293). Einige Eltern sehen dabei die Aufgabe der Kita ausschließlich in der Deutschförderung, während die Familie für den Erhalt der Familiensprache zuständig sei; andere wünschen sich, dass ihre Kinder auch in der Kita als Mehrsprachige gefördert werden (vgl. ebd.).

Im Rahmen ihrer qualitativ angelegten Forschungsarbeit zur familialen Sprachpolitik auf der Grundlage von 40 Interviews mit in Deutschland lebenden Eltern der ersten, zweiten und dritten »Migrationsgeneration aus der Türkei« stellte Uçan ebenfalls fest, dass alle befragten Mütter und Väter »unabhängig von Geschlecht, Migrationsgeneration oder Bildungsgrad« eine mehrsprachige Erziehung verfolgen (Uçan 2018, S. 248). Ihre Entscheidung, die Familiensprache Türkisch privat gezielt und sogar kostenpflichtig zu fördern, begründen einige der Befragten insofern als bildungsrelevant, als sie sich davon einen erfolgreichen Erwerb des Deutschen in der deutschen Bildungseinrichtung erwarten:

> »Dass es zuallererst eine Erziehung in der Muttersprache Türkisch erhält, und dann Deutsch lernt, dessen [sic] Vorteil haben wir ausprobiert und haben die Erfahrung gemacht, also dass es erfolgreich war« (ebd.).

Die Eltern stellen allerdings auch fest, dass aufgrund der Dominanz der deutschen Sprache in der Kita die entsprechenden Kompetenzen ihrer Kinder in der familial vermittelten »Muttersprache Türkisch« beim Eintritt in die frühkindliche Betreuung abnehmen, da sie »nur Deutsch« sprächen (ebd.; ähnlich auch bei Braband (2019, S. 295)). Die von Uçan (2018, S. 252) befragten Eltern problematisieren darüber hinaus ihre eigene familiale Sprach- und Erziehungspraxis, da sie sich nicht (selbst-)disziplinieren, um die beiden Sprachen Deutsch und Türkisch – wie gesellschaftlich erwartet – in der alltäglichen Kommunikation mit ihren Kindern konsequent zu trennen (▶ Kap. 3.2.2). Diese translinguale Sprachpraxis in der Familie findet zugleich jedoch auch ihre pragmatische Begründung in der Notwendigkeit, die familiale Kommunikation zwischen Angehörigen unterschiedlicher Generationen mit unterschiedlichen Sprachenrepertoires in der Verkehrssprache des Landes und der/den Familiensprache(n) zu gewährleisten (z. B. zwischen Großeltern der ersten und Enkelkindern der dritten Migrationsgeneration): »For example, the only way to communicate in bilingual/multilingual family events is to translanguage« (García und Li Wei 2014, S. 23). Wie im oben zitierten Beispiel aus der Studie von Kirsch und Gogonas (2018) deutlich wird, können diese Praktiken des Translanguaging dazu beitragen, das Gesamtsprachenrepertoire aller Familienmitglieder zu erweitern, denn nicht nur das Kind lernt in diesem Dialog mit dem Vater, was »Herbst« auf Griechisch heißt, sondern auch der Vater erweitert über die Instruktion des Kindes seinen Wortschatz im Luxemburgischen. Solche translingualen (Lern-)Praktiken und Strategien sind durchgängig beobachtbar und lassen laut García und Li Wei (ebd.) Translanguaging als Norm und Normalität im Kontext von Migrationsfamilien erkennbar werden. Auf diese Weise entwickeln Kinder in mehrsprachigen Familienkontexten die Fähigkeit, je nach Situation und Gesprächspartner*in effektiv (er) zu kommunizieren, indem sie »sowohl monolinguale als auch pluri- und translinguale bzw. gemischte Äußerungen« produzieren (Panagiotopoulou 2016, S. 14 f.).

Über die Normalität der sprachenübergreifenden Praxis im familialen Kontext sowie über die Rolle der Kinder, die sich dabei nicht passiv den Bemühungen und Strategien ihrer Eltern anpassen, sondern die Interaktion mit ihnen pragmatisch und effektiv mitgestalten, liegen im deutschsprachigen Raum kaum Ergebnisse vor. Als Beispiel einer einschlägigen Forschungsarbeit aus dem englischsprachigen Raum ist die Studie von Crump (2017) mit japanisch-kanadischen Familien in Montreal anzuführen[3], mit der gezeigt werden konnte, dass junge Kinder nicht ausschließlich mono- oder translingual handeln, sondern situativ adäquat ihre Sprachpraxis anpassen. Crump fand durch ihre Beobachtungen heraus, dass die an der Untersuchung beteiligten Kinder einerseits sehr gut auf die jeweilige »Language Policy« eingestimmt sind und sich je nach Situation an diese halten, während sie sich andererseits sowohl innerhalb als auch außerhalb ihrer Familien dieser ebenfalls widersetzen können. Damit zeigt diese Fallstudie exemplarisch auf, wie ertragreich die Rekonstruktionen der kindlichen Perspektiven sein können, um Gemeinsamkeiten und Unterschiede zwischen familialen und schulischen Sprachpolitiken festzustellen, aber auch um die damit verbundenen Herausforderungen für die beteiligten Akteur*innen zu verstehen (vgl. Crump 2017, S. 173).

2.2 Sprach(en)politik im frühpädagogischen und vorschulischen Alltag

Wurde in Kapitel 2.1 auf Familiensprachpolitik fokussiert, so legen wir mit den folgenden Ausführungen den Fokus auf die Sprach(en)politik und Sprachpraxis im pädagogischen Alltag. Die ausgewählten, überwiegend ethnographischen Studien (vgl. Panagiotopoulou 2017b) beziehen sich v. a. auf Deutschland, die Deutschschweiz und einen bilingual deutsch-französischen Schweizer Kanton sowie Luxemburg, deren jeweilige sprachpolitische Verhältnisse zunächst kurz umrissen werden. Das deutsche Bildungssystem ist geprägt von einer monolingual deutschen Tradition (vgl. Gogolin 2017, S. 103 ff.), dementsprechend wird im frühpädagogischen und vorschulischen Bereich, mit wenigen Ausnahmen, das Deutsche als einzige Sprache der Bildung (normativ konnotiert als ›Bildungssprache Deutsch‹) verwendet; Bildungs- und Orientierungspläne der Bundesländer weisen auf die Wichtigkeit der vorschulischen Sprachförderung (implizit: im

---

3 Während Kanada offiziell als zweisprachig (Französisch-Englisch) gilt, verfügt die Provinz Quebec über eine eigene Sprach(en)politik, die Französisch zur offiziellen Sprache erklärt. Montreal ist somit ein äußerst interessanter (migrations-)gesellschaftlicher Kontext. Die Studie von Crump (2017) hat mehrsprachige Vorschulkinder im Alter von vier bis sechs Jahren ethnographisch begleitet, die zu Hause auf Englisch und Japanisch, in der Vorschule und bei Freizeitaktivitäten auf Französisch und in einer Community Schule schließlich auf Japanisch kommunizierten.

Deutschen) hin⁴ und regen dennoch an, im Sinne einer ›Wertschätzung‹ von Mehrsprachigkeit mehrsprachige Elemente wie Abzählverse oder Lieder in den Kita-Alltag zu integrieren (vgl. Jahreiß et al. 2017, S. 439).

Die Deutschschweiz kennt eine Diglossie mit ›Mundarten‹ als Sprache der Mündlichkeit und dem Standarddeutschen als Sprache der Schriftlichkeit und der Bildungsinstitutionen. In den letzten Jahren wurde bildungspolitisch gefordert, dass Kinder, die zu Hause kein Deutsch sprechen, vor dem Eintritt in den Kindergarten mit vier Jahren eine Spielgruppe⁵ besuchen, um dort (Standard-) Deutsch zu erwerben (vgl. Isler et al. 2020, S. 8 f.). Im »1. Zyklus« der obligatorischen Schulzeit, der zwei Jahre Kindergarten und die 1. und 2. Klasse der Schule umfasst, wird laut Lehrplan (ausschließlich) Deutsch gesprochen⁶; das Verhältnis von Mundart und Standardsprache im Kindergarten ist dabei kantonal unterschiedlich festgelegt⁷. Für Kinder, die Deutsch als Zweitsprache lernen, wird in der Regel eine Förderung in der standardisierten Sprache angestrebt (vgl. Panagiotopoulou und Kassis 2016, S. 156 f.). Hingegen ist Luxemburg ein offiziell dreisprachiges Land mit den Landessprachen Luxemburgisch, Deutsch und Französisch. In Einrichtungen für 1- bis 4-Jährige soll Luxemburgisch und Französisch unterrichtet werden (vgl. Gouvernement du Grand-Duché de Luxembourg 2020).

Vergleichend betrachtet und trotz dieser unterschiedlichen sprachpolitischen Gegebenheiten und Bildungsvorgaben verweisen viele Studien der letzten Jahre auf länderübergreifende Gemeinsamkeiten in der pädagogischen Praxis, aber auch darauf, dass in demselben Land unterschiedliche Praktiken in unterschiedlichen Institutionen (vgl. Neumann 2015) oder sogar innerhalb derselben Institution (vgl. Zettl 2019) beobachtbar sind. Dieses als Diskrepanzen beschriebene Phänomen lässt sich u. E. damit erklären, dass jenseits der jeweiligen Migrationsverhältnisse und der offiziellen Sprach(en)politik des Bildungssystems pädagogische Fachkräfte das lokale Sprachregime von Bildungseinrichtungen schon darüber mitgestalten, dass sie (sprach-)pädagogisch handeln (vgl. García und Menken 2010). Aus diesem Grund gehen wir in den folgenden Ausführungen auf die Rolle der pädagogischen Fachkräfte ein, indem wir gleichzeitig exempla-

---

4 Für einen Überblick über alle Bildungs- und Orientierungspläne der Bundesländer vgl. DIPF. Leibniz-Institut für Bildungsforschung und Bildungskommunikation (Hrsg.) (2017): https://www.bildungsserver.de/Bildungsplaene-fuer-Kitas-2027-de.html [Letzter Zugriff 29.01.2021].
5 Spielgruppen in der Deutschschweiz sind freiwillige kostenpflichtige Angebote für unter vierjährige Kinder, die noch nicht in den Kindergarten gehen. Sie finden i. d. R. wenige Stunden die Woche statt; es gibt keine gesetzlichen Regelungen für die Ausbildung von Spielgruppenleitenden oder die Qualität der pädagogischen Arbeit (vgl. Isler et al. 2020, S. 8).
6 Positive Einstellungen gegenüber Migrationssprachen und schulischen Fremdsprachen sollen im Klassenzimmer u. a. durch Sprachenvergleiche gefördert werden, so dass diese zumindest punktuell präsent sind (vgl. z. B. Departement für Erziehung und Kultur Thurgau 2018, S. 8).
7 Der »Lehrplan 21« schreibt lediglich allgemein vom Kompetenzaufbau in Mundart und Standardsprache (vgl. Deutschschweizer Erziehungsdirektoren-Konferenz (D-EDK), 2016).

risch auf ausgewählte länderübergreifende Phänomene fokussieren. Dabei zeigen wir auf, wie migrations- und familienbedingter kindlicher Mehrsprachigkeit in der pädagogischen Praxis – vorrangig seitens der beteiligten Professionellen – begegnet wird bzw. wie sie dabei als Realität und Normalität oder eher als Abweichung von einer monolingualen Normvorstellung und als pädagogisches Problem, das mit Monolingualisierungsstrategien gelöst werden kann, hervorgebracht wird.

2.2.1 Mehrsprachige Praxis im Kita-Alltag als wertzuschätzende Normalität aufgefasst und implementiert

In etlichen Studien lassen sich mehr- und quersprachige bzw. translinguale Praktiken im Alltag von Einrichtungen frühkindlicher Bildung, Erziehung und Betreuung als legitime Kommunikationsweise rekonstruieren. Auf Luxemburg bezogen verdeutlicht die ethnographische Studie von Seele (2015, S. 268 f.), wie Erzieherinnen in zwei Einrichtungen untereinander und in der alltäglichen Interaktion mit den Kindern dynamisch sprachenübergreifend, zwischen Luxemburgisch und Französisch, etwa beim Anschauen von Fotos eines Kindes im Morgenkreis, kommunizieren (ebd., S. 270). Durch vergleichende Analysen von luxemburgischen mit deutschen Einrichtungen lässt sich ebenfalls feststellen, dass in Luxemburg Mehr- und Quersprachigkeit als (pädagogische) Alltagspraxis beobachtet werden kann (vgl. Christmann 2018, S. 64 ff.). Ähnlich beschreibt Kirsch (2018) in ihrer Fallstudie, wie eine vielsprachige luxemburgische Erzieherin entgegen den zu der Zeit gültigen offiziellen monolingualen Bildungsvorgaben Kinder ermutigt, auch in ihren Familiensprachen oder translingual zu kommunizieren, und darüber hinaus Eltern anregt, ihre monolingual am Französischen ausgerichtete Familiensprachpolitik zu überdenken (ebd., S. 12). Die Studie von Isler et al. (2020) über Deutschschweizer Spielgruppen zeigt exemplarisch, wie ein Kind mit einer Gleichaltrigen und der Spielgruppenleiterin auf Deutsch und Türkisch kommuniziert (ebd., S. 19).

Diese die (früh-)kindliche Mehrsprachigkeit wertschätzende pädagogische Praxis ist auch in deutschen Bildungseinrichtungen beobachtbar und steht sogar im Einklang mit entsprechenden Bildungs- und Orientierungsplänen. Kuhn (2013, S. 168 f.) rekonstruiert, wie Erzieherinnen und Kinder im Kontext von konkreten Situationen translingual interagieren, um gemeinsam und situativ Sinn zu erschließen: Beispielsweise betrachtet ein Kind zusammen mit einer pädagogischen Fachkraft ein Bilderbuch und spricht zu ihr über das Buch in einer Sprache, die weder die Pädagogin noch die Forscherin verstehen. Die Fachkraft spricht auf Deutsch zu dem Kind und ermöglicht damit eine – nicht nur mit Blick auf die Entfaltung kindlicher Mehrsprachigkeit – pädagogisch wertvolle Kommunikation (vgl. für weitere Beispiele Panagiotopoulou 2016, S. 26 ff.). Kuhn und Diehm (2015) rekonstruieren die Positionierungen einer Erzieherin in einem Elterngespräch, die die Kita als einen Ort erachtet, an dem Mehrsprachigkeit aktiv gepflegt wird. Sie stellen fest, »dass sie die Kita als einen Ort erachtet, an dem Mehrsprachigkeit erwünscht ist und aktiv gepflegt wird« (ebd., S. 126). Schließlich zeigt Thomauske (2017, S. 335 f.) in ihrer Analyse von Fokusgruppendiskussionen mit mehrsprachigen Eltern und pädagogischen Fachkräften, wie einsprachige Fachkräfte sich beim Einbezug von Familiensprachen im deutschen Kita-Alltag Hilfe von mehrsprachigen Kolleg*innen holen und mit Eltern zusammenarbeiten (ebd., S. 336 f.). Ähnliches berichtet Braband (2019, S. 282 ff.) aus Interviews mit zwei Kita-Fachkräften, die betonen, Kinder zur Mehrsprachigkeit zu erziehen, auch entgegen einem wahrgenommenen Druck in Bildungsinstitutionen zur Monolingualisierung.

2.2.2 Mehrsprachige Praxis im Kita-Alltag nicht aufgegriffen oder als Normabweichung und pädagogisches Problem behandelt

Die Studie von Zettl (2019, S. 151 ff.) zeigt auf, dass die mitgebrachten Sprachen der Kinder in derselben Kita in vielen Fällen von pädagogischen Professionellen nicht thematisiert werden. Ähnlich stellt Hortsch (2015, S. 192) im Vergleich zwischen einer deutschen und einer finnischen Kita fest, dass in beiden Einrichtungen pädagogische Fachkräfte nur die jeweilige Landessprache, nicht aber Migrationssprachen implementieren[8] (vgl. auch Christmann 2018). Die Studie von Isler et al. (2020, S. 17) zeigt, wie in drei von vier beobachteten Deutschschweizer Spielgruppen Mehrsprachigkeit »kaum aufgegriffen« wird. Eine solche Haltung findet sich auch in Interviews mit Kita-Fachkräften in Deutschland bei Braband (2019, S. 274), von denen drei die Sprachförderung ausschließlich als Deutschförderung sehen.

Spezifische Zuschreibungspraktiken, im Sinne von ›Othering‹, haben Panagiotopoulou und Krompàk (2014, S. 58) anhand einer ethnographischen Studie über den Umgang mit migrationsbedingter Mehrsprachigkeit in einem Deutschschweizer Kindergarten rekonstruiert. So wurden im pädagogischen Alltag die Familiensprachen der Kinder – aktuellen bildungspolitischen Empfehlungen folgend – in Form ritualisierten Singens berücksichtigt, während zugleich nicht nur den Sprachen, sondern auch den migrationsbedingt mehrsprachigen Kindern ein ›anderer‹, ein verbesondernder Status verliehen wurde: Während ein Lied in vielen Familiensprachen gemeinsam in der Gruppe gesungen wurde, ordnete die pädagogische Fachkraft jeweils ein Kind explizit einer bzw. seiner »eigenen« Sprache und nationalen oder ethnischen Herkunft zu. Auffallend ist, dass durch diese »ritualisierte« mehrsprachige Praxis die Familiensprachen der Kinder »als ›schöne‹, ›fremde‹ oder teilweise exotische Sprachen wertgeschätzt« (ebd., S. 67) wurden, aber gleichzeitig angeblich ungünstige Voraussetzungen für ihr Deutschlernen darstellten. Dies lässt sich beispielhaft mit einer ausgewählten Be-

---

8 Auch eine quantitative Studie von Jahreiß et al. (2017), die die Raumgestaltung und die Buchausstattung in süddeutschen Kitas mit mehr als 50 % Kindern ›mit Migrationshintergrund‹ untersucht, stellt fest, dass diese weitgehend monolingual deutsch orientiert sind.

obachtung illustrieren: Die Kindergartenlehrperson singt ein Lied in verschiedenen Sprachen, wobei sie einzelne auswendiggelernte Wörter auf Tamilisch verwendet und ihr eigenes Singen wie folgt kommentiert: »Ist schwierig! Aber, aber für Hasanthi ist es auch schwierig, Deutsch zu lernen« (ebd., S. 60). Dass Hasanthi im pädagogischen Alltag – der Sprachenpolitik folgend – konsequent deutschsprachig handelt, wird dabei nicht berücksichtigt (vgl. ebd., S. 61 f.).

Ein weiteres Beispiel für eine ethnisierende Zuschreibung zu einer Familiensprache findet sich bei Zettl (2019, S. 164 ff.): In ihrer Ethnographie einer Kita in Deutschland beschreibt sie, wie ein Kind von zwei Erzieherinnen als »türkischsprachig« adressiert wird, im Sinne einer interkulturell ausgerichteten Sprach(en)politik türkische Worte aufsagen soll und sich in der Folge auch selbst immer entschiedener als türkischsprachig inszeniert (ebd., S. 175–178), obwohl sich später herausstellt, dass das Kind in der Familie gar kein Türkisch, sondern Deutsch und Albanisch spricht. Schließlich führen auch Verbote des Sprechens zur Nicht-Berücksichtigung von mehrsprachigen Kompetenzen. Zettl (2019, S. 141 ff.) zeigt auf, wie Sprachenverbote in einer deutschen Kita für Türkisch, in einem Fall auch für Englisch ausgesprochen werden. Die Studie von Thomauske (2017) analysiert Vergleichbares in Hinblick auf ›prestigeniedrige‹ Migrationssprachen: Pädagogische Fachkräfte in deutschen und französischen Kitas verbieten, wie sie in Fokusgruppendiskussionen äußern, Kindern das Sprechen von Familiensprachen. Ein Effekt dieses Verbots kann sein, dass mehrsprachige Kinder in den Institutionen ganz verstummen (Thomauske 2017, S. 210 ff.). Diese Praktiken deuten auf inoffizielle (oft implizite) sprachpolitische Regelungen und monolingualisierende Strategien, wie sie nicht mehr explizit in deutschen Bildungs- und Orientierungsplänen vorkommen, aber historisch bedingt wirkmächtig bleiben.

In luxemburgischen Kitas lässt sich nicht nur, wie unter 3.1. beschrieben (▶ Kap. 3.1), von einer Akzeptanz von Familiensprachen und von translingualer Praxis als Normalität ausgehen. Je nach Einrichtung sind Praktiken der Sprachentrennung, die vor allem das Sprechen von Kindern regulieren und einen Kontrast zum im Luxemburger Alltag gebräuchlichen Translanguaging bilden, zu beobachten. So unterscheidet Neumann (2015) zwei Formen von »institutional monolingualization« (ebd., S. 23), die in verschiedenen Institutionen praktiziert werden: Bei der ersten Form wird nur das Luxemburgische als Sprache von Kita-Kindern zugelassen (vgl. ebd., S. 32 f.); bei der zweiten Form der Monolingualisierung werden auch weitere Sprachen implementiert, aber diese sollen, anders als es im Alltag in der Regel vorkommt, nur getrennt voneinander und getrennt vom Luxemburgischen verwendet werden (vgl. ebd., S. 33).

Auf die offiziellen Landessprachen Französisch und Deutsch eines zweisprachigen Schweizer Kantons bezogen beschreiben Kuhn und Neumann (2017) die Sprach(en)politik einer bilingualen Kita: In einer Differenzkonstruktion, die zwischen Kindern und Erwachsenen sowie zwischen Eltern und frühpädagogischen Fachpersonen unterscheidet, legt die Leitung fest, dass die Kinder beide Sprachen sprechen dürfen, während die Eltern Deutsch sprechen sollen und die Fachkräfte Deutsch sprechen müssen (vgl. ebd., S. 281). Sie konzipierten diese Sprach(en)politik als widerständig gegen eine wahrgenommene sozialräumliche Dominanz des Französischen außerhalb der Kita, die in der Stadt und in Familien der Kinder herrsche.

Die Studie von Isler et al. (2020, S. 16) zeigt eine Differenzkonstruktion zwischen Kindern mit ›Migrationshintergrund‹: Eine Fachperson adressiert ein Englisch sprechendes Kind auch in dieser Sprache, während ein Kind aus einer Kroatisch sprechenden Familie systematisch mit einem Verbot seiner Familiensprache konfrontiert wird.

Bezogen auf die Deutschschweiz arbeiten Panagiotopoulou und Kassis (2016, S. 158 ff.) heraus, dass eine Trennung von Varietäten für mehrsprachige Kinder explizit gefordert wird: Im Rahmen der Deutsch-als-Zweitsprache-Förderung sollen sie beispielsweise das Wort »Rhy«, dass alle Beteiligten in der Einrichtung verstehen, durch das standardsprachliche Wort »Rhein« ersetzen, was aber die Kinder sichtlich irritiert. Eine weitere Trennung zwischen Sprecher*innen zeigt sich in diesem Kontext beispielsweise dadurch, dass die Kindergartenlehrperson gegenüber den Kindern das Schweizerdeutsche als »meine[r] Sprache« bezeichnet (ebd., S. 161), was auch mit der Unterscheidung zwischen einheimischen und »fremdsprachigen«[9] Kindern mit »Migrationshintergrund« zusammenhängt.

In etlichen Studien werden darüber hinaus implizite ethnisierende Differenzkonstruktionen zwischen Kindern mit und ohne ›Migrationshintergrund‹ bzw. ein- und mehrsprachigen Kindern rekonstruiert, etwa in einer Untersuchung von Diehm, Kuhn, Machold und Mai (2015) zu einem nordrhein-westfälischen Sprachscreening für vierjährige Kinder. Diese Studie zeigt, wie alle Kinder unabhängig von ihren Sprachenkompetenzen denselben Deutschtest durchlaufen und ihre Antworten in nicht deutschen Sprachen nicht berücksichtigt werden (ebd., S. 347); bei gleichem Testergebnis wird zwischen Kindern mit und ohne ›Migrationshintergrund‹ unterschieden, wobei erstere qua Computerprogramm nach nationalstaatlicher Herkunft klassifiziert und einem Deutschkurs zugewiesen werden und letztere eine*n Lesepat*in bekommen (ebd., S. 348).

Bei der Betrachtung dieser Beispiele wird deutlich, dass es länderspezifische Besonderheiten in Bezug auf den Umgang mit Mehrsprachigkeit in frühpädagogischen Einrichtungen gibt. Während in Deutschland Strategien der Monolingualisierung in Richtung des Standarddeutschen existieren, fungiert in der Deutschschweiz das Schweizerdeutsche als Differenzmarker zwischen einheimischen und ›fremdsprachigen‹ Kindern, in Luxemburg werden z.T. mehrere offizielle Sprachen getrennt voneinander und von Migrationssprachen verwendet. Zugleich gibt es wirkmächtige länderübergreifende bildungspolitische und (früh-)pädagogische Diskurse, die zwischen Kindern mit und ohne ›Migrationshintergrund‹ unterscheiden und Erstere pauschalisierend als risikobehaftet stilisieren (zur Kritik dieser Denkfigur vgl. Diehm und Panagiotopoulou 2011; Panagiotopoulou 2020). Diese Differenzkonstruktion und die damit zusammenhängende Unterstellung von sprachlichen Defiziten ist äußerst problematisch, denn sie be-

---

9 Diese Bezeichnung von Kindern, die andere Familiensprachen als die Landessprachen sprechen, als »fremdsprachig«, findet sich in den Äußerungen frühpädagogischer Fachpersonen und in Deutschschweizer Bildungsdokumenten (vgl. Panagiotopoulou und Krompàk 2016, S. 57).

trifft Kinder im frühkindlichen Alter und damit eine Gruppe, die sich mitten im Prozess des Sprach(en)erwerbs, unter teilweise ungünstigen migrationsgesellschaftlichen Bedingungen, befindet (vgl. Panagiotopoulou 2017a).

2.3 Zusammenfassung und Schlussfolgerungen

Zugewanderte Familien gestalten ihren Alltag aus vielfältigen, nicht zuletzt pragmatischen Gründen mehrsprachig. So geben Eltern und Kinder mit einer Migrationsgeschichte im Rahmen entsprechender Befragungen der letzten Jahre an, neben der/den Mehrheitssprache(n) der Gesellschaft, in der sie leben, auch mitgebrachte (Landes-)Sprachen als Familiensprachen zu verwenden. Im Zusammenhang mit konkreten migrationsgesellschaftlichen Verhältnissen und je nach Status dieser weiteren Familiensprache(n) werden Eltern seitens der Bildungsinstitutionen mit unterschiedlichen Erwartungen im Hinblick auf ihren (auch) familialen Sprachgebrauch konfrontiert. Insbesondere, wenn davon ausgegangen wird, dass die Sprachentwicklung ihrer Kinder hinsichtlich der in der Schule dominanten (Unterrichts-)Sprache nicht wie erwartet, d. h. z. B. ›nicht altersgerecht‹ und/oder ›nicht normgerecht‹, verläuft, wird ihre vielfältige Sprachenkompetenz als defizitär betrachtet und dafür in der Regel die mehrsprachige Sprachpraxis in der Familie verantwortlich gemacht wird.

Dennoch zeigt sich keine einheitliche Praxis im Umgang mit migrations- und familienbedingter Mehrsprachigkeit. So werden die Sprachen, die Kinder in ihrer Familie erwerben und gebrauchen, in Einrichtungen frühkindlicher und vorschulischer Bildung zwar als solche inzwischen in vielen Fällen durchaus zugelassen oder sogar punktuell einbezogen, je nach Kontext werden sie aber auch immer noch ignoriert, exotisiert oder sogar exkludiert. Dementsprechend haben wir im vorliegenden Beitrag vorrangig Ergebnisse über Praktiken zur Monolingualisierung thematisiert. Diese stimmen zwar mit der jeweils langjährig grundgelegten staatlichen und institutionellen Sprach(en)politik gegenüber migrationsbedingter Mehrsprachigkeit überein, hängen aber darüber hinaus mit historisch gewachsenen, nicht mehr explizit in aktuellen bildungspolitischen Dokumenten vorkommenden Empfehlungen zusammen, die sich weiterhin in Einstellungen von pädagogischen Fachkräften gegenüber (nicht) legitimer Sprache und normgerechter vs. normabweichender Sprachpraxis widerspiegeln.

Welche Empfehlungen an frühpädagogische Fachkräfte und Bildungsverantwortliche lassen sich aber angesichts der hier gezeigten sprachpolitischen Spannungsfelder, aber auch der noch lückenhaften Forschungslage über Familiensprachpolitik und Sprachpraxis im deutschsprachigen Raum formulieren? Vor allem entsprechen Defizitperspektiven auf mehrsprachige Familien und Kinder, aber auch auf pädagogische Fachkräfte weder sprach- noch erziehungswissenschaftlichen Erkenntnissen zu Bildung und Erziehung in Migrationskontexten, noch werden sie der gelebten Alltagspraxis in den Familien und ihren transnationalen Bezügen gerecht (vgl. z. B. Kuhn 2013). Der Gebrauch von Familiensprachen in frühpädagogischen Einrichtungen behindert keinesfalls den Deutscherwerb. Separierende Angebote, in denen ausschließlich Migrationssprachen sprechende Kinder strukturiert Deutsch lernen sollen, erweisen sich ebenfalls nicht als zielführend, da sie nicht nur stigmatisierend wirken, sondern mit Blick auf den Deutscherwerb wichtige Gelegenheiten zur Peer-Interaktion mit Kindern, die bereits Deutsch sprechen, verhindern (vgl. Isler et al. 2020, S. 27).

Angesichts der häufigen Frage pädagogischer Fachkräfte, welche Familiensprachpolitik die besten Bildungschancen für Kinder bietet (vgl. Zettl 2020), möchten wir abschließend einige Anforderungen an die pädagogische Sprach(en)praxis in der Migrationsgesellschaft formulieren: Fachkräfte sollten sich der Versuchung entziehen, mit Vorgaben zur Sprachpraxis in Familien sozialpädagogisch ›hineinzuregieren‹, sondern stattdessen Eltern und Kinder zum Gebrauch ›ihres‹ gesamten Sprachenrepertoires ermutigen, wozu auch translingualer Sprachengebrauch gehören kann. Sie sollten grundlegendes Vertrauen in die Erziehungsfähigkeit der Eltern zeigen[10]. Wenn davon auszugehen ist, dass »[m]ehrsprachige Bildung […] von mehrsprachigen Vorbildern [lebt]« (Chilla und Niebuhr-Siebert 2017, S. 97), dann sind im Kontext von Bildungseinrichtungen mehrsprachige Eltern in ihrer Rolle als Vorbilder zu stärken. Dafür sind auch Gespräche ›auf Augenhöhe‹ zwischen pädagogischen Fachkräften und Eltern unabdingbar, um Konkretes über den Sprachgebrauch der Kinder in ihrem familialen Alltag zu erfahren und in der Praxis der Bildungseinrichtung dort anknüpfen zu können (vgl. Chilla und Niebuhr-Siebert 2017, S. 178; Panagiotopoulou 2019, S. 69 f.). Eine New Yorker Projektgruppe um Ofelia García hat für derartige Gespräche mit Eltern einen Fragenkatalog erstellt und erprobt, der unter anderem folgende Fragen umfasst:

> »Welche Sprachen sprechen Ihre Familienmitglieder zu Hause? In welcher Sprache sprechen Sie die meiste Zeit mit Ihrem Kind? Welche Sprachen versteht Ihr Kind? In welcher Sprache spricht Ihr Kind mit Ihnen und mit anderen? In welchen Sprachen singen, lesen oder erzählen Sie Ihrem Kind Geschichten? Wie hat Ihr Kind bisher Englisch gelernt (mithilfe von Fernsehsendungen, Geschwistern, Kinderbetreuung usw.)?« (Seltzer et al. 2020; eigene Übersetzung)

Indem pädagogische Fachkräfte so ein differenzierteres Bild über die Praxis mehrsprachiger Eltern und Kinder erhalten, können sie diese Erkenntnisse bei der Gestaltung ihrer eigenen Praxis im Umgang mit dem jeweiligen Kind berücksichtigen. Pädagogische Fachkräfte können ebenfalls gestärkt und ermutigt werden, ihre sprachpolitischen Handlungsspielräume – wenn notwendig auch widerständig – zu nutzen, um die familiale Sprachpraxis als legitim anzuerkennen und gelebte Mehrsprachigkeit behutsam aufzugreifen, ohne sie als besondere Praxis ethnisierend zu thematisieren oder zu inszenieren.

---

10 Zum Verhältnis von pädagogischen Fachkräften und Eltern mit sog. ›Migrationshintergrund‹: ▶ Kap. 3.

Literatur

Bezcioğlu-Göktoğla, I. und Yağmur, K. (2018): Home language policy of second-generation Turkish families in the Netherlands, Journal of Multilingual and Multicultural Development, 39:1. DOI: 10.1080/01434632.2017.1310216. S. 44–59.

Braband, J. (2019): Mehrsprachigkeit in der Frühpädagogik. Subjektive Theorien von Eltern und Kitafachkräften vor dem Hintergrund migrationsgesellschaftlicher Ordnungen. Bielefeld: transcript.

Christmann, N. (2018): Umgang mit migrationsbedingter Mehrsprachigkeit im pädagogischen Alltag des Elementar- und Primarbereichs. Vergleichende Ethnographien zur sprachlichen Bildung in Luxemburg und Rheinland-Pfalz. Köln: Universität zu Köln. https://kups.ub.uni-koeln.de/9761/1/DissertationChristmannNadine.pdf [Letzter Zugriff: 29.01.2021].

Departement für Erziehung und Kultur Thurgau (2018): Sprachenkonzept Volksschule Thurgau. https://av.tg.ch/public/upload/assets/8892/Sprachenkonzept_Volksschule_Thurgau_2018.pdf [Letzter Zugriff: 29.01.2021].

Deutschschweizer Erziehungsdirektoren-Konferenz (D-EDK) (2016): Lehrplan 21: Fachbereich Sprachen. Zu den einleitenden Kapiteln. Didaktische Hinweise. https://v-ef.lehrplan.ch/index.php?code=e|1|3 [Letzter Zugriff: 29.01.2021].

Diehm, I. und Panagiotopoulou, A. (2011): Einleitung: Einwanderung und Bildungsbeteiligung als Normalität und Herausforderung. In: I. Diehm und A. Panagiotopoulou (Hrsg.): Bildungsbedingungen in europäischen Migrationsgesellschaften. Ergebnisse qualitativer Studien in Vor- und Grundschule. Wiesbaden: VS Verlag für Sozialwissenschaften. S. 9–24.

Diehm, I.; Kuhn, M.; Machold, C., und Mai, M. (2015): Ethnische Differenz und Ungleichheit. Eine Studie zu Bildungsungleichheit im Kindergarten am Beispiel von Sprachstandserhebungen in Nordrhein-Westfalen. Erziehung und Unterricht, 3–4, S. 344–353.

DIPF. Leibniz-Institut für Bildungsforschung und Bildungsinformation (2017): Deutscher Bildungsserver. Ihr Wegweiser zur Bildung. Bildungspläne der Bundesländer für die frühe Bildung in Kindertageseinrichtungen. DIPF: Frankfurt/M. http://www.bildungsserver.de/Bildungsplaene-der-Bundeslaender-fuer-die-fruehe-Bildung-in-Kindertageseinrichtungen-2027.html [Letzter Zugriff: 29.01.2021].

García, O. und Wei, L. (2014): Translanguaging: Language, Bilingualism and Education. Basingstoke u. a.: Palgrave Macmillan.

García, O. und Menken, K. (2010): Stirring the onion: Educators and the dynamics of language education policies (looking ahead). In: K. Menken und O. García (Hrsg.): Negotiating Language Policies in Schools: Educators as Policymakers. London and New York: Routledge. S. 249–261.

Gogolin, I. (2017): Ist Mehrsprachigkeit gut oder schlecht? Ein Standpunkt in einer vielleicht nie endenden Kontroverse. Zeitschrift für Grundschulforschung, 10 (2), S. 102–110.

Gogonas, N. und Kirsch, C. (2016): ›In this country my children are learning two of the most important languages in Europe‹: Ideologies of language as a commodity among Greek migrant families in Luxembourg. International Journal of Bilingual Education and Bilingualism. doi:10.1080/13670050.2016.1181602.

Gouvernement du Grand-Duché de Luxembourg. Ministère de l'Education nationale, de l'Enfance et de la Jeunesse. (2020): Mehrsprachige Erziehung für Kinder von 1 bis 4 Jahre. https://men.public.lu/fr/enfance/de/05-mehrsprachige-erziehung.html [Letzter Zugriff: 29.01.2021].

Hortsch, W. (2015): Sprachliche Bildung im Elementar- und Primarbereich. Ethnographische Feldstudien zur Transition von Kindern mit Migrationshintergrund in Deutschland und Finnland. Bad Heilbrunn: Klinkhardt.

Isler, D.; Künzli, S.; Brosziewski, A.; Kirchhofer, K.; Neugebauer, C.; Dursun, B.; Maier, J. und Hefti, C. (2020): Frühe Sprachbildung in sprachlich heterogenen Spielgruppen.

Freiburg (Schweiz): Institut für Mehrsprachigkeit. http://www.institut-plurilinguisme.ch/de/content/publikationen [Letzter Zugriff: 29.01.2021].
Jahreiß, S.; Ertanir, B.; Frank, M.; Sachse, S. und Kratzmann, J. (2017). Sprachenvielfalt und Mehrsprachigkeit in sprachlich heterogenen Kindertageseinrichtungen. Diskurs Kindheits- und Jugendforschung, 12 (4), S. 439–453.
Karakaşoğlu, Y. und Otyakmaz, B. Ö. (2015): Vorwort. In Karakaşoğlu, Y. und Özlem Otyakmaz, B. (Hrsg.): Frühe Kindheit in der Migrationsgesellschaft. Erziehung, Bildung und Entwicklung in Familie und Kindertagesbetreuung. Springer.
Kirsch, C. (2018): Dynamic interplay of language policies, beliefs and pedagogy in a preschool in Luxemburg. Language and Education, 32 (5), S. 444–461.
Kirsch, C. und Gogonas, N. (2018): Transnational experiences, language competences and worldviews: contrasting language policies in two recently migrated Greek families in Luxembourg. Multilingua 37 (2). https://www.degruyter.com/view/journals/mult/37/2/article-p153.xml, DOI: https://doi.org/10.1515/multi-2017-0017 [Letzter Zugriff: 29.01.2021].
Kuhn, M. (2013): Professionalität im Kindergarten. Eine ethnographische Studie zur Elementarpädagogik in der Migrationsgesellschaft. Wiesbaden: Springer VS.
Kuhn, M. und Diehm, I. (2015): Sprechen über das Sprechen der Kinder. Thematisierungsweisen »ungesprochener« Mehrsprachigkeit im elementarpädagogischen Feld. In: A. Schnitzer und R. Mörgen (Hrsg.): Mehrsprachigkeit und (Un-)Gesagtes. Sprache als soziale Praxis in der Migrationsgesellschaft. Weinheim, Basel: Beltz Juventa. S. 109–130.
Kuhn, M. und Neumann, S. (2017): Differenz und Ungleichheit im Kontext von Mehrsprachigkeit. Raumanalytische Perspektiven auf Regulierungsweisen sprachlicher Praktiken im frühpädagogischen Feld. In: I. Diehm; M. Kuhn und C. Machold (Hrsg.): Differenz – Ungleichheit – Erziehungswissenschaft: Verhältnisbestimmungen im (Inter-)Disziplinären. Wiesbaden: Springer VS. S. 275–294.
Macalister, J. und Hadi Mirvahedi, S. (2017a) (Hrsg.): Family Language Policies in a Multilingual World. Opportunities, Challenges and Consequences. Esl & Applied Linguistics Professional Series. London: Routledge.
Macalister, J. und Hadi Mirvahedi, S. (2017b): Beginnings. In: J. Macalister und S. Hadi Mirvahedi (Hrsg.): Family Language Policies in a Multilingual World. Opportunities, Challenges and Consequences. Esl und Applied Linguistics Professional Series. London: Routledge. S. 1–10.
Marten, H. F. (2016): Sprach(en)politik. Eine Einführung. Tübingen: Narr Francke Attempto.
Montanari, E. G. und Panagiotopoulou, J. A. (2019): Mehrsprachigkeit und Bildung in Kitas und Schulen. Eine Einführung. Tübingen: Narr Francke Attempto.
Neumann, S. (2015): Lost in Translanguaging? Practices of Language Promotion in Luxembourgish Early Childhood Education. Global Education Review, 2 (1). S. 23–39. http://ger.mercy.edu/index.php/ger/article/view/74/105 [Letzter Zugriff: 29.01.2021].
Panagiotopoulou, A. (2016): Mehrsprachigkeit in der Kindheit: Perspektiven für die frühpädagogische Praxis. WiFF-Expertise. Deutsches Jugendinstitut, Volume 46. https://www.weiterbildungsinitiative.de/uploads/media/Exp_Panagiotopoulou_web.pdf [Letzter Zugriff: 29.01.2021].
Panagiotopoulou, A. (2017a): Mehrsprachigkeit und Differenzherstellung in Einrichtungen frühkindlicher Erziehung und Bildung. In: I. Diehm, M. Kuhn, C. Machold (Hrsg.): Differenz – Ungleichheit – Erziehungswissenschaft. Wiesbaden: Springer VS. S. 257–274.
Panagiotopoulou, A. (2017b): Ethnographische Zugänge zur Erforschung von Mehrsprachigkeit. In: M. Becker-Mrotzek und H.-J. Roth (Hrsg.): Sprachliche Bildung – Grundlagen und Handlungsfelder. Münster: Waxmann. S. 205–218.
Panagiotopoulou, J. A. (2019): Mehrsprachigkeit und Literacy: gelebte Mehrschriftlichkeit. In: E. G. Montanari und J. A. Panagiotopoulou: Mehrsprachigkeit und Bildung in Kitas und Schulen. Eine Einführung. Tübingen: Narr Francke Attempto. S. 45–79.
Panagiotopoulou, A. (2020): Inklusion und Migration: Zur Konstruktion von und zum Umgang mit ›migrationsbedingter Heterogenität‹ in Kindertageseinrichtungen und Schulen. In: König, A. und Heimlich, U. (Hrsg.): Inklusion in Kindertageseinrichtun-

gen. Eine Frühpädagogik der Vielfalt. Reihe: Inklusion in Schule und Gesellschaft. Stuttgart: Kohlhammer. S. 73–89.

Panagiotopoulou, A. und Kassis, M. (2016): Frühkindliche Sprachförderung oder Forderung nach Sprachentrennung? Ergebnisse einer ethnographischen Feldstudie in der deutschsprachigen Schweiz. In: T. Geier und K. U. Zaborowski (Hrsg.): Migration: Auflösungen und Grenzziehungen. Perspektiven einer erziehungswissenschaftlichen Migrationsforschung. Wiesbaden: Springer VS. S. 153–166.

Panagiotopoulou, A. und Krompàk, E. (2014): Ritualisierte Mehrsprachigkeit und Umgang mit Schweizerdeutsch in vorschulischen Bildungseinrichtungen. Erste Ergebnisse einer ethnographischen Feldstudie in der Schweiz. In: S. Rühle, A. Müller und P. D. Th. Knobloch (Hrsg.): Mehrsprachigkeit – Diversität – Internationalität. Erziehungswissenschaft im transnationalen Bildungsraum. Münster: Waxmann. S. 51–70.

Seele, C. (2015): Language Practices and the Accomplishment of Educational Realities. An Ethnography of Multilingualism in Luxembourgish Early Childcare Settings. In: S. Bollig; M.-S. Honig; S. Neumann und C. Seele (Hrsg.): MultiPluriTrans in Educational Ethnography. Approaching the Multimodality, Plurality and Translocality of Educational Realities. Bielefeld: transcript. Pedagogy. S. 81–102.

Seltzer, K.; Ascenzi-Moreno, L. und Aponte, G. (2020): Translanguaging and Early Childhood Education: Insights from the CUNY-NYSIEB Project. In: A. Panagiotopoulou; L. Rosen und J. Stzrykala (Hrsg.): Inclusion, Education, and Translanguaging: How to Promote Social Justice in (Teacher) Education? Reihe Inklusion und Bildung in Migrationsgesellschaften. Wiesbaden: Springer VS. S. 23–40.

Stosič, P. (2017): Kinder mit »Migrationshintergrund«. Reflexionen einer (erziehungs-)wissenschaftlichen Differenzkategorie. In: I. Diehm; M. Kuhn und C. Machold (Hrsg.): Differenz – Ungleichheit – Erziehungswissenschaft. Verhältnisbestimmungen im (Inter-) Disziplinären. Wiesbaden: Springer VS. S. 81–102.

Thomauske, N. (2017): Sprachlos gemacht in Kita und Familie. Ein deutsch-französischer Vergleich von Sprachpolitiken und -praktiken. Wiesbaden: Springer VS.

Uçan, Y. (2018): Elterliche Arrangements frühkindlichen Spracherwerbs im Kontext migrationsbedingter Mehrsprachigkeit. In: E. Gessner, J. Giambalvo-Rode und H. P. Kuhley (Hrsg.): Atlas der Mehrsprachigkeit. Leipzig: Univerlag. S. 241–257.

Zettl, E. (2019): Mehrsprachigkeit und Literalität in der Kindertagesstätte. Eine ethnographische Studie über frühe sprachliche Bildung in einem von Migration und sozialer Segregation geprägten Stadtviertel. Wiesbaden: Springer VS.

Zettl, E. (2020): Mehrsprachigkeit in Schule und Familie – Fragen aus der Praxis. Schulblatt des Kantons Thurgau, S. 18–19.

3 Migrationsspezifische Perspektiven auf Bildung und Erziehung in der Frühen Kindheit

Berrin Özlem Otyakmaz

3.1 Perspektiven auf Konzepte der Bildung und Erziehung in der Migrationsgesellschaft in der erziehungswissenschaftlichen Kontroverse

Seit mehr als vier Jahrzehnten beschäftigen sich pädagogische Forschung und Praxis mit der Frage des professionellen Umgangs mit migrationsgesellschaftlicher Pluralität (Auernheimer 2010; Gogolin und Krüger-Potratz 2010; Krüger-Potratz 2018; Nohl 2014). Ebenso lange wird eine kritische Diskussion zur Begrifflichkeit und den konzeptionellen Grundlagen geführt und hier vor allem zur Sinnhaftigkeit, Nutzbarkeit und Verantwortbarkeit der Bezeichnung des pädagogischen Fachgebiets, das sich mit diesen Fragestellungen ebenfalls seit Jahrzehnten befasst – der Interkulturellen Pädagogik und deren Konzept der Kultur. Die Kritik bezieht sich vornehmlich darauf, dass mit der Bezugnahme auf Kultur als Analysekategorie und Ansatzpunkt pädagogischer Interventionen migrationsbedingte gesellschaftliche Pluralität und Diversifizierung, ausschließlich auf kulturelle Differenzen reduzierend und sich auf den pädagogischen Umgang mit dieser konzentrierend, kulturelle Differenzen nolens volens essentialisiere (vgl. Diehm und Radtke 1999). Um pädagogisch auf Unterschiede reagieren zu können, würden zunächst bestimmte Merkmale und Eigenschaften als spezifische und allgemeingültige kulturelle Ausdrucksformen einer Gruppe konstruiert, um diese dann als Merkmale und Eigenschaften aller dieser Gruppe zugeordneten Individuen anzunehmen (Diehm und Radtke 1999; Gogolin und Krüger-Potratz 2010; Hamburger 2012, 1990). Die Kritik bezieht sich also erstens auf die bestimmten Gruppen zugeschriebenen kulturellen Merkmale und die uniforme und unentrinnbare Festlegung von Individuen auf diese Merkmale aufgrund ihrer tatsächlichen oder vermeintlichen Zugehörigkeit zu einer Gruppe. Zweitens wird bereits in den 1980er Jahren bemängelt, dass mit der Fokussierung auf Kultur als Erklärung z. B. der benachteiligten Lebenssituation von Jugendlichen aus Migrationsfamilien eine Ausblendung der Auswirkungen materieller und rechtlicher Benachteiligungen der Jugendlichen erfolge (Gaitanides 1983; Hamburger 1986). Thematisiert wird somit die Bevorzugung einer Differenzkategorie gegenüber einer anderen, als relevanter angesehenen (Klasse/Sozialstatus/Rechtsstatus) Kategorie. Gleichzeitig wird bereits damals hervorgehoben, welchem Zweck die (sozial-)pädagogischen Betrachtungen von Differenzkategorien dienen sollen: der Erklärung benachteiligter Lebenssituationen und der mit der jeweils ausgewählten Differenzkategorie einhergehenden Ursachenzuschreibung für die benachteiligte Position in der Bildungskarriere, auf dem Arbeitsmarkt oder in psychologischen Adaptationsprozessen, wie etwa einer »normalen« Identitätsentwicklung. Folglich wird der Fokus auf die Differenzkategorie Kultur als Verstellung des Blicks auf Differenz- und Ungleichheitskategorien wie Klasse, Sozial- oder Rechtstatus gesehen (Scherr 2000). Später wird zudem mit dem intersektionellen Ansatz argumentiert, dass die Situation bzw. gesellschaftliche Positionierung von Individuen nicht durch eine einzelne, sondern durch eine Vielzahl gesellschaftlich konstruierter und wirksamer Differenzlinien wie Geschlecht, Sexualität, Alter, Klasse/Sozialstatus, Sprache, Religion etc. gekennzeichnet ist, die jeweils miteinander verschränkt ihre Wirksamkeit entfalten (Krüger-Potratz und Lutz 2002).[1] Hier deutet sich an, dass Kultur in ihrer kritischen Betrachtung vor allem als eine gesellschaftlich konstruierte Differenzkategorie verstanden wird, mittels derer Zugehörigkeitsunterscheidungen und Zugehörigkeitsausschlüsse in der Migrationsgesellschaft vorgenommen werden (Diehm und Radtke 1999; Mecheril 2004; Otyakmaz 1995; Scherr 2000).

Diese, die Reflexion der Begrifflichkeit und Konzeption von Interkultureller Pädagogik seit ihren Anfängen begleitende, durchaus und häufig auch interne, Kritik wird von Mecheril (2004) in den 2000er Jahren aufgegriffen und zugespitzt mit der Forderung, auf den Begriff *Interkulturelle Pädagogik* zu verzichten. Als Bezeichnung für ein alternatives Konzept führt er die *Migrationspädagogik* ein. Zentrale Aufgabe des so bezeichneten Ansatzes solle es sein, sich damit zu beschäftigen »wie *der oder die Andere* unter den Bedingungen der Migration erzeugt wird, und welchen Beitrag pädagogische Diskurse und Praxen dazu leisten« (2004, S. 19). Auch wenn ein Teil des dominanten pädagogischen »Wissens« nun einer kritischen, vorzugsweise dekonstruktiven, Betrachtung unterzogen werden soll, bleibt allerdings bei dieser Herangehensweise Dreh- und Angelpunkt (erziehungs-)wissenschaftlicher Beschäftigung das mehrheitsgesellschaftliche bzw. dominanzkulturelle Wissen. Beschränken sich erziehungswissenschaftliche Beschäftigungen zur Bildung und Erziehung in der Migrationsgesellschaft maßgeblich auf die durchaus berechtigte Kritik kulturalisierender Zu- und Festschreibungen und ihrer Dekonstruktion, laufen diese Gefahr, als »anders« wahrgenommene kulturelle Orientierungs- und Sinnstiftungssysteme, auf die Migrant*innen als Identifikationsmarker rekurrieren wollen, nun unsichtbar zu machen und damit zu entwerten. Auf diese Gefahr haben postkoloniale Wissenschaftlerinnen wie Grada Kilomba hingewiesen, wenn sie fragen: »Welches Wissen ist als solches anerkannt? Und welches Wissen ist es nicht? Wessen Wissen bildet einen Teil des akademischen Themenkatalogs? Und wessen Wissen tut es nicht?« (2010, S. 27, Ü. d. A.). Für den deutschsprachigen Kontext hat 1990 Skutnabb-Kangas darauf verwiesen, dass die »redliche Selbstkritik«, mit der versucht werde, kritisch mit Konstruktionen wie Ethnizität oder Kultur umzugehen, dazu führe, dass die eigenen Reali-

---

1 Diese Perspektive steht in der Tradition der Perspektive Schwarzer Feministinnen in den USA, die auf die Verschränkung von Geschlecht, Ethnizität bzw. »Rasse« und Klasse (»Women, Race and Class«, Davis 1982) in der gesellschaftlichen Ungleichstellung afroamerikanischer Frauen hinweisen.

tätsdefinitionen von Nicht-Mehrheitsangehörigen »entwertet und unsichtbar gemacht werden«. Möglicherweise, so Skutnabb-Kangas weiter, führe diese als redlich einzuschätzende Selbstkritik unmittelbar dazu, alte Hegemonie zu verfeinern, »statt sie zu überwinden« (ebd., S. 347). Wenn die Realitätsdefinitionen und das Wissen der sog. »Anderen« nicht erforscht werden, besteht die Gefahr, dass weiterhin nur hegemoniale Realitätsdefinitionen und Weltsichten als wissenschaftlich legitimiertes Wissen zu Grundlagen pädagogischer Theorien, Konzepte und Methoden gemacht werden, und dies unter unhinterfragten ausschließlichen Normalitätsannahmen, die Birgit Rommelspacher (1995) als relative Unsichtbarkeit beschreibt. Relative Unsichtbarkeit bedeutet, dass die sich in gesellschaftlichen Strukturen widerspiegelnden und institutionalisierten normativen Orientierungen aufgrund ihrer Selbstverständlichkeit wie eine quasi-natürlich Umwelt erscheinen und daher – obwohl omnipräsent – nicht sichtbar sind. Hingegen sind normative Orientierungen und Weltsichten jenseits dominanzkultureller Vorstellungen, die sich nicht in den institutionalisierten Strukturen wiederfinden, eher von absoluter Unsichtbarkeit gekennzeichnet. Genau dies wird seit Jahren auch für das gesellschaftliche Bildungssystem bzw. die Bildungsinstitutionen kritisiert. Einen wesentlichen Kritikpunkt bildet die Tatsache, dass sich das deutsche Bildungssystem zur sprachlichen, sozialen, kulturellen Heterogenität der Kinder und Jugendlichen bisher kaum adäquat verhält – weder auf der Ebene der Schulorganisation noch in den Curricula, den Lehr- und Lernmaterialien und den Unterrichtskonzeptionen (Fürstenau und Gomolla 2009; Gogolin und Krüger-Potratz 2010; Karakaşoğlu, Gruhn und Wojciechowitz 2011). Gemäß Diehm und Radtke (1999) werde in der schulischen Praxis »kulturelle Differenz« solange ignoriert, bis sich die die Vielfalt ignorierenden pädagogischen Bemühungen als erfolglos erwiesen. Dann erst setzten kulturalistische Beschreibungen ein, die dazu dienten, statt die Fehler im System und die diesem innewohnende institutionelle Diskriminierung in den Blick zu nehmen, Eltern und Kinder mit »Migrationshintergrund« (und deren Kultur) für die schlechteren Bildungserfolge verantwortlich zu machen, um dann mit Forderungen nach mehr Fördermaßnahmen, deren vermeintlich kulturbedingte Defizite zu kompensieren. Diese durch empirische Studien belegte institutionelle Diskriminierung im Bildungssystem (Gomolla und Radtke 2002) findet sich immer noch in den frühpädagogisch-bildungswissenschaftlichen Diskursen. Mit noch mehr und noch früher einsetzenden Fördermaßnahmen wird dabei der Logik gefolgt, pauschal als fehlend attestierte elterliche Erziehungs- und Bildungskompetenzen durch institutionalisierte staatliche Erziehungsmaßnahmen kompensieren zu wollen.

3.2 Perspektiven auf Erziehungs- und Bildungskompetenzen von Eltern mit »Migrationshintergrund« im bildungswissenschaftlichen Diskurs

Viele Jahre war der Diskurs um Bildung in der frühen Kindheit in der Migrationsgesellschaft bestimmt von der Grundannahme, dass mit einem möglichst frühzeitigen Eintritt von Kindern aus Migrationsfamilien in die institutionelle Kindertagesbetreuung eine Kompensation ihrer familialen Bildungsdefizite erfolgen könne. Dieser Aspekt wurde wiederholt in Bildungsberichten des Bundes, der Länder oder Kommunen hervorgehoben. Eine zentrale Begründung für die möglichst frühe Einbindung der Kinder in institutionelle Bildungskontexte fußt auf einer implizit wie explizit geäußerten Kritik an der familiären Erziehung und Bildung in der frühen Kindheit, gerade in Familien mit wenig formaler Bildungsausstattung und in Migrationsfamilien (Autorengruppe Bildungsberichterstattung 2010). Kernannahme ist dabei, dass in diesen Familien das Unterstützungspotential für die formalen Bildungsprozesse der Kinder fehle, da die Eltern entweder nicht in der Lage oder teilweise auch nicht ausreichend motiviert seien, ihren Kindern die notwendigen Kompetenzen für eine erfolgreiche Bildungsintegration zu vermitteln. Darüber hinaus wird aber auch unterstellt, dass es an der fehlenden Einsicht und Motivation von Eltern mit »Migrationshintergrund« liege, die für die spätere Bildungskarriere ihrer Kinder gebotenen institutionellen Förderchancen in Anspruch zu nehmen:

> »Unter dem Gesichtspunkt der Verbesserung von Bildungschancen von Kindern mit ›Migrationshintergrund‹ durch eine frühzeitige Unterstützung in Tageseinrichtungen ist es notwendig, Eltern noch stärker zu motivieren, ihren Kindern den Besuch einer Tageseinrichtung möglichst früh zu ermöglichen« (Autorengruppe Bildungsberichterstattung 2010, S. 53).

Die Steigerung der elterlichen Motivation, ihre Kinder in frühkindliche Bildungseinrichtungen zu geben, lautete bis vor kurzem eine regelmäßige Forderung in Bildungsberichten des Bundes und der Länder. Dabei belegen Studien seit Anfang der 2010er Jahre wiederholt, dass geringere Kita-Besuchsquoten weniger in der Entscheidung der Eltern mit »Migrationshintergrund« begründet sind als vielmehr in der Konfrontation der Familien mit institutionellen Hürden (Bensel et al. 2013; SVR Forschungsbereich 2013). Der aktuelle Bildungsbericht (2020) allerdings verweist unter Bezugnahme auf zwei neuere Untersuchungen (Jessen et al., 2020; Roth und Klein, 2018) darauf,

> »dass die ungleiche Inanspruchnahme aufseiten der Eltern im Falle eines Migrationshintergrundes weniger auf einen geringeren Bedarf zurückzuführen ist als vielmehr auf einen allerorten anhaltenden Mangel an U3Plätzen, der es besonders diesen Eltern erschwert, einen Platz zu bekommen« (Autorengruppe Bildungsberichterstattung 2020, S. 87).

Inzwischen wird also Veränderungsbedarf nicht mehr allein bei den Eltern gesehen, sondern der Blick richtet sich (auch) auf das Versorgungssystem, welches

»neben dem Abbau von Zugangsbarrieren und ungleichen Zugangschancen« mit einem bedarfsdeckenden Ausbau der Angebote auf die Unterversorgung reagieren soll (ebd.). Trotz der sich hier andeutenden politischen Einsicht in strukturelle Bedingungen der Nicht-Inanspruchnahme frühkindlicher Bildungseinrichtungen durch Eltern mit »Migrationshintergrund« bleibt es bei den als defizitär eingeschätzten Erziehungs- und Bildungsleistungen der Eltern, denen mit zielgruppenspezifischen Elternbildungsprogrammen entgegengewirkt werden soll. Elternbildungsprogramme und verstärkte Elterninformationen sollen Eltern mit »Migrationshintergrund« in die Lage versetzen, die von ihnen erwarteten innerfamiliären Bildungsleistungen zu erbringen. Die Eltern sind es, die zu lernen haben, wie sie im Sinne der Anforderungen der Institutionen, ihre Kinder ›richtig‹ fördern (kritisch dazu Diehm 2016; Kuhn 2018; Westphal, Motzek-Öz und Otyakmaz 2017; Karakaşoğlu und Otyakmaz 2015). Diese Perspektive steht in einem unauflösbaren Widerspruch zu dem Paradigma der partnerschaftlichen Kooperation zwischen Kita und Elternhaus, die zu den wesentlichen Bestimmungsmomenten moderner Frühpädagogik zählt. Sie ist »zum Wohl der Kinder« und zur Sicherung der Kontinuität des Erziehungsprozesses zwischen den beiden relevanten Bezugssystemen eines Kindes sozialgesetzlich festgeschrieben (SGB VIII, § 22a Abs. 2 Satz 1).

3.3 Perspektiven der Frühpädagogik und die Problematik der Umsetzung notwendiger partnerschaftlicher Kooperation zwischen Kita und Elternhaus

Eine respektvolle und ressourcenorientierte Haltung frühpädagogischer Fachkräfte gegenüber den Eltern gilt als Kernelement guter Qualität in der Kita (Becker-Stoll et al. 2014). Die Kooperation und der Austausch zwischen frühpädagogischen Fachkräften und Eltern erweisen sich in vielen Situationen des Kita-Alltags als relevant für das Wohlbefinden und die positive Entwicklung des Kindes, wie beispielsweise beim Aufbau von Bindungsbeziehungen zu den frühpädagogischen Fachkräften oder bei der den individuellen Bedürfnissen und Fähigkeiten des Kindes entsprechenden Gestaltung der Pflegesituationen. Auch ist eine respektvolle Haltung der frühpädagogischen Fachkräfte gegenüber den Eltern, also den primären Bindungspersonen der Kinder, förderlich für deren Sicherheitsempfinden und Wohlbefinden. Eine enge Kooperation beider Bezugssysteme der Kinder, gegenseitiger Austausch über Haltungen und Handlungen und gegenseitige Unterstützung in Erziehungsfragen gehört laut Fröhlich-Gildhoff (2013, S. 359) ebenso zu einer gelungenen Erziehungspartnerschaft, wie für Stange (2012) ein Erfahrungsaustausch über den Bildungsstand der Kinder und ein gemeinsames Erarbeiten von Bildungszielen und Angeboten kennzeichnend für eine gute Fachkraft-Eltern-Beziehung ist. Für all dies bildet eine symmetrische Beziehung zwischen Eltern und pädagogischem Fachpersonal eine unerlässliche Grundlage. Allerdings scheint es schwierig, diese Idee der gleichberechtigten Partnerschaft aufrechtzuerhalten bzw. in der Praxis umzusetzen, wenn das Anliegen der Zusammenarbeit, neben der Herstellung von Kontinuität in der Erziehung und Bildung zwischen Elternhaus und Einrichtung und der Beteiligung der Eltern an Entscheidungsprozessen in der Kita, die Stärkung der Erziehungskompetenzen der Eltern darstellt (Friedrich 2011). Wenn ein wesentliches Motiv für die Zusammenarbeit zwischen Kindertageseinrichtung und Eltern die Stärkung der Erziehungskompetenzen der Eltern ist, so evoziert dies eine Machtsymmetrie in dieser Zusammenarbeit (Brock 2012). Eine vertrauensvolle Kooperation zwischen frühpädagogischen Fachkräften und Eltern kann unter diesen Umständen nur schwer gelingen, wenn Eltern in erster Linie als defizitär (Bauer und Brunner 2006), als bildungsbedürftig und damit »pauschal als Adressaten von Elternbildungsangeboten oder erziehungsberatenden Interventionen betrachtet« werden (Brock 2012, S. 9). Besonders im Falle der Eltern mit »Migrationshintergrund«, die im bildungspolitischen Diskurs bislang überwiegend als weniger kompetent für die frühkindliche Bildung und Erziehung ihrer Kinder und damit selbst als bildungsbedürftig dargestellt werden, kann angenommen werden, dass die grundlegende Problematik der Asymmetrie in der Erziehungspartnerschaft zwischen Kindertageseinrichtung und Eltern sich noch verschärft. Studien weisen darauf hin, dass eine gleichberechtigte Kooperation zwischen Kita und Elternhaus und eine wertschätzende und anerkennende Haltung gegenüber den Eltern im Falle von Familien mit »Migrationshintergrund« weniger gut zu gelingen scheint, als bei Familien ohne »Migrationshintergrund« (Tietze et al. 2013). Mit den Erstgenannten kommunizieren die Fachkräfte seltener das Kind betreffende Angelegenheiten und fragen diese auch weniger oft nach ihren Vorstellungen oder Anregungen zur Entwicklung ihres Kindes (Otyakmaz und Döge 2015). Die Ursachen für die mangelnde oder schlechte Zusammenarbeit werden dabei fast ausschließlich auf Elternseite verortet. So werden etwa fehlende Deutschsprachkompetenzen (nicht selten als Verweigerungshaltung gegenüber dem Erwerb von Deutschsprachkenntnissen interpretiert) der Eltern, ihre tatsächlichen oder vermeintlichen kulturell differierenden Erziehungsorientierungen oder ihr Desinteresse an den (Bildungs-)Belangen ihrer Kinder als Begründungen aufgeführt (Demuth, Root und Gerwing 2015; Gaitanides 2007; Sahrai 2015; Şıkcan 2008). Formulieren Eltern jedoch ihre Vorstellungen zur Bildung und Erziehung ihrer Kinder bspw. bezüglich einer stärker fürsorgenden und intensiver beaufsichtigenden Betreuung oder einer schnelleren, systematischeren und kontinuierlicheren Deutschsprachförderung, so werden die Wünsche der Eltern von den frühpädagogischen Fachkräften als an falschen pädagogischen Zielen oder als überzogene, dem Erziehungsauftrag der Kita nicht angemessene Erwartungen abgewertet und abgewehrt. Dies erfolge nicht selten in einer Art, in der die Eltern »informiert, belehrt und manchmal auch moralisch unter Druck gesetzt« würden (Gaitanides 2007, S. 33). Dass die Fachkräfte sich die Deutungshoheit über die richtigen frühpädagogischen Ziele und Methoden zuschreiben und die Eltern als von ihnen Lernende diese von ihnen zu übernehmen haben, stellten

Menz und Thon (2013) in ihrer Studie fest. Wenn jedoch nicht pauschal Aussagen über Eltern mit »Migrationshintergrund« getroffen werden, sondern sie selbst als Expert*innen ihrer Kinder befragt werden, stellt sich nicht nur heraus, dass sie mehr als unterstellt an einer institutionellen Betreuung ihrer Kinder interessiert sind. Es zeigt sich auch, dass sie besondere Ansprüche an die pädagogische Qualität haben. Demgegenüber wird allerdings auch deutlich, dass die Erziehungs- und Bildungserwartungen der Eltern auf Seiten der Erzieher*innen seltener als bei Eltern ohne »Migrationshintergrund« als Inhalt des Austausches gefragt sind. Wenn Eltern dennoch ihre Erziehungs- und Bildungsvorstellungen einbringen, werden diese als inadäquat abgelehnt und Eltern werden selbst für diese Erwartungen abgewertet, sogar wenn diese der Logik der dominanzkulturellen Argumentation bspw. bezüglich der Vorrangigkeit des Deutschspracherwerbs in der Kita entspricht. Deutlich mehr Forschung zu den heterogenen Vorstellungen und Konzeptionen von Eltern (mit »Migrationshintergrund«) zu früher Kindheit und frühkindlicher Erziehung, Bildung und Entwicklung wäre nötig, um die vielfältigen Normalitätsorientierungen und Weltsichten der Eltern herauszuarbeiten, ohne diese pauschal als abweichend und nicht normgerecht abzuwerten. Auf diese Weise würden auch die im Modus der »relativen Unsichtbarkeit« wirksam werdenden dominanzkulturellen Normen in frühpädagogischen Theorien und Konzeptionen erkennbar gemacht und einer kritischen Bearbeitung zugeführt.

Nicht allein ob, sondern vor allem wie sich Eltern mit »Migrationshintergrund« die außerfamiliale institutionelle Betreuung wünschen, erfasste die im Folgenden auszugsweise dargestellte Studie »Frühe Kindheit, Entwicklung und Erziehung aus Sicht von Eltern in und aus der Türkei« (Otyakmaz und Westphal 2018; Westphal, Motzek-Öz und Otyakmaz 2017).

3.4 Perspektiven von Eltern auf Erziehungs- und Bildungskompetenzen von Kita und Elternhaus

In der Studie »Frühe Kindheit, Entwicklung und Erziehung aus Sicht von Eltern in und aus der Türkei«[2] wurden subjektive Erziehungstheorien von Müttern und Vätern mit Kindern zwischen zwei und fünf Jahren in der Türkei und in Deutschland mit dem Ziel untersucht, diese im gesellschaftlichen Kontext mit ihren jeweiligen Dynamiken im Rahmen von innergesellschaftlichem und migrationsbedingtem Wandel zu rekonstruieren. Dabei wurde nicht allein nach Migra-

---

2 Das Forschungsprojekt wurde unter der Leitung von Berrin Özlem Otyakmaz und Manuela Westphal in Kooperation mit Elif Durgel Jagtap (Izmir/Türkei) durchgeführt und von der Stiftung Mercator als Teil des Forschungsprogramms ›Blickwechsel – Studien zur zeitgenössischen Türkei‹ in den Jahren 2014–2017 gefördert. Wissenschaftliche Mitarbeiterinnen waren Sina Motzek-Öz und Yasemin Uçan sowie Beliz Bicil Tokay.

tionshintergrund und nationaler Herkunft, sondern ebenso nach soziodemographischen Faktoren wie Bildungsstand, Geschlecht und Region (Stadt/Land) differenziert. Insgesamt wurden 120 themen- und problemzentrierte Interviews in Deutschland und der Türkei durchgeführt. In Anlehnung an die Konzeption subjektiver Erziehungstheorien[3] wurde für die Phase der frühen Kindheit das elterliche Erleben von Entwicklung und deren Vorstellungen zur Natur des Kindes, ihre Entwicklungserwartungen und Sozialisationsziele, familiäre Alltagsroutinen, Erziehungs- und Bildungspraxen, Erziehungsvorstellungen und ihre Quellen sowie die Vorstellungen der Eltern zu außerfamiliärer Bildung und Erziehung untersucht. Die im Folgenden dargestellten empirischen Ergebnisse beziehen sich auf die 40 Interviews, die mit türkisch-deutschen Eltern, also Müttern und Vätern türkischer Herkunft in Deutschland, geführt wurden, und dabei auf den inhaltlichen Schwerpunkt ihrer Vorstellungen zu außerfamilialer Bildung und Erziehung.[4] Als Darstellung der Ergebnisse eines der sieben Themenschwerpunkte der Interviews richtet sich der Fokus der folgenden Ausführungen darauf, was sich die Eltern von der Erziehung, Bildung und Entwicklungsförderung ihrer Kinder in der Kindertagesbetreuung erhoffen und welche Vorstellungen sie bezüglich der Zusammenarbeit und des Austausches zwischen der Kindertagesbetreuung und der Familie aufweisen.

Aus den Aussagen der befragten Eltern lassen sich vorrangig drei Bildungs- bzw. Erziehungsfunktionen herauslesen, die sie der institutionellen außerfamiliärer Erziehung zuweisen: 1.) die Förderung des sozialen Lernens bzw. von Sozialverhalten, 2.) die Förderung der Deutschsprachkompetenzen sowie 3.) schulvorbereitende Kompetenzen. Eine zentrale Erwartung an die Erziehung, Bildung und Entwicklungsförderung ihrer Kinder durch die Kita, die von nahezu allen Eltern zur Sprache gebracht wird, stellt das soziale Lernen bzw. die Förderung von Sozialkompetenz und Sozialverhalten dar. Hier unterscheiden sich die Eltern in ihren Aussagen nicht von denen der ebenfalls ein Teilsample der Studie darstellenden Eltern deutscher Herkunft (im Folgenden »deutsche Eltern« genannt). Ähnlich häufig wie das soziale Lernen bzw. die sozial-emotionale Entwicklung wird von den türkisch-deutschen Eltern das Erlernen der deutschen Sprache genannt, und etwas seltener die schulvorbereitende Funktion der Kita. Türkisch-deutsche Eltern unterscheiden sich bezüglich der Erwartungen an sozial-emotionale Entwicklungsmöglichkeiten ihrer Kinder in der Kita, die sie auch als ein Resultat täglicher (mehr oder weniger pädagogisch begleiteter) sozialer Interaktionen in der Gruppe ansehen, kaum von den deutschen Eltern. Hingegen scheinen ihre Vorstellungen zum Deutschspracherwerb und der Schulvorbereitung im Einklang mit den Versprechen bildungs- und integrationspolitischer Diskurse zu stehen: Sie betrachten die Kita als primäre (Sprach-)Bildungsinstitution für ihre Kinder. Der überwiegende Teil der Eltern wünscht sich dabei eine kooperative bzw. komplementäre Aufgabenverteilung zwischen Kita und Fami-

---

3 Genauere Ausführungen zum Konzept der subjektiven Erziehungstheorien vgl. Otyakmaz und Westphal 2018.
4 Teilweise wird vergleichend auf die Aussagen der befragten zwanzig deutschen Mütter und Väter Bezug genommen.

3.4 Perspektiven von Eltern auf Erziehungs-und Bildungskompetenzen

lie: Kita soll das leisten, was in der Familie an Lernen und Entwicklung nicht stattfinden kann.

Die Vorstellung einer komplementären Arbeitsteilung zwischen Kita und Familie fällt leichter beim Thema des sozialen Lernens und der sozial-emotionalen Entwicklung der Kinder, da diese schließlich als allein durch das Zusammenkommen von Kindern in der Kita als quasi-natürlich stattfindender Prozess für alle die Kita besuchenden Kinder unabhängig ihrer Herkunft gesehen wird. Bezogen auf das Lernen von Regeln als Teil des sozialen Lernens deuten sich Unterschiede zwischen den türkisch-deutschen Eltern erster und denen zweiter Generation an, also abhängig davon, ob sie in der Türkei oder in Deutschland aufgewachsen sind: Überwiegend sind es solche Eltern, die als Erwachsene nach Deutschland migriert sind, die das von den pädagogischen Fachkräften eingeforderte Erlernen und Einhalten von Regeln mit Verweis auf das noch junge Alter der Kinder teilweise als rigide und unangebracht empfinden. Andere zeigen sich zunächst überrascht, dass so junge Kinder bereits die kognitiven Fähigkeiten besitzen, Regeln zu verstehen und sie einzuhalten, nehmen dann aber die Erkenntnis über diese kindlichen Befähigungen als neue adaptierte Grundlage für ihr Erziehungshandeln. Dies könnte als ein Hinweis darauf gewertet werden, dass Eltern in der Türkei andere Überzeugungen über die Fähigkeiten und Bedürfnisse von Kindern in der frühen Kindheit haben als Eltern bzw. pädagogische Fachkräfte in Deutschland – also Kindheit und das Wesen des Kindes in unterschiedlichen Gesellschaften unterschiedlich konstruiert wird. Diese Ergebnisse stehen im Einklang mit Ergebnissen früherer quantitativer Studien (Durgel 2011; Otyakmaz 2013).

Bezüglich ihrer Vorstellungen zum Erlernen der deutschen Sprache in der Kita zeigen sich zwischen den türkisch-deutschen Eltern beider Migrationsgenerationen ebenfalls Unterschiede, die auf ihre unterschiedlichen Bezugsrahmen und Erfahrungskontexte zurückgeführt werden können. Während türkisch-deutsche Eltern erster Generation die Notwendigkeit und die Vermittlung des Erlernens der deutschen Sprache in der Kita mit dem Fehlen eigener Deutschsprachkompetenzen begründen, stellen Eltern zweiter Generation den eher emotional motivierten Wunsch nach Erhalt bzw. Weitergabe ihrer in ihrer Kindheit selbst erfahrenen und sie mit ihrer engeren und weiteren Herkunftsfamilie verbindenden Familiensprache in den Vordergrund. Doch viele Eltern sind mit der Umsetzung dieser pädagogischen Ziele in den Kitas nicht zufrieden bzw. kritisieren das fehlende Engagement pädagogischer Fachkräfte. Einige zeigen sich diesbezüglich desillusioniert. Bei der Kritik nehmen die Eltern ebenfalls Bezug zu ihren unterschiedlichen Erfahrungskontexten. Eltern erster Generation mit einem höheren formalen Bildungshintergrund kritisieren fehlende pädagogische Konzepte bzw. das Handeln der Fachkräfte unter Bezugnahme auf positive frühpädagogische Umsetzungsbeispiele in ihrem Erfahrungskontext in der Türkei. Eltern zweiter Generation machen eher migrationsgesellschaftliche Ausgrenzungsprozesse in Deutschland verantwortlich dafür, dass ihre Kinder ihre Deutschsprachkompetenzen nicht adäquat erweitern können. Diese nur ausgewählten Teilergebnisse zeigen bereits, dass und wie differenziert türkisch-deutsche Eltern die Lern- und Entwicklungsprozesse ihrer Kinder in der Familie und in der Kita beobachten und evaluieren. Sie überprüfen die Möglichkeiten des Lernens und der Entwicklung bestimmter Fähigkeiten ihres Kindes (soziale Kompetenzen, Deutschsprachfähigkeiten, schulvorbereitende Kompetenzen) im familiären Kontext, auch unter Einschätzung ihrer eigenen Fähigkeiten (z. B. Deutschsprachkenntnisse). Dabei zeigen sich Variationen zwischen Eltern erster und zweiter Migrationsgeneration, die sich einerseits auf migrationsbezogene Ursachen zurückführen lassen (unterschiedliche Sprachkompetenzen, unterschiedliche Erfahrungskontexte), und die andererseits auf unterschiedliche kulturelle Ideen über die Natur des Kindes und dessen Fähigkeiten hinweisen. Vor dem Hintergrund ihrer Beobachtungen und Einschätzungen entwickeln türkisch-deutsche Eltern wiederum Erwartungen an den Erwerb bestimmter Fähigkeiten in der Kita.

In dem hier herausgestellten Teilbereich Lernen und Entwicklung außerhalb der Familien wird deutlich, dass sich die Eltern mit dem Kontext ihrer Lebensgeschichten und aktuellen Lebensbedingungen, ihren kulturellen Bezugskontexten und individuellen Fähigkeiten reflexiv auseinandersetzen. Darauf aufbauend handeln sie absichtsvoll und begründet im Sinne einer förderlichen Entwicklung ihrer Kinder und möchten als Expert*innen ihrer Kinder gerne gefragt werden. Exemplarisch für andere Äußerungen, in denen diese Haltung und Perspektive prägnant erkennbar wird, soll hier Murat Deniz, ein Vater der ersten Generation aus der Türkei Zugewanderter zitiert werden:

> »Meiner Meinung nach, wenn jetzt die Personen im Kindergarten mehr nach unserem Familienleben fragen würden, wenn sie es kennenlernen würden. Wie soll ich sagen, zum Beispiel ›Was machen Sie zu Hause? Mit welchen Dingen?‹ Zum Beispiel so, wie du es jetzt tust. ›Was ist dein Kind für ein Mensch?‹ Und so weiter. Wenn sie mir sagen würden ›Was mag dein Kind? Was ist sie für eine? Was isst sie, was trinkt sie?‹. Wenn sie also ein allgemeines Wissen über dein Kind einholen würden, vielleicht wäre es dann nützlicher im Kindergarten. Es ist mein Kind, denn das wäre der Zugang zu meinem Kind« (Murat Diniz, Vater erste Generation).

3.5 Perspektiven auf Frühpädagogik in der Migrationsgesellschaft

Eine ausschließlich individuelle Erfassung der familiären Vorstellungen und Praktiken reicht aber nicht aus, wenn sich in den Strukturen und Konzeptionen einer Kita vor allem dominanzkulturelle Vorstellungen als Norm und Normalität niederschlagen. Denn die »kulturellen und sichtbaren Unterschiede zu ignorieren oder zu verleugnen, führt immer zur Schaffung einer kulturell einseitigen Umgebung, die üblicherweise Werte der in einer Gesellschaft dominanten Kultur vertritt. Daher ist dies keine Lösung [...] Die über allem stehende Botschaft bleibt: Die dominante Kultur ist die normale und richtige«, wie es Louise Derman-Sparks (2014) formuliert, auf deren Anti-Bias-Approach sich Petra Wagner in dem Ansatz der vorurteilsfreien Bildung und Erziehung beruft (2008). Instruktiv war dieser Ansatz auch für die Erstellung der Expertisen von Annika Sulzer und Petra Wagner (2011) bzw. Annika Sulzer (2013), die sie für die Weiterbildungsinitiative Frühpädagogische Fachkräfte des DJI erstellt haben. Sie favorisieren darin unter Rückgriff auf inklusionspädagogische Ansätze eine diversitätsbewusste und zugleich diskriminierungskritische Herangehensweise und formulieren Kompetenzen für Fachkräfte, die der Sensibilisierung im pädagogischen Alltag dienen sollen. Zugleich sollen diese auf Strategien abzielen, damit »die Erkenntnisse in ein diskriminierungskritisches und diversitätsbewusstes pädagogisches Handeln« übersetzt und in der Kita entsprechend angewandt werden können (Sulzer und Wagner 2011, S. 27). Dabei sollen sich diskriminierungskritische und diversitätsbewusste Orientierungen nicht nur auf der individuellen Handlungsebene frühpädagogischer Fachkräfte, der Mikroebene, niederschlagen, sondern im inklusionstheoretischen Sinne auch auf der Ebene der Einrichtungen als Mesoebene und des Bildungssystems als Makroebene (ebd. S. 11). Institutionen sollen so gestaltet sein, dass sie allen, unabhängig von ihren je individuellen und gruppenspezifischen Unterschieden, einen gleichberechtigten Zugang zu Orten der gemeinsamen Bildung ermöglichen und auf der didaktischen Ebene inklusive Spiel- und Lernmöglichkeiten sowie vergleichbare Beziehungserfahrungen offenhalten (Prengel 2010). Dazu bedarf es, wie Sulzer und Wagner es formulieren, eines umfassenden Fachwissens »ebenso wie einer geschulten Aufmerksamkeit für heterogene Lebenslagen und Strategien, um diese im pädagogischen Handeln zu berücksichtigen, ohne Kinder zu stigmatisieren« (Prengel 2011, S. 23).

Die Heterogenität der Lebenslagen und Strategien sollte allerdings nicht erst durch geschulte Aufmerksamkeit als »Heterogenität der Anderen« entdeckt und im pädagogischen Handeln berücksichtigt werden, sondern sollte als Einsicht in die Heterogenität jedes Einzelnen selbstverständlicher und gleichwertiger Bestandteil pädagogischen und entwicklungspsychologischen Fachwissens und ihrer Konzepte sein. Eine additive Berücksichtigung von neu entdeckten Heterogenitätsdimensionen – etwa »Migrationshintergrund« – führt dazu, dass die Vorstellung von »Heterogenität« als Abweichung von der Normalität fortgeschrieben wird. Stattdessen braucht es ein Hineinverlagern heterogener Entwürfe in die »Strukturen der Gesellschaft und die normativen Orientierungen der Individuen«, um mit Birgit Rommelspacher zu sprechen, die damit Wege aus einer Dominanzkultur zu beschreiben sucht (1995, S. 30).

Im Rückbezug auf die eingangs formulierten Überlegungen zur Relevanzsetzung bzw. Dekonstruktion von »Kultur« in pädagogischen Ansätzen soll hier abschließend eine Schlussfolgerung aus den Ergebnissen der referierten Studie zu Erwartungen von Eltern mit biographischem Bezug zur Türkei gezogen werden. Im qualitativen Material wird deutlich, dass die Berücksichtigung eines ethnischen oder kulturellen Bezugsrahmens für die Erklärung spezifischer Erwartungshaltungen durchaus instruktiv sein kann, insbesondere, wenn dieser auch von den Eltern selbst als relevant gesetzt wird. Zugleich wird offensichtlich, dass nationale, ethnische oder kulturelle Bezugskategorien mit Vorsicht aktiviert werden müssen, da sie als solche keine naturgegebenen gruppenkonstituierenden Phänomene abbilden, die von der Wissenschaftlerin oder dem Praktiker objektiv erkannt werden. Vielmehr sollten Kulturen, Ethnien, Nationen, aber auch Familien, Dorfgemeinschaften, Eltern mit und ohne Migrationshintergrund als Beobachtungseinheiten verstanden werden, wie Systeme in systemischen Beratungs- und Therapieansätzen verstanden werden, nämlich als »eine beliebige Gruppe von Elementen, die durch Beziehungen miteinander verbunden und durch eine Grenze von ihren Umwelten abgrenzbar sind« (von Schlippe und Schweitzer 2012, S. 31). Systeme werden dabei nicht als naturgegeben existierende Entitäten angesehen, die durch einen objektiven und unabhängigen Beobachter bzw. eine Beobachterin entdeckt werden. Es ist vielmehr der Blick eines Beobachters bzw. einer Beobachterin, der ein System entstehen lässt. Erst der Beobachter oder die Beobachterin ist es, der oder die »entscheidet, welche Elemente, welche Beziehungen und welche Grenzen sie [oder er] dem System zuordnen will« (ebd.). Systemisch wird daher als ein erkenntnistheoretischer Zugang verstanden, der danach fragt, was der/die Beobachtende erkennt bzw. erkennen kann, und nicht, was in »Wirklichkeit« da ist. Hier wird die Verantwortung der beobachtenden Person deutlich, wie sie von Heinz von Foerster formuliert wird: »Objektivität ist die Wahnvorstellung, dass Beobachtungen ohne einen Beobachter gemacht werden könnten. Die Berufung auf Objektivität ist die Verweigerung der Verantwortung – daher auch ihre Beliebtheit« (ebd. 1998, S. 154).

Damit wird deutlich, dass Beobachter*innen, ob Wissenschaftler*innen, professionelle Fachkräfte oder »Alltagsbeobachter*innen« sich nicht hinter einer vermeintlichen Objektivität verstecken können, sondern Verantwortung übernehmen für die jeweiligen Konstruktionen und die »Wahrheiten«, die zu entdecken geglaubt werden. Somit ist jede Erkenntnis, die formuliert wird, Ausdruck der je eigenen (durchaus auch mit sozialen Bezugssystemen geteilten) Sinn- und Bedeutungssysteme einer Person, ihrer Wahrnehmungs- und Bewertungsprozesse, für deren Zustandekommen sie sich verantwortlich zu zeichnen hat. Für wissenschaftliches Vorgehen bedeutet dies, dass jede (Gruppen-)Konstruktion, jede definierte Beobachtungseinheit, jedes Phänomen, das im Fokus einer Forschung steht, als für einen bestimmten Forschungszweck für einen bestimmten Zeitraum konstruiert begriffen wird. Transparenz über die Beobachtungsabsicht und Bereitschaft zur Dekonstruktion der gebildeten Beobachtungseinheiten bilden dabei einen immanenten Bestandteil der Verantwortungsübernahme.

Literatur

Auernheimer, G. (2010): Einführung in die interkulturelle Pädagogik. Darmstadt: Wissenschaftliche Buchgesellschaft.
Autorengruppe Bildungsberichterstattung (2010): Bildung in Deutschland 2010. Bielefeld: Bertelsmann Verlag.
Autorengruppe Bildungsberichterstattung (2020): Bildung in Deutschland 2020. Bielefeld: wbv media. https://www.bildungsbericht.de/de/bildungsberichte-seit-2006/bildungsbericht-2020/pdf-dateien-2020/bildungsbericht-2020-barrierefrei.pdf.
Bauer, P. und Brunner, E. J. (2006): Elternpädagogik. Von der Elternarbeit zur Erziehungspartnerschaft. Eine Einführung. In: P. Bauer und E. J. Brunner (Hrsg.): Elternpädagogik. Von der Elternarbeit zur Erziehungspartnerschaft. Freiburg i. Br.: Lambertus. S. 7–19.

Becker-Stoll, F.; Niesel, R. und Wertfein, M. (2014): Handbuch Kinderkrippe. Freiburg i. Br.: Herder.
Bensel, J.; Aselmeier, M.; Agache, A.; Haug-Schnabel, G.; Kalicki, B.; Leyendecker, B. und Martinet, F. (2013): Betreuungsgeschichte und aktuelle Betreuungssituation. In: W. Tietze; F. Becker-Stoll; J. Bensel; A. G. Eckhardt; G. Haug-Schnabel; B. Kalicki; H. Keller und B. Leyendecker (Hrsg.): NUBBEK – Nationale Untersuchung zur Bildung, Betreuung und Erziehung in der frühen Kindheit. Weimar/Berlin: Verlag das Netz. S. 37–67.
Brock, I. (2012): Frühpädagogischen Fachkräfte und Eltern. Psychodynamische Aspekte der Zusammenarbeit. München: DJI/WIFF.
Davis, A. (1982): Rassismus und Sexismus – Schwarze Frauen und Klassenkampf in den USA. Berlin: Elefanten Press.
Demuth, C.; Root, M. und Gerwing, S. (2015): »Ich nehme das beste von beidem« – Ethnotheorien türkisch-stämmiger Mütter in Deutschland. In: B. Ö. Otyakmaz und Y. Karakaşoğlu (Hrsg.): Frühe Kindheit in der Migrationsgesellschaft. Erziehung, Bildung und Entwicklung in Familie und Kindertageseinrichtung. Wiesbaden: Springer Verlag. S. 29–47.
Derman-Sparks, L. (2014): Vortrag »Soziale Bezugsgruppen in der kindlichen Identitätsentwicklung und ihre Bedeutung für eine Pädagogik der Inklusion«. In: Fachstelle Kinderwelten/ISTA (Hrsg.): Dokumentation der Fachtagung 4. Baustelle Inklusion – »Das bin ja ich!« Identitäten stärken – Zugehörigkeiten sichern – Familienkulturen schätzen. https://baustelle2014.kinderwelten.net/content/vortraege/01/index.html.
Diehm, I. (2016): Elementarpädagogik. In: P. Mecheril. Handbuch Migrationspädagogik. Weinheim: Beltz Verlag. S. 342–355.
Diehm, I. und Radtke, F.-O. (1999): Erziehung und Migration. Eine Einführung. Stuttgart: Kohlhammer.
Durgel, E. S. (2011): Parenting beliefs and practices of Turkish Immigrant Mothers in Western Europe. Tilburg: Tilburg University.
von Foerster, H. (1998): Wahrheit ist die Erfindung eines Lügners. Gespräche für Skeptiker. Heidelberg: Carl-Auer Verlag.
Friedrich, T. (2011): Zusammenarbeit mit Eltern – Anforderungen an frühpädagogische Fachkräfte. München: DJI/WIFF.
Fürstenau, S. und Gomolla, M. (Hrsg.) (2009): Migration und schulischer Wandel: Elternbeteiligung. Wiesbaden: VS Verlag für Sozialwissenschaften.
Gaitanides, S. (1983): Sozialstruktur und »Ausländerproblem«: sozialstrukturelle Aspekte der Marginalisierung von Ausländern der ersten und zweiten Generation. München: Deutsches Jugendinstitut.
Gaitanides, S. (2007): »Man müsste mehr voneinander wissen!«. Umgang mit kultureller Vielfalt im Kindergarten. Frankfurt/M.: Fachhochschulverlag.
Gogolin, I und Krüger-Potratz, M. (2010): Einführung in die Interkulturelle Pädagogik. Opladen: Verlag Barbara Budrich.
Gomolla, M. und Radtke, F.-O. (2002): Institutionelle Diskriminierung. Die Herstellung ethnischer Differenz in der Schule. Opladen: Leske und Budrich.
Hamburger, F. (1986): Erziehung in der Einwanderungsgesellschaft. In: M. Borelli (Hrsg.): Interkulturelle Pädagogik. Positionen, Kontroversen, Perspektiven. Baltmannsweiler: Pädagogischer Verlag Burgbücherei Schneider. S. 142–157.
Hamburger, F. (1990): Der Kulturkonflikt und seine pädagogische Kompensation. In: E. J. Dittrich und F.-O. Radtke (Hrsg): Ethnizität – Wissenschaft und Minderheiten. Opladen: Westdeutscher Verlag. S. 311–325.
Hamburger, F. (2012): Abschied von der interkulturellen Pädagogik: Plädoyer für einen Wandel sozialpädagogischer Konzepte. Weinheim: Beltz.
Karakaşoğlu, Y.; Gruhn, M. und Wojciechowicz, A. (2011): Interkulturelle Schulentwicklung unter der Lupe. Münster: Waxmann Verlag.
Karakaşoğlu, Y. und Otyakmaz, B. Ö. (2015): Der Diskurs um den Stellenwert institutionalisierter frühkindlicher Bildung für den Bildungserfolg von Kindern und Jugendlichen und die Rolle familialer Erziehung und Bildung im Migrationskontext – eine kritische Einführung der Herausgeberinnen. In B. Ö. Otyakmaz und Y. Karakaşoğlu (Hrsg.): Frü-

he Kindheit in der Migrationsgesellschaft. Erziehung, Bildung und Entwicklung in Familie und Kindertageseinrichtung. Wiesbaden: Springer Verlag. S. V–XVI.

Kilomba, G. (2010): Plantation Memories. Episodes of Everyday Racism. Münster: Unrast Verlag.

Kuhn, M. (2018): Zwischen Einschluss und Ausschluss. Diskursive Erzeugungen der anderen Eltern in der schweizerischen Kindertagesbetreuung. In: C. Thon; M. Menz; M. Mai und L. Abdessadok (Hrsg): Kindheiten zwischen Familie und Elementarbereich. Differenzdiskurse und Positionierungen von Eltern und pädagogischen Fachkräften. Wiesbaden: Springer Verlag. S. 75–91.

Krüger-Potratz, M. (2018): Interkulturelle Pädagogik. In: I. Gogolin; V. B. Georgi; M. Krüger-Potratz; D. Lengyel und U. Sandfuchs (Hrsg.): Handbuch Interkulturelle Pädagogik. Bad Heilbrunn: Klinkhardt. S. 193–190.

Krüger-Potratz, M. und Lutz, H. (2002): Sitting at a crossroad – rekonstruktive und systematische Überlegungen zum wissenschaftlichen Umgang mit Differenz. In: Tertium Comparationis. Journal für international und interkulturell vergleichende Erziehungswissenschaft 8, H. 2. S. 81–92.

Mecheril, P. (2004): Einführung in die Migrationspädagogik. Weinheim: Beltz.

Menz, M. und Thon, C. (2013): Legitime Bildung im Elementarbereich. Empirische Erkundungen zur Adressierung von Eltern durch Fachkräfte. In: Zeitschrift für Qualitative Forschung 14, H. 1. S. 139–156.

Nohl, A. (2014): Konzepte interkultureller Pädagogik. Bad Heilbrunn: Klinkhardt.

Otyakmaz, B. Ö. (1995): Auf allen Stühlen. Das Selbstverständnis junger türkischer Migrantinnen. Köln: ISP.

Otyakmaz, B. Ö. (2013): Entwicklungserwartungen deutscher und türkisch-deutscher Mütter von Vorschulkindern. In: Frühe Bildung, Vol. 2, H. 1. S. 28–34.

Otyakmaz, B. Ö. und Döge, P. (2015): Erzieherinnen-Eltern Beziehung in Migrationskontexten. In: B. Ö. Otyakmaz und Y. Karakaşoğlu (Hrsg.): Frühe Kindheit in der Migrationsgesellschaft. Erziehung, Bildung und Entwicklung in Familie und Kindertageseinrichtung. Wiesbaden: Springer Verlag. S. 153–172.

Otyakmaz, B. Ö. und Westphal, M. (2018): Kritisch-reflexive Erwartungen von Eltern an die Erziehungs- und Bildungspartnerschaft zwischen Kita und Familie im Migrationskontext. In: C. Thon; M. Menz; M. Mai und L. Abdessadok (Hrsg): Kindheiten zwischen Familie und Elementarbereich. Differenzdiskurse und Positionierungen von Eltern und pädagogischen Fachkräften. Wiesbaden: Springer Verlag. S. 169–186.

Prengel, A. (2010): Bildungsteilhabe und Partizipation in Kindertageseinrichtungen. München: DJI/WIFF.

Rommelspacher, B. (1995): Dominanzkultur. Texte zu Fremdheit und Macht. Berlin: Orlanda Frauenverlag.

Sachverständigenrat deutscher Stiftungen für Integration und Migration (SVR) GmbH (Hrsg.) (2013): Hürdenlauf zur Kita: Warum Eltern mit Migrationshintergrund ihr Kind seltener in die frühkindliche Tagesbetreuung schicken. Berlin.

Sahrai, D. (2015): Elternpartizipation in der Kita von Eltern mit und ohne Migrationshintergrund. In: B. Ö. Otyakmaz und Y. Karakaşoğlu (Hrsg.): Frühe Kindheit in der Migrationsgesellschaft. Erziehung, Bildung und Entwicklung in Familie und Kindertageseinrichtung. Wiesbaden: Springer Verlag. S. 179–205.

Scherr, A. (2000): Ethnisierung als Ressource und Praxis. In: Prokla – Zeitschrift für kritische Sozialwissenschaft, H. 120. S. 399–414.

von Schlippe, A. und Schweitzer, J. (2012): Lehrbuch der systemischen Therapie und Beratung I. Das Grundlagenwissen. Göttingen: Vandenhoeck & Ruprecht Verlage.

Skutnabb-Kangas, T. (1990): Wer entscheidet, ob meine Sprache wichtig für mich ist? – Minderheitenforschung zwischen Sozialtechnologie und Selbstbestimmung. In: E. J. Dittrich und F.-O. Radtke (Hrsg): Ethnizität – Wissenschaft und Minderheiten. Opladen: Westdeutscher Verlag. S. 329–351.

Stange, W. (2012): Erziehungs- und Bildungspartnerschaften – Grundlagen, Strukturen, Begründungen. In: W. Stange; R. Krüger; A. Henschel und C. Schmitt (Hrsg.): Erziehungs- und Bildungspartnerschaften. Wiesbaden: Springer VS. S. 12–39.

Sulzer, A. (2013): Kulturelle Heterogenität in Kitas. Anforderung an Fachkräfte. München: DJI/WIFF.

Sulzer, A. und Wagner, P. (2011): Inklusion in Kindertageseinrichtungen – Qualifikationsanforderung an die Fachkräfte. München: DJI/WIFF.

Şıkcan, S. (2008): Zusammenarbeit mit Eltern: Respekt für jedes Kind – Respekt für jede Familie. In: P. Wagner (Hrsg.): Handbuch Kinderwelten – Vielfalt als Chance – Grundlagen einer vorurteilsbewussten Bildung und Erziehung. Freiburg i. Br.: Herder. S. 184–202.

Tietze, W.; Becker-Stoll, F.; Bensel, J.; Eckhardt, A. G.; Haug-Schnabel, G.; Kalicki, B.; Keller, H. und Leyendecker, B. (Hrsg.) (2013): NUBBEK – Nationale Untersuchung zur Bildung, Betreuung und Erziehung in der frühen Kindheit. Weimar/Berlin: Verlag das Netz.

Wagner, P. (2008) (Hrsg.): Handbuch Kinderwelten: Vielfalt als Chance – Grundlagen einer vorurteilsbewussten Bildung und Erziehung. Freiburg i. Br.: Herder.

Westphal, M.; Motzek-Öz, S. und Otyakmaz, B. Ö. (2017): Elternschaft unter Beobachtung – Herausforderungen für Mütter und Väter mit Migrationshintergrund. In: Zeitschrift für Soziologie der Erziehung und Sozialisation, Heft 2/2017, S. 142–157.

4 Zur Bedeutung religiöser Pluralität in der frühen Kindheit

Fahimah Ulfat

Einleitung

Religiöse Pluralität zeichnet sich nicht nur dadurch aus, dass es unterschiedliche Religionen und innerhalb der Religionen wiederum unterschiedliche Strömungen oder Konfessionen gibt, sondern auch und vor allem dadurch, dass in Gesellschaften der globalisierten Postmoderne durch Individualisierungs-, Subjektivierungs- sowie Diversifizierungsprozesse Menschen aufgefordert sind, ein subjektives Verhältnis zu religiösen Traditionen zu entwickeln, die als ›eigene‹ oder ›fremde‹ wahrgenommen werden können. Dies kann auch darin münden, dass das Individuum keine Verbindung zu seiner familiär ansozialisierten religiösen Tradition herstellen möchte, eine gewisse ›Religionsferne‹ entwickelt, ja sich ihr gegenüber bewusst distanziert. Eine Pluralität an religiösen und religionsfernen Orientierungen findet sich bei als Christinnen und Christen, Musliminnen und Muslimen oder auch als Angehörige anderer Religionsgemeinschaften sozialisierten Personen wieder und zwar bereits im frühen Kindesalter. Die Migrationsgesellschaft kann als eine Art Brennglas, in der diese Prozesse in vielfältigen institutionellen und außerinstitutionellen Kontexten beobachtbar werden, verstanden werden (vgl. Karakaşoğlu und Klinkhammer 2016, S. 294–296). Die sich dermaßen ausdifferenziert präsentierende religiöse Vielfalt stellt für alle Bildungsinstitutionen insofern eine Herausforderung dar, als es um Sensibilisierung, Selbstreflexion und den Erwerb von Professionswissen über die durch Globalisierung, Migration und Individualisierung sich immer weiter ausdifferenzierende religiös-weltanschauliche Vielfalt geht, die bereits seit langem im Alltag der Kindertageseinrichtungen (fortan: Kitas) und Grundschulen angekommen ist (vgl. Dommel et al. 2018).

In diesem Beitrag werden ausgewählte neuere Studien aus dem deutschsprachigen Raum vorgestellt, die einen empirischen Einblick in die Vielfalt der Gottesvorstellungen und religiösen Orientierungen in der frühen Kindheit geben. Die Studien fokussieren auf empirisch-explorative Fragen, wie im Leben von Kindern welche Religionsformen sichtbar und bedeutsam werden. Zudem werden Ergebnisse aus Studien zusammengefasst, die untersuchen, wie Kinder in Kitas und Grundschulen mit religiöser Differenz umgehen. Darin werden Erfahrungen von Vergemeinschaftung und Zugehörigkeit, aber auch von Ausgrenzung im Kontext von früher Bildung deutlich. Alle hier rezipierten Studien fokussierten stark auf Kinder mit christlicher und muslimischer Religionszugehörigkeit, mit Ausnahme von einer, die auch Kinder mit hinduistischer Religionszugehörigkeit in den Blick nimmt. Es ist leider dem diesbezüglich lückenhaften Forschungsstand geschuldet, dass Kinder mit jüdischer Religionszugehörigkeit oder mit nicht-religiösen Weltanschauungen in den Forschungen zu Kita und Grundschule in diesem Beitrag nicht thematisiert werden können. Schließlich werden aus den vorgestellten Ergebnissen Schlussfolgerungen für das Handlungsfeld ›Bildung in der frühen Kindheit‹ formuliert und daraus pädagogische und bildungspolitische Anregungen abgeleitet. Auch wenn sich der Beitrag mit Kindertageseinrichtungen (Kita) und Grundschule beschäftigt, liegt aufgrund des Forschungsstandes der Fokus auf Kitas.

4.1 Religiöse Pluralität in der frühen Kindheit

Kitas und Schulen werden von Kindern aus Elternhäusern besucht, die mit Religion und Religiosität unterschiedlich umgehen. Dementsprechend sind Kinder mehr oder weniger im Kontext von Familie religiös sozialisiert. Aber nicht nur die familiäre Sozialisation, sondern auch ihre eigene reflektierte Auseinandersetzung mit Religion und Glauben führt dazu, dass Kinder unterschiedlich mit Religion umgehen und auch ein individualisiertes Verhältnis zu Religion und Glauben entwickeln (vgl. Orth und Hanisch 1998, S. 7 f.). Dies betrifft auch solche Kinder, die sich über ihre familiären Bezugspersonen selbst keine transzendenten Deutungsmuster aneignen konnten bzw. in ihren Prä-Konzepten von Weltdeutungen keine religiösen Bezüge aufweisen. Studien, die die religiösen Vorstellungen von Kindern untersuchen, befassen sich meist mit der Gottesfrage. In einer Untersuchung zur religiösen Sozialisation bei Kindern in einem evangelischen Kindergarten in Oberfranken wurden 22 Kinder (9 Mädchen, 13 Jungen) im Alter von drei bis sechs Jahren aufgefordert, ihre Gottesbilder zu zeichnen, wobei die Erläuterungen, Kommentare und Erzählungen der Kinder mit aufgenommen wurden (Eckerle 2001). Ziel war es, die Zeichnungen der Kinder mit den Informationen über ihre religiöse Sozialisation, die die Forscher*innen von den Erzieher*innen bekamen, in Zusammenhang zu bringen und zu analysieren (vgl. ebd., S. 74). Eckerle et al. konnten einen deutlichen Unterschied feststellen zwischen den Kindern, bei denen eine religiöse Sozialisation in der Familie vermutet wurde, und den Kindern, bei denen das nicht der Fall war. Kinder ohne familiäre religiöse Sozialisation zeichneten Gott nicht (vgl. ebd., S. 87). Bei den Kindern, bei denen eine familiäre religiöse Erziehung vermutet wurde, konnten Eckerle et al. eine Gottesvorstellung und eine Kommunikationsfähigkeit über Gott feststellen (vgl. ebd., S. 88). Insgesamt stellt sie fest, dass Vorschulkinder über vielfältige und sehr unterschiedliche Bilder von Gott verfügen. Bei den Kindern könne weder von einem rein »konformistischen« und unreflektierten Glauben noch von einem eindimensionalen, mythischen und wörtlichen Gottesverständnis die Rede sein (ebd., S. 91). Vielmehr besitzen die Kinder ein individuelles Gottesbild, das Erwachsene ernst nehmen und kennenlernen müssen.

In einer qualitativen Studie zur religiösen Entwicklung von drei- bis sechs-jährigen Kindern aus mehreren Kitas in kirchlicher Trägerschaft der Evangelischen Kirche wurde insbesondere der Frage nachgegangen, wie Kinder im Elementarbereich zu ihrem Gotteskonzept kommen. Die Eltern der Kinder waren überwiegend evangelisch, einige katholisch, einige konfessionslos und bei einem Jungen muslimisch (vgl. Szagun und Pfister 2017, S. 29). Methodisch wurden dabei überwiegend Verfahren eingesetzt, in denen die Kinder die Möglichkeit hatten, ihren Gedanken und Gefühlen durch selbst erzeugte Gestaltungen Ausdruck zu verleihen und diese zu kommentieren (vgl. ebd., S. 20). In der Analyse des Datenmaterials konnte u. a. der Befund von Eckerle et al. bestätigt werden, dass schon Dreijährige höchst unterschiedliche Gotteskonzepte zeigen. Als Ursache konnte herausgearbeitet werden, dass diese auf Beziehungserfahrungen und eigenen Erfahrungen, die Kinder selbst mit religiösen Phänomenen machen, basieren (vgl. ebd., S. 64). Gott ist keine selbstverständliche Größe der Weltdeutung bzw. Weltanschauung von Kindern, er fällt »nicht einfach vom Himmel« in die Kinderköpfe (ebd., S. 63), sondern erhält nur dann eine positive oder negative »Lebensrelevanz« für Kinder, »wenn die Beziehung zu Gott vom Kind in Anspruch genommen wird, also persönlich angeeignet wird« (ebd., S. 65).

In einer Untersuchung zu Gottesbildern von Mädchen im Grundschulalter hat Stephanie Klein ebenfalls Bilder und Gespräche als Zugänge zur kindlichen religiösen Vorstellungswelt gewählt. Die von ihr einbezogenen Mädchen waren zwischen sechs und zwölf Jahren alt. Sie führte mit ihnen in drei aufeinanderfolgenden Jahren Bildinterviews durch, die sie mithilfe der *Grounded Theory* auswertete. In ihrer Untersuchung zeigt sich, dass Gott von den Mädchen als allgegenwärtig gedeutet wird und dass sie versuchen, seine Unsichtbarkeit zum Ausdruck zu bringen. Es wird deutlich, dass die Mädchen ein Bewusstsein für die Undarstellbarkeit Gottes haben (vgl. Klein 2000, S. 158), darüber hinaus wird Gott mit der Natur in Verbindung gebracht. In diesem Zusammenhang beschäftigen sich die Kinder auch mit dem Wirken Gottes in der Welt und in ihrem Leben (vgl. ebd., S. 160). Die Differenz zwischen Gott und dem Menschen wird zwar gesehen, ihm wird aber dennoch ein Geschlecht zugewiesen, das meist männlich gedacht und ebenso dargestellt wird (vgl. ebd., S. 168). Mädchen, die Gott als Frau malen, sprechen dennoch über Gott als Mann. Das erklärt Klein damit, dass die deutsche Sprache nur männliche Benennungen Gottes zulässt, dass für Gott keine weiblichen Metaphern oder Bilder zur Verfügung stehen und dass bezüglich weiblicher Gottesbilder gesellschaftliche »Denkverbote« vorherrschen (ebd., S. 173). »Nichtpersonale Darstellungen« finden sich ebenfalls in den Bildern. Insgesamt haben die Mädchen »häufig mehrere, oft diffuse Vorstellungen von Gott nebeneinander« (ebd., S. 174). Die Kinder zeigen darüber hinaus eine »große Offenheit und Toleranz gegenüber andersgearteten Darstellungen« (ebd., S. 175), wobei ihnen die »Differenz zwischen Gott, ihrer Vorstellung von Gott und ihrer Zeichnung von Gott (…) durchaus bewußt« ist (ebd.).

Andere Aspekte der Glaubensvorstellungen im Rahmen von ansozialisierten Religionen haben Laura Poschadel und Werner Rieß in ihrer Studie herausgearbeitet. Sie haben Vorstellungen von Grundschüler*innen der vierten Klassenstufe zur Entstehung der Welt, des Lebens und des Menschen quantitativ erhoben mit der leitenden Frage, ob eine religiöse Sozialisation grundsätzlich den Erwerb von naturwissenschaftlichen Konzepten erschwert (vgl. Poschadel und Rieß 2018). Hierfür wurden die Vorstellungen von 89 Viertklässler*innen mithilfe eines strukturierten Fragebogens, der im Rahmen des Sachunterrichts eingesetzt wurde, erfasst. Befragt wurden männliche und weibliche Kinder im Alter zwischen neun und elf Jahren, die gemäß den voraussetzungsreichen[1] Vorannahmen der Forscher*innen nach ihrer religiösen Sozialisation wie folgt gruppiert wurden:

a) Schüler*innen, die zu einer Religionsgemeinschaft mit »wörtlichem und historischem Schriftverständnis« gehören (dazu zählten die Forscher*innen Muslime, Zeugen Jehovas und Mitglieder der Neuapostolischen Kirche) (n = 8)
b) Schüler*innen, die zu einer Religionsgemeinschaft gehören, die ihre »Heilige Schrift im Sinne einer wissenschaftlichen Theologie metaphorisch und historisch-kritisch« auslegt (dazu zählten die Forscher*innen Katholiken, Protestanten und Orthodoxe) (n = 86)
c) Schüler*innen ohne Religionszugehörigkeit = religionslos (n = 13) (vgl. ebd., S. 56).

Im Ergebnis stellen die Forscher*innen fest, dass alle drei Gruppen der Vorstellung, Gott habe die Welt und den Menschen erschaffen, eher zustimmten (vgl. ebd., S. 54). Schüler*innen, die zu Gruppe a) gehörten, lehnten die Evolutionsvorstellung eher ab. Grundschüler*innen von Gruppe b) lehnten die Evolutionsvorstellung nicht grundsätzlich ab und die Befragten von Gruppe c) stimmten der Evolutionsvorstellung tendenziell zu (vgl. ebd., S. 56). Allerdings wird durch die Studie deutlich, dass sich die »Annahme, dass Schüler/-innen ohne eine Religionszugehörigkeit sich bei Erklärungen zum Ursprung der Erde und des Lebens vor allem auf naturwissenschaftliche Entstehungsmodelle beziehen und einen Schöpfergott ausschließen«, nicht aufrechterhalten lässt (ebd., S. 57). Alle drei Gruppen stimmten der Frage »Gott schafft durch Evolution« eher zu als der Vorstellung »Gott hätte durch unmittelbares Eingreifen und Handeln (also im Ingenieurmodus) die Welt bzw. Lebewesen erschaffen« (ebd., S. 58). Die Studie zeigt insgesamt, dass bei Grundschüler*innen mit einer sehr großen Vielfalt und einer gleichzeitigen Durchmischung der Vorstellungen zur Entstehung der Welt, des Lebens und des Menschen zu rechnen ist: »Diese sind teilweise durch die religiöse Sozialisation der Schüler/-innen moderiert« (ebd., S. 59).

Anders als Poschadel und Rieß hat Fahimah Ulfat in ihrer Untersuchung zu Gottesbeziehungen muslimischer Kinder die religiöse Pluralität unter muslimischen Kindern im Alter von neun bis zehn Jahren herausarbeiten können (vgl. Ulfat 2017). Ihr Sample, das mit dem Prozess des *Theoretical Samplings* nach Gla-

---

[1] Die Studie weist Forschungspositionen auf, die eine kategoriale Offenheit gegenüber möglichen pluralen Positionen innerhalb einzelner Religionsgruppen vermissen lassen. Das drückt sich etwa in der einseitigen Zuordnung der Muslim*innen zu einem »wörtlichen und historischen Schriftverständnis« aus, wobei metaphorische bzw. historisch-kritische Positionen, die ebenfalls in der Vielfalt muslimischer Gruppierungen vertreten sind, ausgeblendet werden.

ser und Strauss zustande kam, setzte sich zusammen aus acht Mädchen und sieben Jungen, die nach nationaler Herkunft und Sprachräumen, religiöser Strömung und nach der religiösen Erziehung in Familie, Gemeinde und Schule differenziert wurden. Die Kinder nahmen alle am Islamischen Religionsunterricht in der Grundschule teil, bis auf zwei Kontrastfälle. Zudem nahmen sie auch zum größten Teil an der religiösen Unterweisung in der Moschee teil. Die leitende Forschungsfrage der Untersuchung lautete: Welche handlungsorientierende Relevanz hat die Gottesbeziehung für muslimische Kinder? Es konnte empirisch rekonstruiert werden, dass muslimische Kinder bereits im Alter von ca. zehn Jahren individuelle, höchst heterogene religiöse Positionen aufweisen. Sie reichen von einem sehr persönlichen Bezug zu Gott über einen starken Bezug zur Tradition bis hin zu einer weitgehenden Distanz zu beiden Größen.

Im komparativen Vergleich ließen sich drei Typen von Gottesbezügen rekonstruieren. Diese Typen werden nachfolgend skizziert.

Typ A: Relationierung des Selbst zu Gott im Modus der Personalisierung

Typ A spricht im Modus einer stark persönlich gefärbten, tendenziell positiven Gottesbeziehung. Die Perspektive, aus der er Gott konstruiert, weist eine Nähe auf, die von Typ A in der biographischen Erfahrung verankert wird. Gott wird erlebt als ein Du, dessen Existenz nicht in Frage gestellt wird. Sozialweltliche, zwischenmenschliche und jenseitsbezogene Phänomene werden mit einem hohen Abstraktionsgrad zur Sprache gebracht, wobei Bezüge zu Gott hergestellt werden (vgl. ebd., S. 118).

Typ B: Relationierung des Selbst zu Gott im Modus der Moralisierung und Traditionsorientierung

Die Perspektive, aus der Typ B Gott konstruiert, ist dadurch gekennzeichnet, dass die Kinder im Modus der Orientierung am sozial Erwarteten bzw. der Tradition sprechen, indem sie religiöse Normen mehr oder weniger unhinterfragt übernehmen. Dabei zeigt sich die Orientierung an der Tradition in einer moralisierenden, dichotomisierenden Gottesperspektive. Gott wird die Rolle des Erschaffers eines Lohn-Strafe-Systems zugewiesen, in dessen Rahmen der Mensch auf Gott durch religiöse Leistungen positiv einwirken kann (vgl. ebd., S. 118 f.).

Typ C: Relationierung des Selbst zu immanenten Größen im Modus der Gottesferne

Bei diesem Typ existiert Gott lediglich als Element der sozialen Realität. Hier sprechen die Kinder in einem Modus, der losgelöst ist von jedem persönlichen Bezug. Ihr Orientierungsrahmen zeichnet sich durch eine ausschließliche Fokussierung auf zwischenmenschliche Interaktionen und Bezüge aus (vgl. ebd., S. 119 f.).

Gesondert zu betonen ist bei Typ C, dass er im narrativen Teil des Interviews Gott oder den Bezug zu Gott von selbst nicht zur Sprache bringt. Allein die forschungsmethodologische Entscheidung, Gott und Religion im Erzählstimulus vollständig unerwähnt zu lassen, ließ diesen Typ sichtbar werden. Hätte die Forscherin Gott oder Religion erwähnt, hätte vermutlich auch dieser Typ den Impuls aufgenommen. Er hätte also auch von Gott gesprochen und wäre als eigenständiger Typ überhaupt nicht zum Vorschein gekommen.

In der Untersuchung wird deutlich, dass sich bei den muslimischen Kindern bereits im Alter von ca. zehn Jahren synchrone, relativ stabil ausdifferenzierte, heterogene Typen von Gottesbezügen zeigen, darunter auch eine Ignorierung jeder Gottesvorstellung. Damit decken sich die Ergebnisse der hier vorgestellten Studie auch mit denjenigen früherer sozialwissenschaftlicher Untersuchungen zu Jugendlichen und jungen erwachsenen Muslim*innen (vgl. Karakaşoğlu-Aydın 2000; Klinkhammer 2000; Tietze 2001; Tressat 2011 u. a.).

Die Ergebnisse der Studie von Ulfat legen nahe, dass eine individuelle und mündige Gottesbeziehung Kindern ein reflexives Verhältnis zu religiösen und nicht-religiösen Welten erlaubt. Bei den Kindern des Typs der personalisierenden Selbstrelationierung (Typ A) zeigt sich eine individuelle Auseinandersetzung mit der Deutung von Welt und Mensch aus islamischer Perspektive. Auch im Anschluss an die genannten Untersuchungen wird deutlich, dass es dieser Typ ist, der am ehesten in der Lage ist, Religiosität in einer hoch individualisierten und pluralen Gesellschaft für sich autonom zu rahmen. Andererseits machen die Ergebnisse des hier dargestellten Forschungsprojektes auch deutlich, dass eine durch Tradition dominierte Gottesbeziehung es Kindern nicht erlaubt, ein reflexives Verhältnis zu nicht-religiös konnotierten Welten aufzubauen. Bei dem Typ der traditionskonformen Selbstrelationierung herrscht eine moralisierende und dichotomisierende Gottesperspektive vor (Typ B). Typ B wird in der Tradition sozialisiert, ist aber nicht in der Lage, mit ihr in eine individuell-kritische Auseinandersetzung zu treten. Eine Subjektivierung der religiösen Tradition findet nicht statt, was die Anschlussfähigkeit an säkulare Welten erschweren könnte. Schließlich sei noch der Typ der gottesfernen Selbstrelationierung (Typ C) angesprochen, bei dem sich sowohl eine Distanz zu Gott als auch eine Distanz zur Tradition zeigt. Gott spielt in Kontingenzsituationen keine Rolle, ebenso religiöse Deutungsmuster. Dieser Typ macht deutlich, dass auch der religionsferne Mensch einen Bestandteil der innerislamischen Pluralität darstellt.

Eine weitere Studie, die beispielhaft für eine vergleichende Studie herangezogen wird, hat die religiösen Welten von vier- bis zwölfjährigen Kindern in christlich-muslimischen Familien mit Blick auf Gebet, Gottesbild, Genderfragen, religiöse Praxis und Zugehörigkeit empirisch untersucht. Regine Froese hat 1996/97 30 Kinder mit ihren Vätern und Müttern in 20 verschiedenen Familien interviewt. Bei den Eltern handelte es sich um Christen aus Westdeutschland und zwei muslimische Mütter und 18 muslimische Väter mit Familiengeschichten in der Türkei, Ägypten, Libanon, Iran, Syrien, Tunesien, Algerien, Jordanien, Israel und Afghanistan. Die Auswahl der Familien erfolgte mittels theoretischem Sampling anhand der Kategorien sunnitische und schiitische Muslime, evangelische und katholische Christen, unterschiedliche Bildungsniveaus, Berufe, unterschiedliche Sprachen und nationale Herkunft, städtische und ländliche Sozialisation (vgl. Froese 2007, S. 38). Im Bereich der religiösen Praxis hat sich bei den Kindern eine deutliche Zurückhaltung gezeigt, außer beim Gebet. Bei den 21 Kindern, die regelmäßig ein eigenständiges Gebet sprachen, bevorzugten fast alle die christlich geprägte Form mit gefalteten Händen (vgl. ebd., S. 40). Was das Gottesbild anbelangt, weigerten sich 19 von 30 Kindern, ein Bild zu zeichnen. Die Kinder waren bestrebt, ihr Verständnis von Gott als ein von Menschen grundlegend unterschiedliches Wesen zu formulieren, dennoch zeigten die jüngeren Kinder auch anthropomorphe Vorstellungen (vgl. ebd., S. 42). Alle Kinder beschrieben Gott als ein männliches Wesen, eine weibliche oder androgyne Vorstellung von Gott wurde abgelehnt. An Aktivitäten der Kirchen oder Moscheen nahmen die Kinder kaum teil. Kinder, die den christlichen Religionsunterricht besuchten, nahmen ihn als Möglichkeit wahr, mit Elementen der religiösen Tradition vertraut zu werden und die eigene Biographie zu reflektieren (vgl. ebd., S. 43). Insgesamt wird in der Studie deutlich, dass in den gemischt-religiösen Ehen häufig beide Traditionen lebendig sind und nicht nur einer Tradition der Vorrang gewährt wird. Die Daten von Froese zeigen, dass

> »die Beheimatung in zwei Religionen im familiären Kontext oft die Bereitschaft zum Dialog und zur Begegnung mit dem Anderen fördert, wenn die Eltern die interreligiöse Kommunikation auf einer intrapersonellen, zwischenmenschlichen und produktiven Ebene anregen« (ebd., S. 45 Übersetzung d. V.).

Zusammenfassend lässt sich feststellen, dass Kinder bereits in der Kita kein einheitliches Gottesbild haben, sondern ein Spektrum individueller Vorstellungen, und dass ihre religiösen Vorstellungen auf Beziehungserfahrungen und eigenen Erfahrungen basieren, die Kinder selbst mit religiösen Phänomenen machen. Gottesbilder von Kindern spiegeln die vielfältigen Lebenswelten und Lebenserfahrungen der Kinder wider. Sie rezipieren nicht nur die Inhalte der religiösen Erziehung, sondern setzen sich mit ihnen auch mehr oder weniger reflektiert auseinander und gelangen so zu eigenständigen Deutungen. Eine religiöse Sozialisation ist eine hinreichende, aber keine notwendige Bedingung für eine individuelle, religiös orientierte Einstellung. Auch muslimische Kinder zeigen eine Vielfalt an religiösen, aber auch religionsfernen Orientierungen. Eine religiöse Sozialisation oder eine religiöse Orientierung verhindert nicht grundsätzlich ein reflexives Verhältnis zu religiösen und nicht-religiösen Welten. Unreflektierte religiöse Orientierungen können hingegen ein Hindernis darstellen für die Anschlussfähigkeit an nicht-religiöse Welten. Das wiederum kann ein Problemfeld für Fachkräfte in Kitas und Lehrkräfte in Grundschulen darstellen. Diese Erkenntnisse sind in vielfacher Hinsicht von Bedeutung für die pädagogische Praxis im Elementar- und Primarbereich.

4.2 Umgang mit religiöser Differenz im Elementar- und Primarbereich

Seit Mitte der 1990er Jahre wird die Frage von Differenz und der Umgang mit ihr in der deutschen pädagogischen Bildungsdebatte diskutiert. Dabei ist eine Pädagogik, die sich mit dem Differenzbegriff auseinandersetzt, mit verschiedenen Herausforderungen konfrontiert, wie Paul Mecheril und Melanie Plößer bündig formulieren:

»Bildungsprozesse in einem von Differenzen präformierten Kontext (re-)produzieren Ungleichheiten, wenn diese Differenzen nicht erkannt und anerkannt werden. Auf der anderen Seite reproduziert die Anerkennung von Unterschieden in einer doppelten Weise Machtverhältnisse: Die Anerkennung der anderen [...] anerkennt sie als andere, die sie nur in einer hierarchischen Ordnung [...] werden konnten, wodurch paradoxerweise diese hegemoniale Ordnung bekräftigt und bestätigt wird« (Mecheril und Plößer 2009, S. 20).

Dieses Dilemma kann nicht aufgelöst werden, daher ist eine »kritisch-reflexive Thematisierung von Differenz« notwendig (ebd., S. 196).

Der Umgang mit religiöser Differenz im Kontext von Kita und Grundschule meint im Folgenden die religiöse Differenzwahrnehmung bei Kindern, also wie Kinder unterschiedlicher Religionszugehörigkeiten mit religiöser Vielfalt umgehen, ob und wie religiöse Differenz in Kita und Grundschule zum Thema wird und wie darüber gesprochen wird. Das zieht die Frage nach sich, wie sich der Umgang mit religiöser Differenz im professionellen Selbstverständnis von Pädagog*innen darstellt, wie die Konzeptionen der Einrichtungen den Umgang thematisieren und wie dies mit der Umsetzung in der Praxis korreliert. Diesen Fragen wird anhand von zentralen Erkenntnissen aus empirischen Studien nachgegangen.

Ein Tübinger Forschungsteam unter der Leitung von Friedrich Schweitzer, Anke Edelbrock und Albert Biesinger hat im Rahmen eines größeren Gesamtprojektes eine qualitativ-empirische Studie zur religiösen Differenzwahrnehmung bei Kindern im Kindergartenalter durchgeführt (vgl. Dubiski et al. 2010). An der Untersuchung nahmen 140 Kinder, davon 71 Mädchen und 69 Jungen, im Alter von vier bis sechs Jahren teil. Von ihnen waren 65 christlich, 49 muslimisch und 20 konfessionslos. Die Kinder besuchten 15 Kitas verschiedener Großstädte Deutschlands, die entweder in christlich-konfessioneller, städtischer oder muslimischer Trägerschaft waren. Als Erhebungsmethode wurden Gruppeninterviews gewählt. Die Erhebung erfolgte über drei Zeitpunkte, mit unterschiedlicher Schwerpunktsetzung. Am ersten Zeitpunkt wurde das Wissen der Kinder erhoben, am zweiten die Einstellungen der Kinder und am dritten das Erleben der Kinder zu Religion (vgl. Schweitzer und Dubiski 2012, S. 301). Die Studie zeigt, dass bei Vorschulkindern zwar wenige Vorurteile zu finden sind, dass aber Kategorisierungen in »wir« und »ihr« schon vorhanden sind, die sich auch auf die Religionszugehörigkeiten beziehen, wobei Nationalität und Religionszugehörigkeit oftmals nicht voneinander getrennt werden. Stereotype und in Einzelfällen rassistisch gefärbte Einstellungen lassen sich auch bei den Vorschulkindern finden (vgl. ebd., S. 299).

Schweitzer und Dubiski haben sich im Rahmen dieser Untersuchung auch mit »Prozessen einer Ko-Konstruktion in der religiösen Fremdwahrnehmung« auseinandergesetzt (ebd., S. 298). Sie können feststellen, dass schon Vorschulkinder sowohl aktive Konstrukteure ihrer Wirklichkeit als auch an der Ko-Konstruktion von Normen beteiligt sind. Dazu fassen sie zusammen:

> »Die Kinder [...] übernehmen nicht einfach Deutungsweisen, die sie in ihrer Umwelt vorfinden oder die ihnen in Erziehung und Unterweisung gleichsam in fertiger Form angeboten werden. Vielmehr sind sie immer auch selbst rezipierend, deutend und umdeutend, sowie mit eigenen Einfällen und von ihnen selbst hergestellten Zusammenhängen aktiv. Leitend ist dabei ihre eigene Sicht von Welt – ihre eigenen Weltzugänge, die in sich durchaus konsistent und logisch sind oder zumindest sein können.« (ebd., S. 308)

Sie stellen fest, dass auch das soziale Umfeld bei der Entwicklung von (Vor-)Urteilen bezüglich anderer Religionen und Kulturen eine wichtige Rolle spielt:

> »Zugleich vollziehen sich die kindlichen Konstruktionsprozesse nicht in Isolation von der sozialen und kulturellen Umwelt. Auch dort, wo die Kinder keine ausdrücklichen Quellen für ihr Wissen, das sie bei ihren Konstruktionen einsetzen, namhaft machen, lässt sich dessen Herkunft von einzelnen Personen oder auch aus den Medien zumindest erschließen« (ebd.).

Hier wird deutlich, dass Prozesse der Konstruktion und der Ko-Konstruktion bei der religiösen Differenzwahrnehmung ineinandergreifen und Kinder weder nur als Rezipienten noch nur als aktive Subjekte angesehen werden können (vgl. ebd., S. 309).

Auch Eva Hoffmann (vgl. Hoffmann 2009) ging der Frage nach, wie Kindergartenkinder unterschiedlicher Religionszugehörigkeit mit religiöser Vielfalt umgehen. Diese Frage erforschte sie anhand des Themas Tod und dem möglichen Leben danach. In vier evangelischen Kindergärten in einer Großstadt in Nordrhein-Westfalen führte sie fünf Gruppendiskussionen durch, die aus je drei Kindern zusammengesetzt waren, je einem christlichen, einem muslimischen und einem hinduistischen. Hoffmann konnte zeigen, dass Kinder in diesem Alter schon bereit sind, sich über verschiedene Vorstellungen auszutauschen und sich auf die Überzeugungen anderer einzulassen (vgl. ebd., S. 207). Sie reagieren gelassen auf die Vielfalt von religiösen Vorstellungen und thematisieren die diesbezüglichen Unterschiede mit großer Selbstverständlichkeit. Jedoch stellen die Kinder nicht explizit einen Bezug zu ihrer eigenen religiösen Familientradition her. Ihre eigenen Vorstellungen sind für sie trotz ihrer Offenheit für andere Vorstellungen von besonderer Relevanz. In diesem Sinne werden Differenzen wahrgenommen, manchmal zurückgewiesen, jedoch nicht beseitigt oder besonders hervorgehoben. Xenophobe Ängste konnte Hoffmann bei den teilnehmenden Kindern nicht rekonstruieren, vielmehr eine fragende und offene Haltung, mit der sich dann die Kinder in der Gruppe argumentativ einbringen: »Fremde, den eigenen Überlegungen entgegenstehende Vorstellungen bezüglich eines möglichen Lebens nach dem Tod werden von den Kindern als Dissonanz oder Andersheit aufgefasst« (ebd., S. 218). Insgesamt kommt Hoffmann zu dem Schluss, dass Kindergartenkinder über Fähigkeiten verfügen mit religiöser Differenz umzugehen, die für interreligiöses Lernen grundlegend sind, wie »die Bereitschaft, sich auf Fremdes einzulassen, sich mit diesem auseinander zu setzen, über eigene Vorstellungen nachzudenken und sie ggf. angesichts anderer Überlegungen partiell zurückzunehmen oder sie argumentativ zu stützen« (ebd., S. 220).

Eine ethnographische Studie von Helena Stockinger beschäftigt sich mit der Frage, wie »in elementaren Bildungseinrichtungen in katholischer und islamischer Trägerschaft in Wien mit religiöser Differenz umgegangen« wird (Stockinger 2017, S. 60). Stockinger führte die Untersuchung in zwei Kindergärten durch, einem katholischen und einem muslimischen. Sie konnte feststellen:

»Im Kindergarten in katholischer Trägerschaft zeigt sich, dass Kinder Religion und religiöse Differenz tendenziell nicht thematisieren, während die muslimischen Kinder im Kindergarten in islamischer Trägerschaft Religion und religiöse Differenz häufig thematisieren und neugierig sind, wie andere Religionen gelebt werden. Es scheint für die Kinder im Kindergarten in islamischer Trägerschaft selbstverständlich zu sein, dass es religiöse Differenz gibt, wohingegen es im Kindergarten in katholischer Trägerschaft kein Thema ist, über das offen (…) gesprochen wird« (ebd., S. 168).

Im Kindergarten in katholischer Trägerschaft wurde von den Kindern selbst religiöse Differenz ohne einen Impuls kaum thematisiert und initiierte Gespräche durch die Interviewerin verliefen stockend. Es fiel auf, dass den Kindern Wissen über religiöse Differenz fehlte, sie wussten nicht, warum manche Kinder bei Festen nicht dabei sind oder warum manche kein Kreuzzeichen machen. Wenn das Opferfest im Kindergarten gefeiert wurde, wussten die Kinder zwar, dass sie selbst das Fest zu Hause nicht feiern, sie wussten aber nicht, dass es ein muslimisches Fest ist (vgl. ebd., S. 169 f.).

Im Kindergarten in muslimischer Trägerschaft sprachen die Kinder von selbst über religiöse Differenz, zeigten Interesse daran und thematisierten Religion und religiöse Differenz als eine selbstverständliche Gegebenheit. Sie fragten gezielt nach der Religionszugehörigkeit anderer Personen (Kinder, Pädagoginnen, Forscherin) und gaben an, dass sie selbst Muslime sind. In der Wahrnehmung der Kinder äußert sich dies vor allem in der Befolgung von religiösen Vorschriften zur Gestaltung des Alltags:

»Muslimsein bedeutet für die Kinder, in den Koranunterricht zu gehen und für manche Kinder ein Kopftuch zu tragen. Die Kinder erwähnen, dass gewisse Dinge wie Gelatine oder Alkohol nicht gegessen oder getrunken werden dürften, weil diese ḥarām seien und sie fragen die christliche Pädagogin, ob sie Schweinefleisch esse. Außerdem erzählen manche Kinder, dass Discos aufgrund des dort verfügbaren Alkohols, oder Nagellack, Schminken oder kurze Kleider ḥarām seien […]« (ebd., S. 170).

Die muslimischen Kinder sprachen von sich aus über Feste, konnten zwischen christlichen und muslimischen Festen unterscheiden, interessierten sich dafür, wie christliche Feste gefeiert werden, und waren sich der Tatsache bewusst, dass christliche Feste für Christen eine besondere Bedeutung haben können. Dass ein Kind nicht muslimischen Glaubens ist, identifizierten die muslimischen Kinder anhand dessen, dass es nicht am Koranunterricht teilnahm (vgl. ebd., S. 171). Die Kinder zeigten mehrheitlich Verständnis für andere Religionen, suchten nach Gemeinsamkeiten und Anknüpfungspunkten und wussten um gewisse Unterschiede (vgl. ebd., S. 173).

Auffällig ist in der referierten Studie das dort erkennbar werdende dichotome Weltbild einiger muslimischer Kinder. Sie denken stark in den Kategorien ḥalāl (erlaubt) und ḥarām (verboten) und kontrollieren sich gegenseitig bei der Verrichtung von religiösen Ritualen. Auch die Äußerung eines Kindes, dass ein Kind, das nicht muslimisch sei, in die Hölle komme (S. 172) oder dass es »brave« und »schlimme« Kinder gibt (S. 173), verweist auf ein dichotomes Weltbild entsprechend dem Typ B, Relationierung des Selbst zu Gott im Modus der Moralisierung und Traditionsorientierung bei muslimischen Grundschüler*innen (vgl. Ulfat 2017).

Stockinger kann feststellen, dass im Kindergarten in katholischer Trägerschaft »von den Kindern keine Dynamik in der Thematisierung über Religion und religiöse Differenz gegeben ist«. Im Gegensatz dazu ist diese Dynamik im Kindergarten in muslimischer Trägerschaft zwar gegeben, jedoch wird sie nicht genutzt (ebd., S. 181 f.). In beiden Kindergärten verfügen, so Stockinger, die Erzieher*innen und Leiter*innen über kein Konzept der Thematisierung religiöser Differenz. Die Kinder, die der Religion angehören, die nicht der Trägerschaft entspricht, die also sozusagen der religiösen Minderheit im Kindergarten angehören, können so ihre eine Religion »ausschließlich als Defizit erfahren«, dies gilt für beide Kindergärten (ebd., S. 182). Dabei zeigt sich in beiden Kindergärten der Wunsch dieser Kinder nach Zugehörigkeit zu der dort jeweils dominierenden Religion.

Stockinger spricht von einer »organisationale[n] Benachteiligung« von Kindern mit der jeweiligen Minderheitsreligion in den Kindergärten (ebd., S. 194). Die Kinder mit der dominanten Religion erhalten mehr Möglichkeiten für die religiöse Bildung und den Zugang zur Gruppe. Daher plädiert Stockinger für die »Entwicklung einer Kultur der Anerkennung religiöser Differenz in Kindergärten« (ebd.). Diese dient als Basis für einen gleichberechtigten Umgang aller Kinder miteinander und wirkt Diskriminierung entgegen. Sie regt an, elementare Bildungseinrichtungen diesbezüglich weiterzuentwickeln und zwar auf den Ebenen Organisation, Personal und Bildungsangebot.

Dieses Ergebnis wird durch eine weitere Studie von Schweitzer, Biesinger und Edelbrock gestützt, die mittels 37 Interviews (6 Experteninterviews, 23 halb-offene Interviews mit Leiter*innen von Einrichtungen, 7 Interviews mit muslimischen Erzieherinnen und ein Interview mit einer muslimischen Mutter) und Fragebogenergebnissen aus 364 konfessionell und nicht-konfessionell gebundenen Kindergarteneinrichtungen feststellen konnten, dass zwar die Förderung religiöser Bildung bei Kindern von den Fachkräften sehr befürwortet, jedoch nicht entsprechend in die Praxis umgesetzt wird (vgl. Schweitzer; Biesinger und Edelbrock 2008).

Auch Simone Wustracks qualitative Studie in drei evangelischen Kindergärten, die mit offenen Beobachtungen und anschließenden Interviews mit den Erzieher*innen gearbeitet hat, bestätigt, dass religionspädagogische Konzeption und Praxis in den Kitas auseinanderklaffen. Kinder werden zwar als Ko-Konstrukteure in ihren religiösen Bildungsprozessen wahrgenommen, jedoch mündet diese Wahrnehmung nicht in eine partizipative religionspädagogische Arbeit (vgl. Wustrack 2009).

4.2 Umgang mit religiöser Differenz im Elementar- und Primarbereich

Betrachtet man die Perspektive von Elementarpädagog*innen zur Bedeutung von Religion, insbesondere muslimischer Religiosität, richtet sich der Blick auf die Frage nach dem Umgang mit Diversität im professionellen Selbstverständnis der Pädagog*innen. Gerald Blaschke-Nacak geht im Rahmen einer mit der Methode der Gruppendiskussion arbeitenden Studie unter Elementarpädagog*innen der Frage nach, »*wen* oder *was* die (…) Fachkräfte *wie* als ›islamisch/muslimisch‹ identifizieren« und »wie sie die Differenz zwischen ›dem Muslimischen‹ und ›dem Nicht-Muslimischen‹ (…) im elementarpädagogischen Alltag performativ (d. h. über Inszenierungen und Aufführungen) bearbeiten« (Blaschke-Nacak 2016, S. 41).

Die Ergebnisse aus drei Kitas (zwei in freier Trägerschaft und eine in der Trägerschaft der katholischen Kirche) zeigen, dass das »Einrichtungsmilieu« entscheidend dafür ist, welche Bedeutung muslimischer Religiosität im Alltag zugeschrieben wird (vgl. ebd., S. 62). Die Einrichtungsleiterinnen der ersten Kita, die als »Natur-KiTa« beschrieben wird und unter freier Trägerschaft steht, schreiben Muslim*innen keine pauschalisierenden und generalisierenden Merkmale zu. Im Fokus der Diskussion stehen die Individuen, ihre Themen und Situationen und nicht zugeschriebene Differenzkategorien. Religion ist für die Leiterinnen nur ein Aspekt der Identität von Individuen und nicht die sie bestimmende Kategorie (vgl. ebd., S. 46).

In der zweiten Kita hingegen, die ebenfalls in freier Trägerschaft steht, schreiben die Teilnehmer*innen der muslimischen Religiosität keine besondere Rolle zu. Stattdessen konstruieren sie »kulturelle Unterschiede«, die mit muslimischer Religiosität in Zusammenhang gebracht werden. »Kulturen werden dabei in erster Linie nationalstaatlich-ethnisch codiert, d. h. mit territorialen Grenzen, sprachlichen Unterschieden und Differenzen auf einer Ebene des Verhaltens und Wahrnehmens in Zusammenhang gebracht« (ebd., S. 50). Hier findet eine Abgrenzung im Sinne einer Wir-Sie-Dichotomie statt, die problematisiert wird im Hinblick auf fundamental ›andere‹ Erziehungsvorstellungen. Kulturelle Differenzen werden als unveränderlich essenzialisiert (vgl. ebd., S. 51).

In der dritten Kita, die christlich ausgerichtet ist, wird klar zwischen dem Eigenen und dem Anderen unterschieden, das als ›muslimisch‹ markiert wird. Bereits bei der Aufnahme der Kinder wird darauf hingewiesen, dass für die Einrichtung eine Heranführung an den christlichen Glauben im Mittelpunkt steht und dies auch für Kinder anderer Glaubensrichtung angestrebt wird (vgl. ebd., S. 56). Das Muslimische wird dem Eigenen gegenübergestellt (vgl. ebd., S. 61). Es wird klar gesagt, was in der Kita an religiösen Bezügen zulässig ist und was nicht, unter der Vorgabe, dass diejenigen, die sich nicht daran halten, sich eine andere Kita suchen können (vgl. ebd.).

Zusammenfassend lässt sich aus den referierten Studien ableiten, dass schon bei Kindern im Kita-Alter Kategorisierungen in »Wir« und »Ihr« in Bezug auf die unterschiedlichen Religionszugehörigkeiten existieren. Dabei werden Nationalität und Religionszugehörigkeit oftmals weder von den Kindern noch von den Erzieher*innen voneinander getrennt. Prozesse der Konstruktion und der Ko-Konstruktion greifen bei der religiösen Differenzwahrnehmung ineinander. Es ist vor allem das soziale Umfeld der jeweiligen Kita, das bei der Entwicklung von (Vor-) Urteilen bezüglich anderer Religionen und Kulturen eine Rolle spielt.

Zugleich verfügen Kindergartenkinder bereits über Fähigkeiten, mit religiöser Differenz umzugehen, die für interreligiöses bzw. religionssensibles Lernen grundlegend sind, wobei Kinder, die sich mit ihrer religiösen Zugehörigkeit in einer Minderheitenposition befinden, eher Religion und religiöse Differenz thematisieren als Kinder, die sich mit ihrer religiösen Zugehörigkeit in einer gesellschaftlichen Mehrheitsposition befinden. Im Elementarbereich ist zwar die religiöse Vielfalt Realität und wird als solche auch von den Fachkräften wahrgenommen und zum großen Teil wertgeschätzt, allerdings verfügen die Fachkräfte häufig nicht über interreligiöse Kompetenzen bzw. eine ›religious literacy‹, die sie in der Praxis umsetzen können.

4.3 Herausforderungen für das interreligiöse und religionssensible Lernen in frühkindlichen institutionellen Kontexten

Die Ergebnisse der vorgestellten Studien sind in pädagogischer Hinsicht von großer Bedeutung. Kinder haben unterschiedliche religiöse Vorstellungen, wie die Studien über die Gottesvorstellungen und -beziehungen zeigen. Sie weisen schon im Kindergarten die Fähigkeit auf, religiöse Unterschiede zu denken und zu thematisieren. Dabei verfügt nicht jedes Kind zwangsläufig über ein konkretes Gotteskonzept. Gründe hierfür liegen teilweise in der familiären Sozialisation, teilweise in der besuchten frühkindlichen Einrichtung, aber auch teilweise in der eigenständigen Orientierung der Kinder. Diese sehr unterschiedlichen Bezüge zu Religion und Gottesvorstellungen gilt es in der pädagogischen Arbeit mit ihnen ernst zu nehmen. Pädagog*innen sind aufgefordert, sich im Umgang mit Kindern in Kindergarten, Gemeinde und Schule auf die individuellen Sichtweisen der Kinder einzulassen und sich darauf einzustellen, den Kindern als Ansprechpartner*innen für ihre vielfältigen Fragen zu zum Teil sehr komplexen religiösen Phänomenen zu dienen. Vor diesem Hintergrund ist es einerseits notwendig, dass Pädagog*innen auch ihre eigenen Glaubensvorstellungen kritisch reflektieren, damit sie den Kindern Raum geben können, über ihre Vorstellungen und Fragen zu sprechen. Fragen haben ein energetisches Potential, das dazu anregt, weitere Fragen zu stellen. Wünschenswert wäre es daher, auch schon in Kitas eine Kultur des Fragens, Diskutierens, Philosophierens und sogar des Streitens zu etablieren. Das Sprechen über transzendente Phänomene ermöglicht es Kindern, sprachliche Ausdrucksmöglichkeiten zu erlernen, um über ihre Erlebnisse, Erfahrungen und Vorstellungen zu sprechen. Denn: »Wenn religiöses Interesse angestoßen ist, zeigen Kinder erstaunliches Potenzial im Fragen, Suchen und auch Finden von Lösungen« (Szagun und Pfister 2017, S. 66). Das Sprechen ist auch dafür wesentlich, dass Kinder Glaubenszweifel und Kritik ausdrücken können, oder zum Ausdruck bringen können, dass sie transzendente Phänomene nicht religiös deuten wollen. Maßgeblich ist dabei, dass Pädagog*innen Kindern richtig zuhören und sie anregen, weiterzudenken, ohne dabei den Kindern die eigenen Vorstellungen aufzudrängen bzw. ihre kreativen Vorstellungen einzuengen (vgl. Klein 2000, S. 190). Sie sollten aber auch auf ihre eigene Position hin befragbar bleiben. Klein verweist darauf, dass es nicht fertige Antworten sind, die religiöse Bildungsprozesse anregen, sondern ein gemeinsames Fragen und Suchen, um zu individuellen Positionen zu kommen: »Begegnet Religion den Kindern allein in Form von religiösen Wissensinhalten, die gelernt und als richtig und falsch klassifiziert werden, dann werden sie den Mut zu eigenen Fragen, Überlegungen und kreativen Verarbeitungsprozessen verlieren« (ebd.).

Kindliche Entwicklung sollte als ein »Selbstbildungsprozess« angesehen werden, in dem Kinder »ko-konstruieren« (Bamler; Werner und Wustmann 2010, S. 74). Das heißt, dass individuelle Konstruktionen der Kinder ihre Bedeutung erst in Wechselwirkung und Interaktion mit anderen erhalten, indem die Kinder Eindrücke, Gedanken und Erfahrungen im Austausch mit diesen anderen »(re-)konstruieren« (ebd., S. 75). Kindheit wird als »sozial konstruierte Eigenwelt« gesehen, an deren Konstruktion Kinder und Erwachsene teilhaben. Diese Perspektive auf Kindheit als von Kindern »zu Anteilen selbst gestaltete Lebensform« »lenkt die Aufmerksamkeit auf das orientierende und handlungsleitende Denken und Fühlen von Kindern, auf ihre Welttheorien und ihr konkretes Handeln« (Hülst 2012, S. 53). Daher rücken die Lebenswelt der Kinder und ihre eigenen »Bewältigungsstrategien, Wahrnehmungen und Orientierungen« in den Mittelpunkt. Sie werden als »produktiv realitätsverarbeitend« (Hurrelmann und Quenzel 2016, S. 94), als handlungsfähig und somit als aktive und autonome Subjekte angesehen (vgl. Bamler; Werner und Wustmann 2010, S. 61). Die pädagogische Konsequenz daraus ist, zu überlegen, wie interreligiöse und religionssensible Bildungsprozesse im Sinne der Ko-Konstruktion gestaltet werden können.

Kinder machen schon in der Kita Erfahrungen mit religiöser Differenz. Auf der Ebene von Bildungsangeboten bedeutet das, sie dabei zu unterstützen, diese Erfahrungen zu verarbeiten. Dabei können Situationen, in denen religiöse Ausdrucks- und Handlungsformen vorkommen, als Lernchancen genutzt werden. Denn in diesen Situationen entwickeln sowohl Kindergartenkinder als auch Grundschulkinder selbst Erklärungen, was religiöse Unterschiede bedeuten (vgl. Schweitzer 2009, S. 48). Erst, wenn Differenz thematisiert wird, können jedoch tiefergehende Lernprozesse in Gang gesetzt und Verstehensprozesse ermöglicht werden (vgl. Mendl 2009, S. 30).

Heute sind nahezu alle Kindergärten, egal in welcher Trägerschaft, religiös und weltanschaulich plural zusammengesetzt. Diese Zusammensetzung bietet die Chance, gemeinsam über Fragen in und jenseits der Religionen nachzudenken und (Lebens-)Sinn auszuhandeln. Dafür bedarf es einer interkulturell-interreligiös sensiblen Bildung bereits in Kitas, denn die Wahrnehmung von Differenz setzt nicht nur Lern- und Verstehensprozesse in Gang, sondern ermöglicht auch die Reflexion des Eigenen und die kritische Beschäftigung mit ihm (vgl. ebd., S. 31). In diesem Kontext schlägt Friedrich Schweitzer aus der Position der (evangelisch) konfessionell geprägten Religionspädagogik vor, das interreligiöse Lernen kindertheologisch zu vertiefen. Das Verstehen anderer religiöser Überzeugungen kann, so Schweitzer, besser gefördert werden, wenn es, wie von der Kindertheologie intendiert, auf den Verstehens- und Deutungsweisen der Kinder selbst aufbaut (Schweitzer 2009, S. 49).

Auch wenn es bereits erfolgreiche Modelle interkulturell-interreligiöser Bildungsarbeit in einigen Kitas gibt (vgl. Schweitzer; Wolking und Boschki 2020, S. 12), wird durch die wissenschaftliche Begleitung von Praxisprojekten, etwa der Stiftung Kinderland Baden-Württemberg unter der Leitung von Schweitzer und Boschki, deutlich, dass interreligiöse Ansätze bislang eher selten realisiert werden (vgl. ebd., S. 13). Dies liegt mitunter an Unsicherheiten bei den Fachkräften und der Furcht vor Konflikten. Die Fachkräfte fühlen sich nicht hinreichend durch Aus- und Fortbildung auf die Herausforderungen und Aufgaben vorbereitet, die sich mit der Thematik verbinden. Eine fehlende Unterstützung durch die Träger wird bemängelt (vgl. ebd., S. 14). Auch die Annahme, Religion sei Privatsache und eine religionspädagogische Begleitung von Kindern in einer staatlich-religionsneutralen Einrichtung sei nicht geboten, verstärkt die Nicht- oder sogar De-Thematisierung von Religion und religiösen Bezügen (vgl. ebd., S. 15).

Auf der Grundlage der wissenschaftlichen Begleitung formulieren Schweitzer et al. Anforderungen für eine interkulturell-interreligiös sensible Bildung in Kitas wie folgt: Interkulturell-interreligiös sensible Bildung wird als Pflichtaufgabe für alle Einrichtungen gesehen, da Kinder ein Recht auf religionspädagogische Begleitung haben. Alle Träger werden in die Pflicht genommen, für sich den Auftrag einer interkulturell-interreligiös sensiblen Bildung zu klären (vgl. ebd., S. 20). In dieser Hinsicht weist auch Stockinger darauf hin, dass die Ursachen für die geringe Thematisierung religiöser Differenz durch die Fachkräfte analysiert und ernst genommen werden und Leitideen im Umgang mit religiöser Differenz – insbesondere auf der Ebene der Leitungskräfte – entwickelt werden sollten (vgl. Stockinger 2017, S. 228). Schweitzer et al. empfehlen darüber hinaus, die Ausbildung der Fachkräfte neu auszurichten, ebenso ein verpflichtendes Fortbildungsangebot einzurichten, in dem das Wissen über verschiedene Religionen, die Auseinandersetzung mit religiöser Differenz und der Erwerb interreligiöser Kompetenzen eine zentrale Rolle spielt. Wesentlich ist dabei auch der Aspekt der interkulturell-interreligiös sensiblen Elternarbeit. Die von Kindern alltäglich wahrgenommenen gelebten Formen von Religionen sollten im Zentrum einer interkulturell-interreligiös sensiblen Bildung stehen. Die Bedürfnisse von Kindern und Eltern ohne Religionszugehörigkeit müssten bei der interkulturell-interreligiös sensiblen Bildung ebenfalls berücksichtigt werden. Zudem wird empfohlen, die Potenziale muslimischer Fachkräfte zu nutzen (vgl. Schweitzer; Wolking und Boschki 2020, S. 20 f.).

In der Ausbildung von Lehrkräften und Elementarpädagog*innen ist – so lassen sich die Ergebnisse der referierten Studien zusammenfassen – wesentlich, dass die existierende, sich im Alltag von Kitas und Grundschulen in Deutschland manifestierende religiös-weltanschauliche Vielfalt thematisiert und Teil des fachdidaktischen Professionswissens wird. Zudem ist es wünschenswert, wenn Pädagog*innen und Lehramtsstudierende in die Lage versetzt werden, Sensibilität in Bezug auf die weltanschauliche Vielfalt von Schüler*innenvorstellungen zu entwickeln.

Ein weiterer wesentlicher Aspekt ist die rassismuskritische Perspektive, die eine wesentliche Bedeutung für frühkindliche Bildungsprozesse in der Migrationsgesellschaft hat. Nicht zuletzt ist die Wahrnehmung der Muslim*innen als ›Andere‹ stark durch orientalistische Zuschreibungen geprägt, die nach Edward Said zu einer Teilung zwischen Ost und West geführt hat, die imaginativ war und dem Ziel der Beherrschung diente. Aufgrund der Fokussierung auf Religion wird der Orient in den letzten Jahren mit dem Islam gleichgesetzt, so Lingen-Ali und Mecheril. Dieser Prozess hat zur Folge, dass ein kollektives »Wir« und ein kollektives »die Anderen« anhand der Kategorie Religion konstruiert werden:

> »Subjekte werden so einem bestimmten religiösen Kollektiv (dem *Islam*) zugeordnet, sie werden als homogene Gruppe konstruiert, die als grundsätzlich anders als die *eigene* Gruppe wahrgenommen wird. Der Islam wird zur *anderen*, zur *fremden* Religion« (Lingen-Ali und Mecheril 2016, S. 19).

Durch eine Reduktion von Muslim*innen auf die Kategorie ›andere Religion‹, die ihrem Wesen vermeintlich inhärent ist, wird eine symbolische Grenze geschaffen, die Exklusion und Dominanz legitimiert (ebd., S. 22). Erfahrungen des Othering können dazu führen, dass *der* Islam auch als Differenzkategorie für muslimische Selbstabgrenzungen genutzt wird. Daher ist es wünschenswert, wenn Pädagog*innen und Lehramtsstudierende sich mit Grenzziehungsdynamiken und Stereotypenbildungen auseinandersetzen und eine differenzsensible und diskriminierungskritische Lehrpraxis entwickeln. Zudem gehört es zur professionellen Selbstreflexion, sich der eigenen Rolle als machtvolle*r Akteur*in bewusst zu werden und das eigene Verhältnis zur Religion zu reflektieren (vgl. Karakaşoğlu und Klinkhammer 2016, S. 307).

4.4 Fazit

Religion und Differenz wird, wie dargestellt, auf vier Ebenen sichtbar: Interreligiöse Differenz, intrareligiöse Differenz, Differenz durch Individualisierung und Subjektivierung und Differenz durch Distanzierung. Durch die empirischen Studien wird deutlich, dass bereits bei Kindern im Kindergartenalter Subjektivierungsprozesse sichtbar werden. Angesichts der hohen Bedeutung von Bildungsinstitutionen in der frühen Kindheit in Bezug auf Erfahrungen von Selbstwirksamkeit und der damit einhergehenden Formung des Selbstbildes, aber auch Erfahrungen von Zugehörigkeit und Ausgrenzung zeigen die Studienergebnisse, dass eine Reflexion der handlungsleitenden Orientierungen in der pädagogischen Praxis von hoher Bedeutung ist. Dies erfordert die Konzeption eines religionspädagogischen Aus- und Fortbildungsangebots für Pädagog*innen in den Bereichen Sensibilisierung (für die Wahrnehmung von religiöser Pluralität und Vielfalt in der frühen Kindheit), Selbstreflexion sowie Erwerb von Professionswissen. Dabei ist das Ziel, Kita und Schule als Lebens- und Bildungsräume für Kinder so weiterzuentwickeln, dass sie in ihrer religiösen Individualität, Diversität und Differenz anerkannt werden und die Möglichkeit erhalten, auch ihre religiösen Erfahrungen und ihr religiöses Wissen im Sinne der Welterschließung zu verarbeiten und weiterzuentwickeln.

Literatur

Bamler, V.; Werner, J. und Wustmann, C. (2010): Lehrbuch Kindheitsforschung: Grundlagen, Zugänge und Methoden. Weinheim/München: Beltz Juventa.
Blaschke-Nacak, G. (2016): Muslimische Religiosität aus der Perspektive von Elementarpädagoginnen. In: G. Blaschke-Nacak und S. Hößl (Hrsg.): Islam und Sozialisation: Aktuelle Studien. Wiesbaden: Springer VS. S. 39–68.
Dommel, C. et al. (2018): Interreligiöses Lernen. In: I. Gogolin et al. (Hrsg.): Handbuch Interkulturelle Pädagogik. Bad Heilbrunn: UTB. S. 465–468.
Dubiski, K. et al. (2010): Religiöse Differenzwahrnehmung im Kindesalter. Eine qualitativ-empirische Untersuchung mit Kindern im Alter zwischen 4 und 6 Jahren. In: A. Edelbrock; F. Schweitzer und A. Biesinger (Hrsg.): Wie viele Götter sind im Himmel? Religiöse Differenzwahrnehmung im Kindesalter. Münster: Waxmann. S. 121–200.
Eckerle, S. (2001): Gott der Kinder. Eine Untersuchung zur religiösen Sozialisation von Kindern. In: W. Schwendemann et al.: Gott der Kinder – Ein Forschungsprojekt zu Bildern und Gottesvorstellungen von Kindern. Münster u. a.: LIT. S. 1–102 (= Schriftenreihe der Evangelischen Fachhochschule Freiburg 12).
Froese, R. (2007): One family, two religions: child belief or child grief in Christian–Muslim families? In: British Journal of Religious Education. S. 37–47.
Hoffmann, E. (2009): Interreligiöses Lernen im Kindergarten? Eine empirische Studie zum Umgang mit religiöser Vielfalt in Diskussionen mit Kindern zum Thema Tod. Münster: Lit.
Hülst, D. (2012): Das wissenschaftliche Verstehen von Kindern. In: F. Heinzel (Hrsg.): Methoden der Kindheitsforschung. 2., überarb. Aufl. Weinheim u. a.: Beltz Juventa. S. 52–77 (= Kindheiten).
Hurrelmann, K. und Quenzel, G. (2016): Lebensphase Jugend: Eine Einführung in die sozialwissenschaftliche Jugendforschung. 13. Aufl. Weinheim, Basel: Beltz Juventa.
Karakaşoğlu-Aydın, Y. (2000): Muslimische Religiosität und Erziehungsvorstellungen. Frankfurt/M.: IKO, Verl. für Interkulturelle Kommunikation (= Interdisziplinäre Studien zum Verhältnis von Migrationen, Ethnizität und gesellschaftlicher Multikulturalität; 12).
Karakaşoğlu, Y. und Klinkhammer, G. (2016): Religionsverhältnisse. In: P. Mecheril (Hrsg.): Handbuch Migrationspädagogik. Weinheim, Basel: Beltz. S. 294–310.
Klein, S. (2000): Gottesbilder von Mädchen. Stuttgart u. a.: Kohlhammer.
Klinkhammer, G. (2000): Moderne Formen islamischer Lebensführung. Eine qualitativ-empirische Untersuchung zur Religiosität sunnitisch geprägter Türkinnen der zweiten Generation in Deutschland. Marburg: diagonal-Verlag.
Lingen-Ali, U. und Mecheril, P. (2016): Religion als soziale Deutungspraxis. In: Österreichisches Religionspädagogisches Forum. S. 17–24. https://www.fachportal-paedagogik.de/literatur/vollanzeige.html?FId=1127803#vollanzeige.
Mecheril, P. und Plößer, M. (2009): Differenz. In: S. Andresen et al. (Hrsg.): Handwörterbuch Erziehungswissenschaft. Weinheim und Basel: Beltz. S. 194–208.
Mendl, H. (2009): Wie Kinder mit Differenz umgehen – Theologisieren mit Kindern im Kontext religiöser Pluralität. In: A. A. Bucher et al. (Hrsg.): »In den Himmel kommen

nur, die sich auch verstehen«. Wie Kinder über religiöse Differenz denken und sprechen. Stuttgart: Calwer. S. 23–38.

Orth, G. und Hanisch, H. (1998): Glauben entdecken – Religion lernen. Stuttgart: Calwer (= Calwer Taschenbibliothek; 68).

Poschadel, L. und Rieß, W. (2018): Vorstellungen von Grundschüler/-innen der vierten Klassenstufe zur Entstehung der Welt, des Lebens und des Menschen. Erschwert eine religiöse Sozialisation grundsätzlich den Erwerb von naturwissenschaftlichen Konzepten? In: Zeitschrift für Didaktik der Biologie (ZDB) – Biologie Lehren und Lernen 22. S. 49–62.

Schweitzer, F. (2009): Wie Kinder und Jugendliche religiöse Differenz wahrnehmen – Möglichkeiten und Grenzen der Orientierung in der religiösen Pluralität. In: A. A. Bucher et al. (Hrsg.): »In den Himmel kommen nur, die sich auch verstehen«. Wie Kinder über religiöse Differenz denken und sprechen. Stuttgart: Calwer. S. 39–49.

Schweitzer, F.; Biesinger, A. und Edelbrock, A. (Hrsg.) (2008): Mein Gott – Dein Gott: Interkulturelle und interreligiöse Bildung in Kindertagesstätten. Weinheim/Basel: Beltz.

Schweitzer, F. und Dubiski, K. (2012): Wie Kinder mit religiöser Differenz umgehen. Prozesse von Konstruktion und Ko-Konstruktion in der religiösen Fremdwahrnehmung. In: I. Noth und R. Kunz (Hrsg.): Nachdenkliche Seelsorge – seelsorgliches Nachdenken. Göttingen: Vandenhoeck & Ruprecht. S. 296–310 (= Arbeiten zur Pastoraltheologie, Liturgik und Hymnologie).

Schweitzer, F.; Wolking, L. und Boschki, R. (Hrsg.) (2020): Interkulturell-interreligiös sensible Bildung in Kindertageseinrichtungen: Ergebnisse der wissenschaftlichen Begleitung von Praxisprojekten der Stiftung Kinderland Baden-Württemberg. Münster: Waxmann.

Stockinger, H. (2017): Umgang mit religiöser Differenz im Kindergarten. Eine ethnographische Studie an Einrichtungen in katholischer und islamischer Trägerschaft. Münster: Waxmann.

Szagun, A. und Pfister, S. (2017): Wie kommt Gott in Kinderköpfe? Praxis frühen religiösen Lernens. Gera: Garamond.

Tietze, N. (2001): Islamische Identitäten. Hamburg: Hamburger Ed.

Tressat, M. (2011): Muslimische Adoleszenz? Frankfurt/M. u. a.: Lang.

Ulfat, F. (2017): Die Selbstrelationierung muslimischer Kinder zu Gott: Eine empirische Studie über die Gottesbeziehungen muslimischer Kinder als reflexiver Beitrag zur Didaktik des Islamischen Religionsunterrichts. Paderborn: Schöningh.

Wustrack, S. (2009): Religionspädagogische Arbeit im evangelischen Kindergarten: Grundlegung und Praxis. Stuttgart: Kohlhammer.

5 Rassismuskritische Perspektiven auf Kindheit. Eine diversitätspädagogische Perspektivierung der Anerkennungsfunktion didaktischer Medien

Maisha-Maureen Auma

Im ersten Teil dieses Beitrages skizziere ich Wirkungsdimensionen rassistisch geprägter Marginalisierungsrealitäten in ihrer Relevanz für die Bedingungen des Aufwachsens im Allgemeinen und im Spezifischen für die der frühen Kindheit. Inhaltlicher Ausgangspunkt des Beitrags ist hier ein analytischer Blick auf die Aktualität und Dringlichkeit intersektional-rassismuskritischer Gesellschaftsanalysen. Davon ausgehend erläutere ich diversitätspädagogische Strategien des Umgangs mit dieser anhaltenden Marginalisierungsrealität und ihrer subjektivierenden Wirkung. Im zweiten Teil meines Beitrags wende ich mich einem spezifischen Feld der intersektional-rassismuskritischen Analyse und diversitätspädagogischen Bearbeitung von Marginalisierung und rassistisch geprägter Subjektivierung zu. Dies geschieht am Beispiel der Kritik an rassistisch geprägten Konstruktionen didaktischer Kindermedien, insbesondere der Kinder- und Jugendliteratur. Im Fokus meiner Betrachtung steht hierbei das Destigmatisierungspotential didaktischer Kindermedien. Ich skizziere dazu zunächst Muster rassistisch geprägter Marginalisierung in Kindermedien, um dann anschließend diversitätspädagogische Strategien ihrer Bearbeitung vorzuschlagen.

5.1 Rassismus als in der frühen Kindheit wirksame Marginalisierungserfahrung

Rassismus gehört in Deutschland zur gesellschaftlichen Normalität (Mecheril, 2007, S. 3), »Rassismus bildet« (Mecheril und Broden, 2010, S. 7). Diese ernüchternden Diagnosen beziehen sich auf die anhaltende Realität rassistisch geprägter Normen und Ordnungen, ihrer Unterscheidungs- und Hierarchisierungspraxen und machtvollen Wirkung. Rassistische Marginalisierung betrifft nicht nur die ungleiche Verteilung von Ressourcen, vielmehr ist rassistisch geprägtes Ordnen fester Bestandteil der sozialen Wirklichkeit (Lamont et al., 2016; Eggers, 2012; MacNaughton und Davis, 2009; Milner, 1975). Es offenbart sich in Selbstverständlichkeiten und Alltagsroutinen sowie in institutionellen und interaktiven Praktiken, so auch in Einrichtungen der frühen Kindheit (Preissing und Wagner, 2003; Machold, 2015; Miller, 2015). In diesem Sinne beeinflussen rassistisch geprägte Normen – u. a. repräsentiert in Kindermedien – auch Erziehungs- und Bildungsprozesse in Institutionen früher Kindheit (Mecheril und Broden, 2010).

5.1 Rassismus als in der frühen Kindheit wirksame Marginalisierungserfahrung

Auf einer makrostrukturellen, gesamtgesellschaftlichen Ebene wirkt sich rassistisches Ordnen als ein anhaltender ›Mangel an Respekt‹ gegenüber rassistisch markierten Subjekten und Gruppen (Lamont et al., 2016), als beständige Angriffe auf den Selbstwert sowie auf die Körper rassistisch marginalisierter Subjekte und Gruppen aus (Lamont et al., 2016; Miller, 2015). Ein solches rassistisches Ordnen äußert sich in dehumanisierenden Behandlungsweisen (Lamont et al., 2016; Auma, Kinder und Piesche, 2019). Auf einer mesostrukturellen, institutionellen Ebene wirkt rassistisches Ordnen durch die Alltagstrukturen, Diskurse und Routinen gesellschaftlicher Organisationen. Es betrifft Inhalte, Medien, Regeln sowie Entscheidungs- und Kommunikationsroutinen von Einrichtungen, auch die der frühen Kindheit (Preissing und Wagner, 2003; Machold, 2015). Und schließlich wirkt rassistisches Ordnen auf einer mikrogesellschaftlichen, intersubjektiven Ebene. Rassistisch geprägte Normen werden in alltäglichen sozialen Konstruktionsprozessen interaktiv aufgegriffen, bestätigt, verstärkt, aber auch in Teilen verunsichert oder gar unterwandert (Machold, 2015). Rassismusrelevante Herstellungspraxen von Kindern untereinander, im Rahmen von Peer-Sozialisation, sowie in Form der Interaktion von Kindern mit pädagogischen Professionellen und mit den (rassistisch marginalisierten) Angehörigen ihrer Peers, bringen rassistisch geprägte Normalitäten (Unterscheidungs- und Hierarchisierungswissen bspw.) zum Ausdruck (Miller, 2015; Eggers, 2012; Wagner und Sulzer, 2009; Machold, 2015).

Struktureller Rassismus und seine Intersektionen wirken sich auf die Bedingungen des Aufwachsens rassistisch stigmatisierter Kinder und Jugendlicher auch in Deutschland aus (vgl. Auma, Kinder und Piesche, 2019). Insbesondere rassistisch geprägte Tötungen beeinflussen die Subjektivierungsprozesse rassistisch marginalisierter Kinder und Jugendlicher. Schwarze Kinder und andere rassistisch marginalisierte Kinder und Jugendliche, insbesondere diejenigen, die in ressourcenarmen Nachbarschaften leben, sind von einem Teufelskreis alltäglicher rassistisch geprägter Stigmatisierung bedroht (vgl. Wheatle, 2017; Brody, 2018), der sich in institutioneller Vernachlässigung, ungleich verteilten Gesundheitsressourcen, fehlendem arbeitsrechtlichem Schutz der Eltern, *Racial Profiling* und gewaltbelasteten Auseinandersetzungen mit ordnungs- und sicherheitspolitischen Kräften sowie Erfahrungen von institutionalisierter Abwertung ausdrückt (Wheatle, 2017; Brody, 2018). Faktisch bedeutet es, dass diese Kinder, Jugendlichen und ihre Familien in prekären Verhältnissen mit wenig sozialer Anerkennung aufwachsen und über sehr eingeschränkte Teilhabe- und Einflusschancen zur Mitgestaltung von Gesellschaft verfügen.

5.1.1 Rassistisch geprägte Normalität im Brennglas des Jahres 2020

In Deutschland gibt es seit 2015 eine Solidarisierungsbewegung mit #BlackLivesMatter (Auma, 2020). Auch in Deutschland gibt es inzwischen eine öffentlich dokumentierte Geschichte von Polizeigewalt gegen rassistisch dehumanisierte Gruppen und rassistisch geprägte Hassmorde durch weiße rechtsextreme Täter-

*innen (Bundeszentrale für politische Bildung, 2018; Jakob, 2019; Odoi, 2004).¹ Wie auch in den USA haben Kinder und Enkelkinder der Opfer rassistischer Gewalt (u. a. durch den NSU) dadurch erfahren müssen, wie alltäglich für sie die z. T. tödliche Bedrohung durch Rassismus ist und Vertrauensverlust erlitten durch ein Versagen staatlicher Instanzen bei der Verfolgung und Ahndung der Taten.² Durch die öffentliche Aufmerksamkeit, die die #BlackLivesMatter Bewegung infolge der Proteste um die Tötung George Floyds³ auch in Deutschland erhalten hat, scheint die Bereitschaft, rassistisch geprägte Stigmatisierungen zu thematisieren, gestiegen zu sein (Auma, 2020). Es verwundert daher nicht, dass #BlackLivesMatter-Demonstrationen nach der Tötung von George Floyd und trotz der Corona-Pandemie im Sommer 2020 in über zwanzig deutschen Städten stattfanden (Auma, 2020; Sowe, 2020).

Dies als Ausgangspunkt nehmend fragt der Beitrag: Welcher Möglichkeitsraum öffnet sich durch die Fokussierung auf die Realität rassistischer Dehumanisierung für rassismuskritische Auseinandersetzungen, für rassismuskritische Akteur*innen im Kontext der Gestaltung frühkindlicher Bildungsprozesse? Welche diversitätspädagogischen Fragen drängen sich vor dem Hintergrund der entfalteten Perspektive auf? Wie lassen sich diese Marginalisierungsrealitäten und Erfahrungen von Stigmatisierung und Dehumanisierung rassistisch markierter Kinder aufgreifen, thematisieren und bearbeiten im Kontext frühkindlicher Bildung in und durch didaktische Kinder- und Jugendmedien?

---

1 Im Spiegel der Tötung von George Floyd stehen die Tötungen von Mareame N'Deye Sarr (26 Jahre alt, 2001 in Aschaffenburg), Oury Jalloh (37 Jahre alt, 2005 in Dessau), Dominique Koumadio (23 Jahre alt, 2006 in Dortmund), Christy Schwundeck (40 Jahre alt, 2011 in Frankfurt am Main), William Tonou-Mbobda (34 Jahre alt, 2019 in Hamburg) und zahlreichen weiteren Schwarzen Menschen, die auch in Deutschland aufgrund instituierter Formen rassistischer Abwertung und Geringschätzung von Schwarzen Leben starben (Bayraktar, 2020, Auma, Kinder und Piesche, 2019; Odoi, 2004). Sowohl Mareame N'Deye Sarr als auch Oury Jalloh hatten zum Zeitpunkt ihrer Tötung sehr kleine Kinder, einen 2-jährigen Sohn und einen 1-jährigen Sohn (Jakob, 2019; Umbruch Bildarchiv, 2001). Beide führten zudem Auseinandersetzungen um das Sorgerecht mit mehreren Ämtern in Aschaffenburg/Köln und Dessau (Umbruch Bildarchiv, 2001; Odoi, 2004).

2 Die öffentliche Tötung des 46-jährigen George Floyd am 25. Mai 2020, die Videoaufzeichnung seines 8 Minuten und 46 Sekunden andauernden Todeskampfes durch die 17-jährige Zeugin Darnella Frazier sowie die anschließende Veröffentlichung ihres gefilmten Materials über Social Media führten zu einer transnationalen Schockreaktion auf die verheerenden Folgen der Kriminalisierung von Schwarzem Leben (Del Real, Samuels und Craig, 2020; Sharma, 2020, Black Lives Matter, 2020a).

3 Das jüngste Kind George Floyds, Gianna Floyd, war zum Zeitpunkt seiner Tötung gerade einmal 6 Jahre alt. Nicht einmal drei Monate später wurde ein Schwarzer Bürger des Bundesstaates Wisconsin, der 29-jährige Jacob Blake, vor den Augen seiner drei Kinder im Alter von 3, 5 und 8 Jahren lebensgefährlich von der Polizei verletzt. Jacob Blake überlebte zwar die sieben aus nächster Nähe abgegebenen Schüsse, ist jedoch infolge der massiven Gewaltanwendung seitdem von der Hüfte an querschnittsgelähmt. In einer weiteren, auch durch die #BlackLivesMatter-Bewegung publik gemachten Tötung des 32-jährigen Philando Castile durch die Polizei saß die 4-jährige Tochter seiner Lebenspartnerin auf dem Rücksitz, als ein Polizeibeamter ihn in seinem eigenen Auto erschoss (vgl. Lussenhop, 2017; Black Lives Matter, 2020a).

5.1.2 Der Ansatz intersektionaler Gerechtigkeit nach Crenshaw (1994)

Ausgangspunkt meiner diversitätspädagogischen Bearbeitung dieser Fragen sind die beiden von Crenshaw entworfenen Konzeptionen der ›Intersektionalen Gerechtigkeit‹ und der ›Politischen Intersektionalität‹ (vgl. Crenshaw, 1994). Unter Intersektionalität bezieht sich Crenshaw im Wesentlichen auf zwei Dynamiken. Erstens hebt sie solche Subjekte und soziale Gruppen hervor, die von mehr als einem Diskriminierungsmuster stark getroffen sind und deren gleichberechtigte Teilhabe dadurch erschwert oder verhindert wird (rassistische Marginalisierung, sexistische Marginalisierung, klassenbezogene Marginalisierung, körpernorm-geprägte Marginalisierung, heteronormativ-verursachte Marginalisierung usw.). Und zweitens hebt sie hervor, dass die spezifischen, überlagerten Formen und Muster des Ausschlusses zu einem mangelnden Diskriminierungsschutz führen, weil sie weder in Antidiskriminierungsdiskursen und Praktiken noch in den Diskursen und Praktiken der feministischen und der antirassistischen Bewegungen als Priorität behandelt werden (Crenshaw, 1994). Hieraus leitet Crenshaw ihren Anspruch der Politischen Intersektionalität ab: Intersektionale Strategien müssen beide Marginalisierungslinien berücksichtigen – die Realität, aufgrund der mehrfachen Zugehörigkeit zu stigmatisierten Gruppen einer härteren Diskriminierung ausgesetzt zu sein, sowie die Realität, aufgrund von weiteren Marginalisierungsdynamiken innerhalb der marginalisierten Gruppe selbst weniger Schutz mobilisieren zu können. In Anlehnung an Crenshaws Konzept der Politischen Intersektionalität müssen sich Veränderungsstrategien, Gerechtigkeitsstrategien, Anerkennungsstrategien, Inklusionsstrategien, Umverteilungsstrategien, Destigmatisierungsstrategien – alles auch gewichtige pädagogische Strategien für die Erhöhung von Diversität – daran messen lassen, inwiefern sie imstande sind, die hohen Diskriminierungsrisiken der am stärksten marginalisierten Zugehörigen einer sozialen Gruppe zu adressieren, um ihre Situation der Mehrfachmarginalisierung zu verbessern (vgl. Crenshaw, 1994, S. 97; Yoshida, 2013, S. 195). Die Perspektive dieses Ansatzes ist leitend für die folgende kritische Betrachtung didaktischer Kindermedien.

5.2 Eine diversitätspädagogische Perspektivierung des Destigmatisierungspotentials didaktischer Kindermedien

Aus diversitätstheoretischer und diversitätspädagogischer Perspektive befasse ich mich im Rahmen dieses Beitrags mit jenem Ausschnitt pädagogisch-didaktischer Einflussnahme, der u. a. durch den Einsatz von Kinder- und Jugendmedien, insbesondere Kinder- und Jugendliteratur entsteht (vgl. Decke-Cornill, 2005; Kliewer, 2009; Grawan, 2014). Ich befasse mich also mit den sekundären Wirklichkeitsmodellen[4], die hyperdiverse[5] Kinder und Jugendliche adressieren (Decke-Cornill, 2005). Diese Medien betrachte ich in ihrem Potential, täglich erfahrene rassistische Dehumanisierungen zu thematisieren, verständlich zu machen sowie Reflexions- und Veränderungsstrategien zu entwerfen und zu vermitteln (Auma, Kinder und Piesche, 2019a). Inwiefern tragen didaktische Kindermedien zu einer rassismuskritischen Stellungnahme und zum Empowerment stigmatisierter Kinder und ihrer Angehörigen bei? Ich frage aber auch, inwiefern Kindermedien zur Fortschreibung von (Anti-Schwarzem) Rassismus beitragen und wie diversitätspädagogische Antwortversuche auf diese Fragen aussehen können.

Die These »Rassismus bildet« (Mecheril und Broden, 2010) fokussiert die Bildungsdimension rassistisch geprägter Normalität. Eine ähnliche lautende Kritik formulieren Miller, Masad und Myers, die von einer rassistisch geprägten (Dominanz-)Kultur sprechen, die problematische Lektionen vor allem für rassistisch stigmatisierte Kinder bereithalte (Miller, 2015; Masad, 2016; Myers, 2014). Diese dominanzgeprägte Realität zwinge rassistisch stigmatisierte Kinder und andere mehrfachmarginalisierte Kinder faktisch, zwischen den mit normalisiertem Rassismus aufgeladenen Inhalten lesen zu lernen (Masad, 2016; Myers, 2014). Eine intersektional-rassismuskritische Betrachtungsweise von Kindermedien konkretisiert sich in meiner Perspektive erst durch die eingehende Auseinandersetzung mit der Lage unterschiedlicher (mehrfach-) marginalisierter, stigmatisierter und stark unterrepräsentierter sozialer Gruppen.

5.2.1 Muster von Dis-Empowerment in nordamerikanischen Kinder- und Jugendmedien

Aus geschlechtertheoretischer Perspektive ist eine Studie der Florida State University »Gender in Twentieth-Century Children's Books: Patterns of Disparity in Titles and Central Characters« aufschlussreich für das hier entfaltete Verständnis des Repräsentationsgefälles (Gender Gap) in der Kinderliteratur (FSU News, 2011; McCabe et al., 2011). Obwohl es sich lediglich um fiktive Figuren, also um imaginierte Charaktere in Kinderbüchern handelt, weisen die Geschlechtersoziolog*innen in dieser Studie eine extrem männliche und maskulinistische Domi-

---

4 Sekundäre Wirklichkeitsmodelle bezeichnen aus der Perspektive der Literaturdidaktik literarische Abbildungen der sozialen Welt (sozialer Systeme). Dabei gilt Literatur als Sinnbildungssystem, innerhalb dessen Wirklichkeitskonstruktionen in Sinnerzeugungsprozessen erstellt werden. Im Gegensatz zu einer Direkterfahrung von Wirklichkeit geht es hier um eine vermittelte Erfahrung. Die Wirklichkeitskonstruktion wird per Symbolsystem Sprache (und Bildersprache) vermittelt (vgl. Decke-Cornill, 2007, S. 244).
5 Mit ihrer Studie zu »hyper-diverse European Cities« untersuchen Tasan-Kok et al. das komplexe Wechselverhältnis zwischen zugeschriebenem Status mit Alltagspraktiken, Lebensstilen, Sub-Gruppen, Affinitäten, Netzwerkressourcen und Materialitäten. Sie stellen fest, dass in Teilen paradoxe neue Konstellationen und Formen der sozialen Mobilität durch hyper-diverse Realitäten entstehen können, die sogar dazu führen, dass majorisierte und minorisierte Verhältnisse in Teilen durcheinandergeworfen und verunsichert werden (vgl. Tasan-Kok et al., 2014).

nanz nach (McCabe et al., 2011). Diese Studie untersuchte 6.000 nordamerikanische Kinderbücher, alle erschienen im 20. Jahrhundert (1900–2000). Dieser Textkorpus an Kinderbüchern wurde aus drei Quellen generiert; erstens aus einem prominenten Kinderbuchpreis (*Caldecott Award*), zweitens aus einem prominenten Kinderbuchkatalog (*the Children's Catalog*) und drittens aus einer Kinderbuchserie mit einer sehr hohen Auflage und damit auch Reichweite (*Little Golden Books*).[6] Ein zentraler Befund bezieht sich auf die Genderrepräsentationen in den untersuchten Büchern. So wurde festgestellt, dass in dem untersuchten Korpus männlich kodierte Protagonisten, sobald erwachsene Männer und männliche Tierfiguren zusammengezählt werden, in 100 % des Samples repräsentiert sind. Erwachsene Frauen und weibliche Tierfiguren sind im Vergleich hingegen nur in einem Drittel (33 %) des untersuchten Samples repräsentiert (Science Daily, 2011). Die Verschiebung des hierarchischen geschlechtlichen Ordnens auf Tierfiguren und Fantasiefiguren wird auch in der Darstellung der Diversitätsdimension rassistischer Marginalisierung festgestellt (vgl. Horning, 2013; Romo, 2013). Auf der Basis einer deskriptiven Statistik (Diversity Gap Studies), erstellt im Rahmen einer Längsschnittstudie der Cooperative Children's Book Center (CCBC in Madison/Wisconsin), heben Huyck und Park Dahlen die eklatante Unterrepräsentanz rassistisch marginalisierter Kinder im Vergleich zur Überrepräsentanz von Tier- und Fantasiefiguren – inklusive unbelebter Hauptfiguren wie sprechende Bagger oder Feuerwehrwagen, hervor (vgl. CCBC, 2020; Stechyson, 2019). Von den im Jahr 2015 von der CCBC untersuchten ca. 3.000 Neuerscheinungen repräsentierten 73,3 % des Samples weiße Kinder als Hauptprotagonist*innen, 12,5 % repräsentierten Tierfiguren und Fantasiefiguren und 14,2 % repräsentierten alle im Kontext der USA rassistisch marginalisierten Gruppen[7] zusammengenommen (Stechyson, 2019). Für das Jahr 2018 verschob sich das Bild dahingehend, dass 50 % der Hauptfiguren weiße Kinder waren, ganze 27 % der Hauptfiguren waren nun Tierfiguren und Fantasiefiguren und 23 % der Hauptfiguren bildet die Gesamtheit aller rassistisch marginalisierten Gruppen (Stechyson, 2019). Es stellt sich die Frage, warum es einfacher erscheint, Tier- und Fantasiefiguren zu repräsentieren, oder andersherum gefragt, warum es scheinbar so »schwer« ist, BIPoC Kinder/Figuren zu imaginieren und zu entwerfen.

---

6 Das Äquivalent zu den drei Quellen sind: der deutsche Kinder- und Jugendliteraturpreis (Kategorie Bilderbuch); die ›ekz-Rezensionen‹, jährlich erscheinende Kataloge der Einkaufszentrale für öffentliche Büchereien, ekz-Bibliotheksservice GmbH in Reutlingen, ein zentraler Dienstleister für Bibliotheken und eine auflagenstarke Kinderbuchserie, bspw. die Conni-Bücher (diese thematisieren unterschiedliche Episoden mit der gleichen Hauptprotagonistin, während die Little Golden Books als Dach fungieren für alle möglichen Konstellationen von Kindererzählungen).
7 BIPoC, Black, Indigenous and People of Color im US-Kontext; First Nation/First People, African Americans, Latinx, Asian Americans und Pacific Islanders (vgl. Stechyson, 2019).

5.2.2 Muster von Dis-Empowerment in deutschen Kinder- und Jugendmedien

Noch problematischer als im nordamerikanischen Kontext stellt sich unter intersektional-rassismuskritischer Perspektive die Berücksichtigung einer der gesellschaftlichen Realität entsprechenden Repräsentation von rassistisch markierten Kindern und Familien in deutschen Kindermedien dar (vgl. Auma, 2020a; Auma, 2018). Eine vergleichbar umfassende, deskriptive Statistik liegt für den deutschsprachigen Raum nicht vor. Vielmehr sind die Studien zu rassistisch geprägten Normen und rassistischem Ordnen in der Kinderliteratur punktuelle Studien mit viel kleineren Samples im Vergleich zur zitierten Studie »Gender in Twentieth-Century Children's Books«. Zusammenfassend kann mit Blick auf rassimuskritische Untersuchungen deutschsprachiger Kinderliteratur festgestellt werden, dass rassistisch marginalisierte Hauptprotagonist*innen in vielen Fällen entweder exkludiert oder aber karikierend oder stigmatisierend repräsentiert sind (Bochmann und Staufer, 2013; Grawan, 2014; Kliewer, 2009; Mörsch, 2018; Wolters, 2016). Teilweise kann sogar von dämonisierenden Repräsentationen gesprochen werden. Rassistisch markierte Figuren in der Kinderliteratur werden häufig in Verbindung gebracht mit barbarischen Praktiken wie Kannibalismus (vgl. Bochmann und Staufer, 2013, S. 4). Ein Beispiel dafür ist etwa die Reihe ›Die Abenteuer von Lurchi‹, dem kleinen Salamander der gleichnamigen Kinderschuhmarke (›Lurchi bei den Wilden‹, vgl. Bochmann und Staufer, 2013, S. 7). Lurchi malt sich schwarz an und wird sogar dadurch in der 4. Auflage der Lurchi-Hefte 2009 zum kleinen N*****lein (vgl. Bochmann und Staufer, 2013, S. 4). Das impliziert, dass Lurchi weiß imaginiert wurde, obwohl er ein Tier ist. In einem Arbeitspapier der Bundesprüfstelle für jugendgefährdende Medien diskutieren Bochmann und Staufer die Relevanz des gesetzlichen Jugendmedienschutzes angesichts der gesellschaftlichen Debatten über die sprachliche Überarbeitung rassistisch geprägter Begriffe in Kinderbüchern. Ihr Anliegen kontextualisieren sie als eine Auseinandersetzung mit politischer Korrektheit in Kinderbüchern. Sie prüfen, ob Anlass dazu besteht, durch die Bundesprüfstelle auch rassistische Repräsentationen einzubeziehen (vgl. Bochmann und Staufer, 2013, S. 1). Zu den von ihnen untersuchten Werken gehören als Klassiker der Kinderliteratur gefeierte Werke wie ›Die kleine Hexe‹, ›Pippi Langstrumpf‹, ›Die Hexe Lilli‹, ›Das kleine Gespenst‹, ›Max und Moritz‹, ›Die Mundorgel‹, ›Der Struwwelpeter‹, ›Die Rache des Elephanten‹, ›Jim Knopf‹, ›Die Konferenz der Tiere‹, aber auch Comics wie ›Tim und Struppi‹ (vgl. Bochmann und Staufer, 2013, S. 4–6). Bochmann und Staufer untersuchen also nicht die Normalisierung rassistisch geprägter Diskurse und Bildverhältnisse, sondern fragen nach der vermittelnden Rolle des Jugendschutzes zwischen der Durchsetzung von politischer Korrektheit und der Wahrung von Werktreue. Dieses Dokument ist zwar ein für den deutschsprachigen Raum bedeutender Schritt einer jugendschutzrechtlichen Kontextualisierung, die in Kindermedien enthaltenen Diskriminierungsrisiken sichtbar zu machen. Es fehlt aber eine entscheidende machtkritische Einordnung. So bleibt etwa die nahezu komplett weiße Welt der Conni-Bücher unhinterfragt als eine monokulturelle *Pleasantville*-Fassade[8], die wenig mit der hyperdiversen postmigrantischen Gegenwart der kindlichen Bevölkerung Deutschlands zu tun hat. Solche Repräsentationen universalisieren die Erfahrung weißer, christlich geprägter, bürgerlicher Kinder und heteronormative Familienverhältnisse als die prototypisch menschliche Erfahrung. Kindermedien besitzen – mit Erevelles gesprochen – eine ungeheure Normalisierungsmacht (Erevelles, 2005, S. 423). Das gilt auch für die Kinderliteratur.

Zusammenfassend lässt sich feststellen, dass in der (deutschen) Kinderliteratur eine Normalisierung von rassistisch geprägten Diskursen und Bildverhältnissen vorherrscht, die zu Dis-Empowerment rassistisch markierter Kinder beiträgt. Ich bezeichne die Missrepräsentation rassistisch stigmatisierter Kinder und ihrer Angehörigen als eine toxische Repräsentation, weil sie diese Gruppen beständig dehumanisiert (vgl. Auma, 2020a). Das rassistische Wissen, welches über diese sozialen Gruppen vermittelt wird (sie sind barbarisch, sie töten einander und andere grundlos, sie fressen Menschen, ihre Familien sind pathologisch, sie sind nicht imstande ihre Kinder zu erziehen) bezeichne ich als eine Form der kulturellen Gewalt (vgl. Auma, 2020a, 2021). In dem Sinne, in dem die Imaginationen/Fiktionen wiederkehrend rassistische Motive aufrufen und so eine kulturelle Gewalt fortschreiben, spreche ich von schädlichen Fiktionen (vgl. Auma, 2020a, 2021). Schädliche Fiktionen sind in meinem Verständnis Differenzerzählungen oder Hierarchieerzählungen, deren subjektivierende Funktion im Wesentlichen darin besteht, an rassistisch marginalisierten Kindern vorbeizusprechen bzw. ihre Exklusion durch eine Nicht-Adressierung zu zementieren (vgl. Yildiz, 1993; Mörsch, 2018). Gleichzeitig sind die rassistisch geprägten Diskurse eigentlich weißzentrisch und westzentrisch und als solche an ein weißes Publikum gerichtet, welches – bezogen auf nicht-weiße Repräsentation – sensationalistische wie auch mitleids- und ekelerregende Inhalte in Text und Bild konsumieren soll (vgl. Mörsch, 2018). Weiße Kinder werden durch das systematische Dominantsetzen ihrer Lebensbezüge dazu aufgerufen, die Dehumanisierung rassistisch stigmatisierter »Anderer« zu ignorieren und zu normalisieren (vgl. Sims Bishop, 1990). Derartige Erzählungsmuster tragen so eher zu sozialen Grenzziehungen bei und verwirken dabei ihr empathie- und anerkennungsstiftendes Potential (Auma, 2021).

5.3 Ausblick: Prozesse der Destigmatisierung als Empowerment-, Normalisierungs- und Dekonstruktionsarbeit

Im abschließenden Teil meines Beitrags befasse ich mich mit möglichen Schritten einer Destigmatisierungsarbeit, die sich als ein unerlässlicher Bestandteil (diversi-

---

8 Eine ›sanitized‹, also steril-gemachte Repräsentation des Lebens, welche ein oberflächlich harmonisiertes Abbild der sozialen Wirklichkeit aufruft und normalisiert.

täts-)pädagogischer Antworten auf rassistische Marginalisierungsrealitäten in der Kindheit und in Kindermedien formulieren lässt (Lamont et al., 2018; Lamont, 2018). Lamont et al. verstehen *Stigmatisierung* als Angriff auf den Selbstwert und auf die Selbstachtung marginalisierter Subjekte und Kollektive. Stigmatisierende Behandlungsweisen bestehen darin, systematisch unterschätzt, ignoriert, übersehen oder stereotyp dargestellt zu werden (Lamont et al., 2016, S. 18). In ihrer Summe erkennen solche Angriffe die vollständige Humanität stigmatisierter Gruppen faktisch ab. Ergebnis solcher Stigmatisierungsprozesse der hierarchisierten Wertschätzung oder Verweigerung einer gesellschaftlichen Wertschätzung ist die Entstehung und Normalisierung eines Anerkennungsgefälles (Recognition Gap, vgl. Lamont, 2018, S. 420–422). In ihren empirischen Analysen loten Lamont et al. diejenigen soziohistorischen Bedingungen aus, unter denen Gruppen auf einen nachrangigen (geringeren) gesellschaftlichen Status verwiesen werden. Sie untersuchen die damit einhergehende Geringschätzung der Fähigkeiten marginalisierter Gruppen. Institutionen kommt dabei eine entscheidende Rolle zu. Sie können die bestehende Marginalisierung ignorieren oder sogar verstärken, indem sie kulturelle Hegemonien normalisieren (rassistisch geprägte Darstellungen in Schulbüchern bspw.). Sie können aber auch marginalisierte Gruppen als vulnerable Gruppen adressieren und gezielt Prozesse zu deren *Destigmatisierung* einleiten (Lamont et al., 2016, S. 18; Lamont, 2018, S. 422). Destigmatisierung bedeutet daher eine angeleitete Wiederherstellung des Selbstwertes gesellschaftlich entwerteter Gruppen. Mit Blick auf Exklusionsrealitäten gilt es die Bedingungen zu untersuchen, unter denen der gesellschaftliche Status von marginalisierten Gruppen verbessert werden kann (Lamont, 2018, S. 422). Institutionelle Destigmatisierung verstehen Lamont et al. daher als die gezielte Einleitung von Prozessen und Maßnahmen, die Realitäten der Entwertung ernst nehmen und diese konkret entlasten. Wesentlich für solche Prozesse der Destigmatisierung sind die Sinnstrukturen, die Selbstbilder und Narrationen (*kulturellen Repertoires*) der stigmatisierten Gruppen selbst, in denen Angehörige der Gruppe als zur Gesellschaft beitragende Subjekte dargestellt werden. Solche Erzählungen, Interpretationen der sozialen Wirklichkeit und Erzählungen (bspw. *Black History Month*, #BlackLivesMatterBewegung, Afrofuturism) bezeichnen Lamont et al. als mikrokulturelle Ressourcen der Wiederherstellung von Selbstwert (Lamont, 2018, S. 282). Institutionen können diese mikrokulturellen Lösungsversuche (*responses to exclusion*) von stigmatisierten Subjekten und Kollektiven fördern oder verhindern. Solche Ressourcen werden vor allem von sozialkritischen Bewegungen gebündelt und zur Verfügung gestellten (Lamont, 2018, S. 282).

Destigmatisierungsarbeit erfordert ein komplexes Aufeinanderbeziehen unterschiedlicher Ebenen der Sichtbarmachung von Marginalisierung (*Empowerment*) und der gleichzeitigen Relativierung dominanzgesellschaftlicher Normen (*Dekonstruktion*). Sie beinhaltet zugleich die Herstellung einer inklusiven Normalität (*Normalisierung*). Ein hilfreicher konzeptioneller Rahmen für das Zusammendenken unterschiedlicher Dimensionen der Destigmatisierung ist Bogers Trilemma-Modell (vgl. Boger, 2017).[9] Dieses kann als Erweiterung der geschlechtertheoretischen Gerechtigkeitskonzeption Knapps betrachtet werden (Knapp, 1997). Knapps Konzeption gründet darauf, dass Empowerment (bspw. Standpunkttheorien), Dekonstruktion (queerfeministische, sprachphilosophische Interventionen) und Normalisierung (gleichstellungspolitische Inklusions-Konzeptionen) grundlegend sind, um die hierarchische Geschlechterordnung in Bewegung zu bringen, ihre Normalisierungsmacht zu unterwandern sowie um Prozesse der Ent-Marginalisierung von durch die Ordnung Diskriminierten anzustoßen (Knapp, 1997, S. 73). Die drei Gerechtigkeitsparadigmen Empowerment, Dekonstruktion und Normalisierung können dabei als sich gegenseitig korrigierende Leitlinien begriffen werden (Knapp, 1997, S. 77). Diese Leitlinien bedingen einander und sind erst durch ihr spannungsreiches Zusammenspiel wirksam. Jedes Paradigma, isoliert umgesetzt, führt lediglich in ein bereits bekanntes Dilemma hinein: Differenzen werden entweder überbetont und damit absolut gesetzt (Empowerment) oder Differenzen/Hierarchien werden de-thematisiert, weil sie zu früh egalisiert oder verflüssigt werden (Dekonstruktion), oder aber die Normalität, an der die Exkludierten beteiligt werden sollen (Normalisierung), wird zementiert und damit als unveränderbar festgeschrieben. Die Normalisierung wird dann nicht hinterfragt und behält daher ihre Definitionsmacht (Auma, 2020b). Bogers Konzeption des trilemmatischen Einbezugs von Empowerment (*De-Pathologisierung*), Normalisierung (*De-Marginalisierung*) und Dekonstruktion (*De-Naturalisierung*) geht ebenfalls davon aus, dass diese Gerechtigkeitsstrategien unerlässlich sind, um Inklusion und damit Diversifizierung herzustellen (Boger, 2017). Das Trilemma bestehe jedoch darin, dass die drei Strategien sich in Adressierungen und Zielverfolgung teilweise gegenseitig blockieren müssen, weil ihre unterschiedlichen Mobilisierungs- und Bezugspunkte konflikthaft verbunden sind (Auma, 2020b). Eine kreative Arbeit mit diesen gegenseitigen, zeitweiligen Blockaden sei aber eine notwendige Voraussetzung, um Gerechtigkeit, Inklusion und Diversität herzustellen (vgl. Boger, 2017).

Die afrikanisch-amerikanische Erziehungswissenschaftlerin Rudine Sims Bishop bringt die damit verbundene diversitätspädagogische Frage wie folgt auf den Punkt:

> »When children cannot find themselves reflected in the books they read, or when the images they see are distorted, negative, or laughable, they learn a powerful lesson about how they are devalued in the society of which they are a part.« (Bishop, 1990, S. 1)

Kinder, insbesondere mehrfach marginalisierte Kinder und Jugendliche, brauchen in der Sprache von Bishop ›Spiegel‹, damit sie sich in ›Erzählungen des Lebens‹ wiederfinden und damit sie in sekundären Wirklichkeitsmodellen handelnd vorkommen. Sie brauchen nach Bishop zudem ›Fenster‹, also Öffnungen

---

9 Das Trilemma-Modell ist eine gegenstandsbezogene theoretische Konzeption aus der Inklusionsforschung. Sie wurde aus der empirischen Realität der Inklusionspädagogik gewonnen. Sie gründet auf der These, dass Inklusionspädagogische Gerechtigkeitsstrategien im Wesentlichen aus den drei Paradigmen des Empowerment, der Normalisierung und der Dekonstruktion bestehen. Gleichzeitig durchkreuzen diese Strategien ihre jeweiligen Zielsetzungen, weshalb sie in einem spannungsreichen Verhältnis bestehen (vgl. Boger, 2017). Sie sind alle drei unerlässlich für die Gestaltung von Inklusionsarbeit. Sie können aber nicht gleichzeitig angewendet werden, sondern nur im komplexen Wechselspiel konzeptionell berücksichtigt werden.

zu einer hyperdiversen sozialen Realität, zu Erfahrungsräumen, die ihnen nicht zugänglich sind, damit sie Erfahrungen von Diversität machen und Pluralität und Multiperspektivität lernen können (vgl. Sims Bishop, 1990). Eine intersektional-rassismuskritische Betrachtungsweise von Kinder- und Jugendliteratur im Spezifischen und Kinder- und Jugendmedien im Allgemeinen schließt an anerkennungspädagogische Prinzipien wie Empathie, Respekt und soziale Wertschätzung bzw. soziale Zugehörigkeit an (Honneth, 2016; Stojanov, 2006). Stojanov spricht hier von der Herstellung von Anerkennungsgerechtigkeit (Stojanov, 2006, 2011). Er hebt hervor, dass Kinder und Jugendliche auf Anerkennungserfahrungen angewiesen sind, die es ihnen ermöglichen, einen positiven Selbst- und Weltbezug aufzubauen und stabil zu halten (Stojanov, 2011, S. 78 f.). Rassistisch stigmatisierte Kinder und Jugendliche sind mit großen Teilhabebarrieren konfrontiert. Sie bewegen sich in einer von Ungleichheitsrelationen geprägten Normalität und müssen dennoch versuchen, ihre Integrität zu wahren (vgl. Auma, 2019). Ich habe in diesem Text argumentiert, dass gerade mehrfachmarginalisierte Kinder, deren identitätsstiftende Anteile, die ihre marginalisierte Gruppenzugehörigkeit ausmachen, systematisch negativ bewertet oder ignoriert, also nicht anerkannt werden, kompensierende Anerkennungsressourcen brauchen (Auma, 2019, S. 23). Gerade mehrfachmarginalisierte Kinder brauchen Bilder und Repräsentationen, Spiegel von sich selbst und von ihren Angehörigen, die als Autoritätsfiguren dargestellt werden, als Wissende über die eigene Lebenswirklichkeit und über die allgemeine soziale Wirklichkeit. Solche Konzeptionen didaktischer Medien bergen auch das Potential, politische Selbstwirksamkeitserfahrungen zu stärken, und unterstreichen zugleich die Bedeutung einer kulturell-politischen Bildung ›von Anfang an‹.

Demarginalisierende Kinder und Jugendmedien zentrieren die Erfahrungs- und Handlungsräume rassistisch stigmatisierter Kinder und ihrer Zugehörigen, indem sie ihre Sicht auf die soziale Wirklichkeit (Weltauslegungen) als allgemeine Themen repräsentieren. Ein Beispiel hierfür wären etwa das Bilderbuch (*graphic novel*) »The Arrival« von Shaun Tan. Es enthält nur Illustrationen, kein einziges Wort mit Ausnahme des Titels und einer ›Artist's Note‹, ganz am Ende des Buches (Tan, 2006). Tan thematisiert Flucht multiperspektivisch. Er zeigt Fluchtgründe sehr unterschiedlicher Menschen und fokussiert vor allem ihr Ankommen an einem gemeinsamen Ort, in einer neuen Gesellschaft, in der sie sich gegenseitig darin unterstützen, sich zurechtzufinden. Geflüchtete Menschen werden hier in Meyers Sprache humanisiert und zugleich als handlungsmächtige, sich gegenseitig unterstützende Akteur*innen gezeigt (vgl. Meyers, 2014a; Mörsch, 2018). Das Bilderbuch »DAS machen? Projektwoche Sexualerziehung in der Klasse 4c« von Lilly Axter und Christine Aebi zeigt fünf Tage im Leben einer hyperdiversen Klassengemeinschaft (Axter und Aebi, 2014). Zentriert wird eine vielschichtige, polyphone, multiperspektivische Auseinandersetzung mit Körper, Zuwendung, Sexualität und allen Fragen dazwischen, aus der Perspektive einer Kindergemeinschaft. Vor allem auf Bildebene werden Kinder, die nicht-binär sind, normalisierend sowie rassistisch marginalisierte Kinder in alltäglichen, beiläufigen Situationen repräsentiert. Es entsteht dadurch eine gemeinsame, in Teilen absurd, skurril ablaufende Sinnsuche mit einigen Krisen, die einen gemeinsamen Erfahrungsraum stärken. Das Bilderbuch »Rocket Says Look Up« des Schwarzen britischen Kinderbuchautors Nathan Byron (2019, Illustrationen von Dapo Adeola) erzählt eine Geschichte über ein kleines Schwarzes Mädchen namens ›Rocket‹, das von der Astronomie fasziniert ist. Rocket möchte Astronautin werden. Sie fiebert einem nahenden Meteoriten-Schauer entgegen, den sie endlich mit ihrem älteren Bruder Jamal und ihrer Katze (die wie Rocket während der gesamten Analyse einen orangefarbenen Raumanzug trägt) beobachten kann.

Denaturalisierende Kinder- und Jugendmedien eröffnen eine Wahrnehmung für ansonsten kaum wahrnehmbare, kaum thematisierte Dimensionen sozialer Wirklichkeit. Sie enttabuisieren widersprüchliche, konflikthafte identitätsstiftende Zustände, Erfahrungen, Momente und Entscheidungen. Sie durchkreuzen normierte Erwartungen und entfachen das Un-Erwartbare. Sie machen Platz für das Un-Erwartbare, um das Leben vielschichtig erzählen zu können: In drei Jugendbüchern der Schwarzen queer-feministischen Kinder- und Jugendbuchautorin Jacqueline Woodson wird Schwarzes Leben verwoben mit queerem Begehren oder in Auseinandersetzung mit queerer Liebe erzählt. In »Red at the Bone« (2019) und »The House You Pass On The Way« (1997) erzählt Woodson jeweils die Geschichten der 16-jährigen Melody und der 14-jährigen Evangeline, genannt Staggerlee, beide sind Schwarze Mädchen, die sich ebenfalls in Mädchen verlieben und mit ihrem Coming-Out befasst sind. In »Notes from Melanin Sun« (1995) erzählt Woodson die Geschichte des 13-jährigen Mel, eines Schwarzen Teenagers, der in Brooklyn lebt. Sein Leben verändert sich, als seine Mutter Encanta sich in eine Frau verliebt. Was es braucht, damit Mel einen guten Umgang mit der neuen Realität für sich findet, ist Gegenstand dieser Erzählung.

Depathologisierende Kinder- und Jugendmedien aktivieren Empathie für Personen und ihre üblicherweise dämonisierten Zugehörigen, indem sie diese humanisieren (vgl. Myers, 2014a). Ihre inneren Aushandlungen, ihre Handlungsgründe werden beleuchtet, plausibel und nachvollziehbar gemacht. Es handelt sich hier um Repräsentationen, die aufzeigen, dass Personen, die dämonisiert werden, Zugehörige haben, die sich um sie sorgen. Diese Zugehörigen werden gezeigt, wie sie dämonisierte Personen anerkennen, ihnen Liebe und Zuwendung geben. Das öffnet eine empathische Sicht auf sie und ihre Umstände und ermöglicht gleichzeitig den Lesenden, den eigenen empathischen Blick zu mobilisieren. In dem Bilderbuch »Visiting Day« (2003, mit Illustrationen von James Ransome), auch von Jacqueline Woodson, besucht ein kleines Schwarzes Mädchen, das in Brooklyn lebt, ihren Vater im Norden des Bundesstaates New York, wo er inhaftiert ist. Sie kann ihn immer nur einmal im Monat besuchen. Woodson zieht eine biographische Linie zu ihrem eigenen Leben, indem sie ein altes Familienfoto von sich am Ende des Bilderbuches platziert. Darauf ist sie mit ihrem jüngeren Bruder zu sehen, zwischen ihnen steht ein Schwarzer Mann mit seinen Armen um die beiden Geschwister geschlungen. Dabei handelt es sich um den Onkel der Geschwister, ›Uncle Robert‹, den sie während seiner Inhaftierung in New Hampshire als Kinder regelmäßig besuchten. In ihrem Bilderbuch »Mama's Nightingale: A Story of Immigration and Separation« (2005) greift die haitianisch-amerikanische Autorin Edwidge Danticat ein Thema auf, welches selten für ein kindliches Publikum aufbereitet wird. Die Hauptprotagonistin ihrer

Erzählung ist ein kleines Schwarzes Mädchen namens Saya. Sayas Mutter hat nicht die »richtigen« Papiere. Sie wird von ihrer Familie getrennt und in der *Sunshine Correctional Facility*, einem Frauengefängnis, inhaftiert. Sayas Vater schreibt Politiker*innen an, um die Freilassung seiner Frau zu erreichen, bekommt aber nie eine Antwort. Saya versucht es daher mit einem eigenen Brief. Dieser wird von der lokalen Presse aufgegriffen, was einen Stein ins Rollen bringt. Sayas Mama bekommt einen Anhörungstermin. Die Richterin, die den Fall hört, ist ebenfalls eine Schwarze Frau. Sayas Mama wird freigelassen und kann wieder mit ihrer Familie leben, während sie auf ihre Papiere wartet.

›Spiegel und Fenster‹ für Mehrfachmarginalisierte, für rassistisch marginalisierte Kinder und Jugendliche zu entwerfen und in der (diversitäts-)pädagogischen Arbeit einzusetzen, erfordert ein selbstreflexives, multivalentes intersektional-rassismuskritisches Vorgehen. Für die Diversitätspädagogik bedeutet es, dass sie ›lernen‹ muss, eine hyperdiverse, postmigrantische Generation zu imaginieren. Sie muss lernen, eine inklusive Normalität bereits ab der frühen Kindheit herzustellen. Kinder im frühen Kindesalter bilden diejenigen Anteile der Demographie Deutschlands, in der die BIPoC-Pluralität am stärksten zu verzeichnen ist. Diese postmigrantische Generation gilt es als anspruchsvolles, zu inkludierendes Publikum zu adressieren.

Literatur

Auma, M. M. (2021): Exkludiert werden. Ein Empathiegefälle in der Kinderliteratur? In: Goethe-Institut. LATITUDE Magazine, Machtverhältnisse umdenken – für eine entkolonialisierte und antirassistische Welt. https://www.goethe.de/prj/lat/de/ide/22085499.html [Letzter Zugriff: 28.02.2021].

Auma, M. M.; Kinder, K. und Piesche, P. (2019): Abschlussbericht des Berliner Konsultationsprozesses 2018 »Die Sichtbarmachung der Diskriminierung und der sozialen Resilienz von Menschen afrikanischer Herkunft in Berlin«. In: Senatsverwaltung für Justiz, Verbraucherschutz und Antidiskriminierung (Hrsg.): Schriften der Landesstelle für Gleichbehandlung – gegen Diskriminierung, Berlin. In: Mitteilung – zur Kenntnisnahme – Drucksache 18/2330 Diskriminierung bekämpfen – »International Decade for People of African Descent (2015–2024)« in Berlin umsetzen Drucksachen 18/0966, 18/1192 und 18/1260. https://www.parlament-berlin.de/ados/18/IIIPlen/vorgang/d18-2330.pdf [Letzter Zugriff: 16.10.2020].

Auma, M. M. (2020): #BlackLivesMatter: Social Unsettlement and Intersectional Justice in Pandemic Times. Notes From Black Berlin in the Summer of 2020. In: AICGS, The American Institute for Contemporary German Studies. https://www.aicgSorg/2020/08/blacklivesmatter-social-unsettlement-and-intersectional-justice-in-pandemic-times/. [Letzter Zugriff: 16.10.2020].

Auma, M. M. (2020a): Interview: Rassismus hat übrigens nichts mit der Hautfarbe zu tun! Maisha Auma im Gespräch mit Philipp Awounou, Zeit Campus Online: https://www.zeit.de/campus/2020-07/maureen-maisha-auma-erziehungswissenschaftlerin-colorism-schwarze-community-rassismus [Letzter Zugriff: 16.10.2020].

Auma, M. M. (2020b): Zum Rassebegriff im Grundgesetz, Zwei Perspektiven: Für eine intersektionale Antidiskriminierungspolitik. In: Aus Politik und Zeitgeschichte (APUZ 42-

44/2020) Anti-(Rassismus). https://www.bpb.de/apuz/316784/zum-rassebegriff-im-grundgesetz-zwei-perspektiven [Letzter Zugriff: 16.10.2020].

Auma, M. M. (2019): Diversität von Anfang an! Soziale Zugehörigkeit von mehrfachmarginalisierten Kindern sichern. In: Fachzeitschrift. Die Grundschulzeitschrift, Nr. 315/2019 – Frühe Extremismusprävention, Seelze, Friedrich Verlag, Juni 2019. S. 21–25.

Auma, M. M. (2018): Kulturelle Bildung in pluralen Gesellschaften: Diversität von Anfang an! Diskriminierungskritik von Anfang an!. In: KULTURELLE BILDUNG. https://www.kubi-online.de/artikel/kulturelle-bildung-pluralen-gesellschaften-diversitaet-anfang-diskriminierungskritik-anfang [Letzter Zugriff: 16.10.2020].

Auma, M. M. (2017): RASSISMUS. In: Bundeszentrale für politische Bildung (Hrsg.): Dossier Migration. http://www.bpb.de/gesellschaft/migration/dossier-migration/223738/rassismus?p=all [Letzter Zugriff: 16.10.2020].

Bayraktar, M. (2020): Was habe ich mit Oury Jalloh zu tun? Wie Rassismus Herzen kolonialisiert. In: Kunst & Kritik. https://www.neues-deutschland.de/artikel/1131267.oury-jalloh-was-habe-ich-mit-oury-jalloh-zu-tun.html [Letzter Zugriff: 16.10.2020].

Bishop, R. S. (1990): »Mirrors, Windows and Sliding Doors«. Originally Appeared in: Perspectives: Choosing and Using Books for the Classroom, 6(3). www.scenicregional.org/wp-content/uploads/2017/08/Mirrors-Windows-and-Sliding-Glass-DoorS. pdf [Letzter Zugriff: 16.10.2020].

Black Lives Matter (2020): A Moment of Silence for George Floyd, June 4, 2020. https://blacklivesmatter.com/a-moment-of-silence-for-george-floyd/ [Letzter Zugriff: 16.10.2020].

Black Lives Matter (2020a): Statement by Patrisse Cullors, Executive Director, Black Lives Matter Global Network on the Attempted Murder of Jacob Blake August 25, 2020. https://blacklivesmatter.com/statement-by-patrisse-cullors-executive-director-black-lives-matter-global-network-on-the-attempted-murder-of-jacob-blake/ [Letzter Zugriff: 16.10.2020].

Boger, M.-A. (2017): Theorien der Inklusion – eine Übersicht. Ausgabe 01/2017: Zeitschrift für Inklusion Online. https://www.inklusion-online.net/index.php/inklusion-online/article/view/413 [Letzter Zugriff: 16.10.2020].

Bochmann, C. und Staufer, W. (2013): Vom »N*-könig« zum »Südseekönig« zum…? Politische Korrektheit in Kinderbüchern. Das Spannungsfeld zwischen diskriminierungsfreier Sprache und Werktreue und die Bedeutung des Jugendschutzes. In: BPJM-Aktuell (Bundesprüfstelle für jugendgefährdende Medien) (2/2013).

Broden, A. und Mecheril, P. (Hrsg.) (2010): Rassismus bildet. Bildungswissenschaftliche Beiträge zu Normalisierung und Subjektivierung in der Migrationsgesellschaft. Transcript.

Brody, R. (2018): »The Hate U Give,« Reviewed: An Empathetic, Nuanced Portrait of a Teen's Political Awakening. https://www.newyorker.com/culture/the-front-row/the-hate-u-give-reviewed-an-empathetic-nuanced-portrait-of-a-teens-political-awakening [Letzter Zugriff: 16.10.2020].

Bundeszentrale für politische Bildung (2018): 25 Jahre Brandanschlag in Solingen. In: Dossier Rechtsextremismus. https://www.bpb.de/politik/hintergrund-aktuell/161980/brandanschlag-in-solingen?rl=0.3837401933191418 [Letzter Zugriff: 16.10.2020].

Crenshaw, K. W. (1994): »Mapping the Margins: Intersectionality, Identity Politics, and Violence Against Women of Color.« In: M. Albertson Fineman und R. Mykitiuk (Hrsg.): The Public Nature of Private Violence, New York: Routledge. S. 93–118.

Davis, K.; MacNaughton G. und Smith, K. (2009): The Dynamics of Whiteness: Children Locating Within/Without. In: G. MacNaughton und K. Davis (Hrsg.): ›Race‹ and Early Childhood Education. An international Approach to Identity, Politics and Pedagogy, Basingstoke. S. 49–65.

Decke-Cornill, H. (2007): Literaturdidaktik in einer ›Pädagogik der Anerkennung‹: Gender and other suspects. In: W. Hallet und A. Nünning (Hrsg.): Neue Ansätze und Konzepte der Literatur- und Kulturdidaktik. Trier: WVT Wissenschaftlicher Verlag Trier. S. 239–258.

Del Real, J. A.; Samuels, R. und Craig, T. (2020): How the Black Lives Matter movement went mainstream. In: Washington Post. https://www.washingtonpost.com/national/how-the-black-lives-matter-movement-went-mainstream/2020/06/09/201bd6e6-a9c6-11ea-9063-e69bd6520940_story.html [Letzter Zugriff: 16.10.2020].

Eggers M. M. (2012): Gleichheit und Differenz in der frühkindlichen Bildung – Was kann Diversität leisten? In: J. Brilling und E. Gregull, Heinrich-Böll-Stiftung (Hrsg.): DOSSIER Diversität und Kindheit – Frühkindliche Bildung, Vielfalt und Inklusion. https://heimatkunde.boell.de/de/2012/08/01/gleichheit-und-differenz-der-fruehkindlichen-bildung-was-kann-diversitaet-leisten [Letzter Zugriff: 28.02.2021].

Erevelles, N. (2005): Understanding Curriculum as Normalizing Text: Disability Studies Meet Curriculum Theory. Journal of Curriculum Studies, 37:4 S. 421–439.

FSU News (2011): From Peter Rabbit to Curious George. FSU, Florida State University Study Finds 100 Years of Gender Bias in Children's Books. www.fsu.edu/news/2011/05/06/gender.bias [Letzter Zugriff: 16.10.2020].

Grawan, F. (2014): Impliziter Rassismus und kulturelle Hegemonie im Schulbuch? Rassismuskritische Analyse und objekthermeneutische Rekonstruktion. Eckert Workingpapers 2014/2.

Horning, K. (2013): »I See White People«: Observations about books for children and teens from the Cooperative Children's Book Center by CCBC Director. http://ccblogc.blogspot.com/2013/07/i-see-white-people.html [Letzter Zugriff: 16.10.2020].

Jakob, C. (2019): Mutmaßlicher Mord an Oury Jalloh: Kaum mehr als Floskeln. Oury Jalloh war laut einer neuen Untersuchung vor seinem Feuertod bereits schwer verletzt. Die Reaktion der Politik in Sachsen-Anhalt ist verhalten. https://taz.de/Mutmasslicher-Mord-an-Oury-Jalloh/!5633806/ [Letzter Zugriff: 16.10.2020].

Keina, Y. (2013): Towards Intersectionality in the ECHR: The Case of B. S. v Spain. Feminist Legal Studies, 21. S. 195–204.

Kliewer, A. (2009): »Wie schön weiß ich bin«. Postkoloniale Theorien und Kinder- und Jugendliteratur in der BRD. www.literaturkritik.de/public/rezension.php?rez_id=13652 [Letzter Zugriff: 16.10.2020].

Knapp, G.-A. (1997): Gleichheit, Differenz, Dekonstruktion: Vom Nutzen theoretischer Ansätze der Frauen- und Geschlechterforschung für die Praxis. In: G. Krell (Hrsg.): Chancengleichheit durch Personalpolitik. Gleichstellung von Frauen und Männern in Unternehmen und Verwaltungen. Rechtliche Regelungen – Problemanalysen – Lösungen. Wiesbaden: Springer. S. 73–81.

Lamont, M. (2018): Addressing Recognition Gaps: Destigmatization and the Reduction of Inequality. American Sociological Review, 83(3). S. 419–444.

Lamont, M.; Silva, G. M.; Welburn, J. S.; Guetzkow, J.; Mizrachi, N.; Herzog, H. und Reis, E. (2016): »Getting Respect! Responding to Stigma and Discrimination in the United States, Brazil & Israel«. Princeton and Oxford: Princeton University Press.

Lussenhop, J. (2017): Philando Castile death: ›I lost my best friend in a police shooting‹. https://www.bbc.com/news/world-us-canada-52896872 [Letzter Zugriff: 16.10.2020].

Machold, C. (2015): Kinder und Differenz: Eine ethnografische Studie im elementarpädagogischen Kontext (Kinder, Kindheiten und Kindheitsforschung, 9). Wiesbaden: Springer VS.

Masad, I. (2016): Read Between the Racism: The Serious Lack of Diversity in Book Publishing. http://broadly.vice.com/en_us/article/9aex3p/read-between-the-racism-the-serious-lack-of-diversity-in-book-publishing [Letzter Zugriff: 16.10.2020].

McCabe, J.; Fairchild, E.; Grauerholz, L.; Pescosolido, B. A. und Tope, D. (2011): Gender in Twentieth-Century Children's Books: Patterns of Disparity in Titles and Central Characters, Gender & Society 25: 197.

Mecheril, P. (2007): Die Normalität des Rassismus. In: Überblick, Zeitschrift des Informations- und Dokumentationszentrum für Antirassismusarbeit IDA NRW (Hrsg.): Normalität und Alltäglichkeit des Rassismus, Überblick Nr. 2, Juli 2007. S. 3–9. https://www.ida-nrw.de/aktuelles/detail/normalitaet-und-alltaeglichkeit-des-rassismus/ [Letzter Zugriff: 16.10.2020].

Miller, L. (2015): Can Racism be Stopped in the Third Grade. The Cut. https://www.thecut.com/2015/05/can-fieldston-un-teach-racism.html [Letzter Zugriff: 28.02.2021].

Mörsch, C. (2018): Refugees sind keine Zielgruppe. In: KULTURELLE BILDUNG. https://www.kubi-online.de/artikel/refugees-sind-keine-zielgruppe [Letzter Zugriff: 16.10.2020].

Myers, C. (2014): The Apartheid of Children's Literature. In: New York Times. www.nytimes.com/2014/03/16/opinion/sunday/the-apartheid-of-childrens-literature.html [Letzter Zugriff: 16.10.2020].

Myers, W. D. (2014a): Where are the People of Color in Children's Books. https://www.nytimes.com/2014/03/16/opinion/sunday/where-are-the-people-of-color-in-childrens-bookS.html?_r=0&referrer [Letzter Zugriff: 16.10.2020].

Odoi, N. (2004): Die Farbe der Gerechtigkeit ist weiß: Institutioneller Rassismus im deutschen Strafrechtssystem. Rassismus ist in den Strukturen öffentlicher und privater Institutionen verankert. https://www.bpb.de/gesellschaft/migration/dossier-migration/223738/rassismus?p=all [Letzter Zugriff: 16.10.2020].

Romo, V. (2013): »In Nearly All Children's Books, It's a White, White World«. Although Demographics are Changing, Minority Kids are Rarely Represented. www.takepart.com/article/2013/06/27/childrens-books-too-white [Letzter Zugriff: 16.10.2020].

Science Daily (2011): Gender bias uncovered in children's books with male characters, including male animals, leading the fictional pack. In: Science Daily, May 4, 2011. https://www.sciencedaily.com/releases/2011/05/110503151607.htm [Letzter Zugriff: 16.10.2020].

Sharma, V. (2020): Sharma Analysis: How The Black Lives Matter Movement Became More Popular Than Ever. In: Now This. https://nowthisnews.com/news/analysis-how-the-black-lives-matter-movement-became-more-popular-than-ever [Letzter Zugriff: 16.10.2020].

Sowe, N. (2020): Wo war der Aufschrei, als diese Menschen getötet wurden? Ein Kommentar. https://www.t-online.de/nachrichten/ausland/usa/id_88010630/nicht-nur-george-floyd-die-unbekannten-opfer-rassistischer-polizeigewalt.html [Letzter Zugriff: 16.10.2020].

Stechyson, N. (2019): Kids Books Still Have A Lack-Of-Diversity Problem, Powerful Image Shows A new infographic highlights some troubling stats about representation. https://www.huffingtonpost.ca/entry/diversity-kids-books-statistics_ca_5d0bb0f8e4b0859fc3db38c3 [Letzter Zugriff: 16.10.2020].

Stojanov, K. (2011): Bildungsprozesse als soziale Geschehnisse. Anerkennung als Schlüsselkategorie kritischer Bildungstheorie. In ders. (Hrsg.), Bildungsgerechtigkeit. Rekonstruktion eines umkämpften Begriffs, Wiesbaden: Springer. S. 67–81.

Stojanov, K. (2006a): Bildung und Anerkennung. Soziale Voraussetzungen von Selbst-Entwicklung und Welt-Erschließung. Wiesbaden: Springer.

Tasan-Kok, T.; van Kempen, R., Raco, M. und Bolt, G. (2014): Towards hyper-diversified European cities: A critical literature review. Utrecht: Utrecht University: Faculty of Geosciences.

Umbruch Bildarchiv (2001): Andenken an N'deye Mareame Sarr: Solidaritätsdemonstration am 08.09.2001 in Aschaffenburg. https://www.umbruch-bildarchiv.de/bildarchiv/ereignis/080901ndeyemareamesarr.html [Letzter Zugriff: 16.10.2020].

Wheatle, A. (2017): The Hate U Give by Angie Thomas. A Review – Racism and Police Brutality. An Outstanding Debut Stages the Debates Convulsing America in the Story of a Teenager who Testifies after a Shooting. In: The Guardian. https://www.theguardian.com/books/2017/apr/08/the-hate-u-give-angie-thomas-review-alex-wheatle [Letzter Zugriff: 16.10.2020].

Wolters, U. (2006): Pro und Contra – wir stellen vor: Rassismus im Jugendbuch – unreflektiert, unerheblich, unkritisch, weil literarisch? Der Deutsche Jugendbuchpreis 2006 – Sparte Jugendbuch – und der Gustav-Heinemann-Friedenspreis 2006 gingen an Dolf Verroen: »Wie schön weiß ich bin«, Kritik an der Auszeichnung und Heike Brandts Intervention bei der Preisvergabe, Arbeitsgemeinschaft Jugendliteratur und Medien der GEW (AJuM). www.ajum.de/html/j-j/pdf/0102_wie-schoen-weiss-Kritik.pdf [Letzter Zugriff: 16.10.2020].

Yildiz, Y. (1999): »Keine Adresse in Deutschland? Adressierung als politische Strategie«. In: C. Gelbin; K. Konuk, und P. Piesche, (Hrsg.): AufBrüche: Migrantinnen, Schwarze und jüdische Frauen im deutschsprachigen kulturellen Diskurs. Königstein: Ulrike Helmer. S. 224–36.

Wagner, P. und Sulzer, A. (2009): Kleine Rassisten? Konturen rassismuskritischer Pädagogik in Kindertageseinrichtungen. In: W. Scharathow und R. Leiprecht (Hrsg.): Rassismuskritik, Band 2: Rassismuskritische Bildungsarbeit, Schwalbach/Taunus. S. 211–225.

Zitierte Kinderliteratur

Axter, L. und Aebi, C. (2014): DAS machen? Projektwoche Sexualerziehung in der Klasse 4c. Wien: dea-Verlag.
Byron, N. und Adeola, D. (2019): Rocket Says Look Up. London: Penguin books.
Danticat, E. und Staub, L. (2005): Mama's Nightingale: A Story of Immigration and Separation. New York: Dial books.
Tan, S. (2006): The Arrival. Hodder Children's Books.
Woodson, J. und Ransome, J. (2002): Visiting Day. New York: Scholastic Press.
Woodson, J. (2019): Red at the Bone. New York: Riverhead books.
Woodson, J. (1995): Notes from Melanin Sun. New York: Blue Sky/Scholastic Press.
Woodson, J. (1997): The House You Pass On The Way. New York: Delacorte press/Random House.

6 Challenges to and Opportunities for Educational Access for Immigrant-origin Children in the U. S.

Carola Suárez-Orozco

Introduction

Immigrant-origin youth[1] in the U. S. are the fastest growing group of children in the U. S., currently accounting for 27 % of the child population (Child Trends, 2019). These children and youth are a highly diverse group sharing some features but also embodying real differences including generational status, language, and disparate countries of origin. Some are the children of educated professional parents while others have illiterate parents. Some receive excellent schooling in their countries of origin while others leave educational systems that are in shambles. Some are refugees escaping political, religious, and social strife or environmental catastrophes (Masten and Narayan, 2012). Others are motivated by the promise of better jobs while still others frame their migrations as an opportunity to provide better education for their children (Hagelskamp, Suárez-Orozco and Hughes, 2010). Some are documented migrants while millions are unauthorized migrants (Suárez-Orozco, Yoshikawa, Teranishi and Suárez-Orozco, 2011). Some join well-established communities with robust social supports while others settle in under-resourced high-poverty neighborhoods, yet others move from one migrant setting to another (Ream 2005). The experiences of immigrant-origin youth will thus vary considerably depending upon their constellation of resources (Portes and Rumbaut, 2006; Suárez-Orozco, Suárez-Orozco and Todorova, 2008).

The successful academic integration of immigrant-origin children and youth is determined by a convergence of factors–the *social context of reception* (economic opportunities, immigration policies, and the social mirror – below), *familial capital* (such as poverty, parental education, and whether or not they are authorized migrants, socio-emotional challenges and their facility in acquiring a second language); and the kinds of *educational settings* immigrant youth encounter (school segregation, the language instruction they are provided, and how well prepared their teachers are to provide services to them). This complex constellation of variables shapes the experiences of immigrant-origin children and serves to undermine or, conversely, bolster their integration and adaptation to their new societies.

---

[1] Immigrant-origin youth include first generation (foreign born) and second generation (parents born abroad) children and adolescents; both share immigrant/foreign born parents (Suárez-Orozco, Motti-Stefanidi, Marks and Katsiaficas (2018).

Immigrant-origin families arrive in their new land with distinct social and cultural resources (Perreira, Harris and Lee, 2006). Their high aspirations (Fuligni, 2001; Portés and Rumbaut, 2001), dual frame of reference (Suárez-Orozco and Suárez-Orozco, 1995), optimism (Kao and Tienda, 1995), dedicated hard work, positive attitudes towards school (Suárez-Orozco and Suárez-Orozco, 1995), and ethic of family support for advanced learning (Li, 2004) contribute to the fact that some immigrant-origin youth (first and second generation) educationally out-perform the third generation and beyond (Perreira et al., 2006). On the other hand, many immigrant-origin youth encounter a myriad of challenges–economic obstacles, unauthorized status, xenophobia,[2] language difficulties, family separations, under-resourced neighborhoods and schools, and the like–and as a result struggle to gain their bearings in an educational system that may put them on a path of downwards trajectory (Suárez-Orozco, Suárez-Orozco and Todorova, 2008).

While individual variation is part of what accounts for these patterns, the social context of reception, familial capital, and school ethos together serve to explain much of the pattern of academic integration into the host society. In this chapter, I will begin by reviewing some of these key challenges to integration and education within the U. S. context. I will then consider the ways in which early childhood opportunities are currently a missed opportunity for immigrant-origin children and their families in the context of the U. S.

6.1 Challenges to Integration

The contexts in which the immigrant-origin family settles shape the experiences and possibilities of integration for immigrant-origin children. Economic factors, immigration policies, and the social context of reception all have important implications for immigrant-origin children's adaptation, education and long-term outcomes.

6.1.1 Economic Factors

Securing work is a paramount motivation for many immigrants, and the work setting is extremely important in understanding the immigrant experience. It is through parents' work that immigrant families realize substantial benefits over and above the large wage differentials between the country of origin and the new country (Hanson, 2010). The broader economic context shapes the experience of immigration in a variety of ways: the types of jobs that are available, the stability of jobs, and the opportunities to move up a status mobility ladder (Suár-

---

2 Defined as fear or hatred of strangers or foreigners by Merriam-Webster.

ez-Orozco, Abo-Zena and Marks, 2017). The stability and quality of jobs along with prospects for status mobility also have implications for immigrant-origin children and youth. How often the children and youth change schools, and how well members of immigrant communities are represented in the school system are but a few of the variables linking parents' work with their children's experiences and successes (García Coll and Marks, 2009). While skilled immigrants have been rapidly moving up into the upper tiers of the work hierarchy (Hanson, 2010), many stagnate – particularly those with low skills.

6.1.2   Immigration Policies

In recent decades U. S. immigration policy has largely focused on border controls, with little consideration at the national level to integration policies for new immigrants (Suárez-Orozco and Suárez-Orozco, 2013).[3] Since 1988, when the amnesty provisions of the Immigration Reform and Control Act ended, U. S. immigration policy has restricted pathways to citizenship for the undocumented (Motomura, 2008). What in the public imagination are clearly demarcated lines of *legal* vs. *illegal* are in fact states of *liminal legality* (Suárez-Orozco et al., 2011). Many families, children, and youth exist in a state of ambiguous documentation, fall out of legal status, or live in families of mixed status–in which some members are documented while others are not (Kanstroom, 2010; Menjívar, 2006). Furthermore, during the past decade, the United States has increasingly become a »deportation nation,« deporting hundreds of thousands of individuals a year (Kanstroom, 2010). Concurrently, as attitudes toward undocumented immigrants grew increasingly harsh, a wave of state and local laws was enacted targeting undocumented immigrants (Preston, 2011). A byzantine bureaucracy of long backlogs, high rates of denials, and mass deportations has generated growing numbers of transnationally-separated and mixed-status families leading the way (Suárez-Orozco et al., 2011). This context has significant implications for children's development and socio-emotional experiences (Suárez-Orozco et al., 2011). It has also set in place a climate of fear in which parents are less likely to access social services to which their citizen children are entitled to, for fear of exposure (Yoshikawa, Suárez-Orozco and Gonzales, 2017).

6.1.3   The Ethos of Reception

In addition to economic and policy contexts of reception, the social welcome mat profoundly influences the development of immigrant-origin children and youth. Immigrants' identities are shaped by this ethos of reception–the general social and emotional atmosphere and the collective representations of immigrants that new arrivals encounter upon their settlement in the new country (Suárez-Orozco, 2004). During times of socioeconomic and political anxiety, im-

---

3   Standing in sharp contrast to Canada, for example.

migrants come to embody nativists' fear of the unknown. The rapid increase in immigration, the terrorist attacks of September 11, 2001, the persistence of the dilemma of the unauthorized, and the deep economic recession of 2008 have aligned into a perfect storm of malaise focused on immigrants of color. *Xenophobia,* the fear or hatred of foreigners and their cultures, has been on the rise, especially as directed toward newer immigrants, Muslims (Sirin and Fine, 2008), and Latino/as (Chavez, 2008). With the recent intensification of explicitly anti-immigrant federal policies (Kulish, Yee, Dickerson, Robbins, Santos and Medina, 2017) as well as post-election anti-immigration climate (Miller and Werner-Winslow, 2016) these issues are of pressing concern (Rogers 2019).

Immigrant parents and their children face different tasks when crafting an identity and sense of belonging in the new society (Suárez-Orozco and Suárez-Orozco, 2001). For immigrant parents and latecomer adolescents, a dual frame of reference which allows them to compare their situation in the homeland with that in the receiving contexts filters the ways in which they view themselves and their new lives. Family roles must be renegotiated. Old cultural ways of being are updated and sometimes discarded. The challenges of providing for the family in a new country, contending with status demotions and promotions, navigating new gendered ideologies and practices, and learning to raise children according to new cultural expectations and standards all become central themes in the creation of these new identities. For the children, the work of developing identities will, at different stages of development, involve »fitting in« with peers, struggling with issues of embarrassment about their parents' foreign ways (e. g., accents, dress, manners, and ethnic foods), and eventually synthesizing complex cultural currents from the home with the norms, values, and worldviews of their peers in the new society. Hybridity–the fusion of disparate cultural memes–characterizes second-generation immigrants' struggles for identity, recognition, and validation (Suárez-Orozco and Suárez-Orozco 2001). Importantly, these identity processes in turn influence the young immigrant's experiences with peers, teachers, and school, and shape their sense of academic efficacy, aspirations, and eventual achievement (Marks, Seaboyer and García Coll 2015).

6.1.4 Familial Capital

The family, of course, is a context of development that is critical for shaping experiences of children. Family characteristics shape the experience and educational pathways of youngsters in multiple ways – both positively as sources of resiliency and facilitation, but also in negative ways. Three familial factors particularly matter for immigrant youth and their experiences in the new society.

Poverty

In the U. S., the poverty rate for immigrant-origin children is particularly high when compared to other groups of children (López and Velásco, 2011). Further, for immigrant-origin children, official calculations of family poverty fail to consider the economic complications of their families' transnational lives. Many immigrant families, particularly those who have recently arrived, maintain dual economic ties, sending remittances to spouses, other children, parents, siblings, and other family members in the country of origin for medical, educational, and other basic expenses (Levitt and Schiller, 2004). Thus, already thin resources are stretched even farther.

Poverty is a significant risk factor for poor educational outcomes (Luthar, 1999; Milner, 2013). Children raised in circumstances of socioeconomic deprivation are vulnerable to an array of stressors including difficulties concentrating and sleeping; anxiety and depression; as well as a heightened propensity for delinquency and violence. Those living in poverty often experience the stress of major life events as well as the stress of daily challenges that significantly impede academic performance (Luthar, 1999). Poverty frequently coexists with a variety of other factors that augment risks – such as single-parenthood, residence in neighborhoods plagued by violence, gangs, and drug trade, as well as segregated, overcrowded and poorly funded schools (Luthar, 1999). Concentrated poverty is also associated with high rates of housing mobility and concurrent school transitions which are highly disruptive to educational performance (Gándara and Contreras, 2008; Milner, 2013). Large numbers of immigrant-origin youth today suffer from the challenges associated with poverty and concentrated disadvantage (Hernández, Denton and Macartney, 2007; United Nations Development Programme, 2009).

Undocumented Status

An estimated 11.1 million immigrants live in the U. S. without a legal immigration status and of that population 5.8 million (52 %) are from Mexico (Passel and Cohn, 2016; Bean and Stevens, 2003). The number of children who are themselves unauthorized has declined from a peak of 1.6 million in 2005 to about 775,000 in 2012 (Suro, Suárez-Orozco and Canizales, 2015). These undocumented youth often arrive after multiple family separations and traumatic border crossings (Suárez-Orozco, Bang and Kim, 2010). In addition, there are an estimated 4.5 million U. S. citizen children living in households headed by at least one undocumented immigrant (Suro, Suárez-Orozco and Canizales, 2015; Passel, 2006). A growing body of evidence has demonstrated that on average, relative to their authorized peers, children and youth with unauthorized status, reveal less positive educational outcomes (Bean, Leach, Brown, Bachmeier and Hipp, 2011) as well as mental health outcomes (Potochnick and Perreira, 2010) after adjusting for indicators of socioeconomic status. Moreover, the developmental issues associated with unauthorized status are not limited to youth who are unauthorized themselves. Research has revealed that having a parent who is unauthorized is associated with a number of concerning developmental and educational vulnerabilities in U. S. born children and youth (Yoshikawa, Suárez-Orozco and Gonzales, 2017).

Children and youth growing up in families with unauthorized members live with the chronic fear and anxiety of being separated from someone they love as a result of apprehension or deportation (Capps, Castañeda, Chaudry and Santos, 2007); these worries extract a heavy psychological toll on children growing up in these homes (Yoshikawa, Suárez-Orozco and Gonazales, 2017). Further, while unauthorized youth legally have equal access to K-12 education, they do not have equal access to health, social services, or jobs (Gándara and Contreras, 2008; Suárez-Orozco et al., 2011). Thus, young immigrants who are unauthorized or who come from unauthorized families suffer both from a particular burden of unequal access as well as from the psychological undertow of growing up in the shadows of unauthorized status (Suárez-Orozco et al., 2011; Yoshikawa, Suárez-Orozco and Gonazales, 2017).

Family Educational Background

Parental education matters for children's academic pathways. Highly literate parents are better equipped to guide their children in studying, accessing and making meaning of educational information. Children with more educated parents are exposed to more academically oriented vocabulary and interactions at home, and they tend to more often be read books that are valued at school (Goldenberg, Rueda and August, 2006). These parents understand the value and have the resources to provide additional books, a home computer, Internet access, and tutors more than less educated parents do. They are also more likely to seek information about navigating the complex educational system in the new land.

Many immigrant-origin parents have limited schooling: nearly 40 % have not completed high school (Child Trends, 2015). Moreover, low parental education is compounded by parents' limited academic language skills, which is in turn linked to the kind of support parents are able to provide for language of instruction at home (Páez and Hunter, 2015). It is worth noting, however, that these patterns do not hold true for all immigrant families and communities. There are many examples of immigrant parents who provide educational socialization in the home, despite having a low level of education themselves (López and Velásco, 2011). Nonetheless, on average, disadvantaged backgrounds have implications for the educational outcomes–unsurprisingly, youth arriving from families with lower levels of education tend to struggle academically, while those who come from more literate families and with strong skills are more likely to flourish (Kasinitz, Mollenkopf, Waters and Holdaway, 2008).

Immigrant-origin parents, however, often do not possess the kind of »cultural capital« that serves middle-class mainstream families well (Perreira et al., 2006; Stanton-Salazar and Dornbusch, 1995); not knowing the dominant cultural values of the new society can limit immigrant-origin parents' abilities to provide an upward academic path for their children. Oftentimes, parental involvement is neither a cultural practice in their countries of origin nor a luxury that their financial situation in this country allows. They come from cultural traditions where parents are expected to respect teachers' recommendations rather than to advocate for their children (Delgado-Gaitan, 2004). Not speaking English and having limited education may make them feel inadequate. Their lack of legal migration status may make them worry about exposure to immigration raids (Capps et al., 2007). Low-wage, low-skill jobs with off-hour shifts typically do not provide much flexibility to access services organized around regular Monday through Friday 9–5 hours. The impediments to school attendance are multiple and are frequently interpreted by teachers and principals as »not valuing« their children's education. Paradoxically immigrant-origin parents often frame the family narrative of migration around providing better educational opportunities to their children (Hagelscamp, Suárez-Orozco and Hughesm, 2010; Suárez-Orozco et al., 2008). While they may care deeply about their children's education, they often have limited ways to help their children successfully »play the educational game« in the new land.

Socio-emotional Challenges

Migration is a transformative process with profound implications for the family. It also has a lasting impact on socio-emotional development of children and youth (Suárez-Orozco, Suárez-Orozco, and Todorova, 2008). By any measure, immigration is one of the most stressful events a family can experience (Falicov, 1998; Suárez-Orozco, 2004), removing family members from predictable contexts–language, community ties, jobs, and customs–and stripping them of significant social ties–extended family members, close friends, and neighbors. The dissonance in cultural expectations, the cumulative stressors, together with the loss of social supports lead to elevated affective and somatic symptoms (Alegría et al., 2007; Mendoza, Joyce and Burgos, 2007).

For immigrant and asylum-seeking families who have been exposed to traumatic events before, during and after immigration stress (e.g., Portes and Rumbaut, 2006) the process of adaptation process can be complicated. The rapid loss of resources (Hobfoll, 1991) and chronic exposure to stress has been linked to a post-traumatic stress disorder, depression, and somatic complaints and ailments (Fazel, Reed, Panter-Brick and Stein, 2012). Unprotected developing children who have been exposed to cumulative aversive experiences are at distinct risk of developing both mental and physical health disorders (Delva et al., 2013; Shonkoff et al., 2012). Further, parental and caretaker exposures to physical and symbolic violence can lead to transgenerational transmission of trauma (Schwab, 2010).

Due to their own struggles in adapting to a new country, many immigrant-origin parents may be relatively unavailable psychologically posing a developmental challenge to their children (Falicov, 2013; Suárez-Orozco, Suárez-Orozco and Todorova, 2008). Immigrant-origin parents may turn to their children for help in navigating the new society; the children may be asked to take on responsibilities beyond their years including sibling care, translation, and advocacy (Faulstich-Orellana, 2001), sometimes undermining parental authority but also often stimulating precocious development (Suárez-Orozco, Suárez-Orozco and Todorova, 2008). Immigrant-origin children and youth further face challenges in forging an identity and sense of belonging in a country that may reflect an unfamiliar culture while honoring the values and traditions of their parents (Berry, Phinney, Sam and Vedder, 2006; Suárez-Orozco, 2004). Nonetheless, many immigrant-origin children demonstrate extraordinary resilience and resourcefulness as they navigate their developmental journey (Suárez-Orozco, Suárez-Orozco and Todorova, 2008; Suárez-Orozco, Abo-Zena and Marks, 2015).

Challenges of Language Acquisition

Many immigrant-origin families and their children struggle with the process of acquiring academic English. Among pre-Kindergarten to 5th grade immigrant children in the U. S., for example, 62 % of foreign-born children spoke English less than »very well« compared to 43 % of the U. S. born children of immigrants and 12 % of children of U. S. born second generation immigrants (Capps et al., 2007). Learning a second language often takes a long time and being a competent academic language user takes even longer. It has been well established that the complexity of oral and written academic English skills generally requires between 5 to 7 years of optimal academic instruction to match the skills of native English speakers (Collier, 1989, 1995; Cummins, 1991).

Research in second language acquisition suggests that when children are well grounded in their native language and have developed reading and writing skills in that language, they are able to efficiently apply that knowledge to the new language when provided appropriate instructional supports (August and Shanahan, 2006). Many immigrant-origin children do not enter schools with this advantage, however. Further, immigrant-origin children often cannot receive support for learning English from their parents (Capps et al., 2007). They also have limited opportunities for sustained interactions with highly proficient native speaking peers in informal situations (in the cafeterias and hallways of school, and in neighborhood contexts), interactions which are strongly predictive of proficiency outcomes for the academic second language (Carhill et al., 2008; Jia and Aaronson, 2003).

Less developed Academic English proficiency, however, can mask actual knowledge and skills of second language learners, which they are unable to express and demonstrate. Even when second learners are able to participate and compete in mainstream classrooms, they often read more slowly than native speakers, may not understand double-entendres and may simply not have been exposed to the same words and cultural information as their native-born middle-class peers. Their academic language skills may also not allow them to be easily engaged in academic content and as such, typically perform well on »objective« assessments designed for native English speakers. Thus, it is not surprising that limited English proficiency is often associated with lower GPAs, repeated grades, poor performance in standardized tests, and low graduation rates (Ruiz-de-Velasco and Fix, 2001).

6.2 Challenges in the Educational Landscape

Educational contexts, while offering the greatest potential for levelling the playing field, are all too often out of sync with the needs of the most disadvantaged children (Duncan and Murname, 2014). Schools are particularly out of sync for immigrant-origin children in several ways.

6.2.1 Segregation

School segregation has been established to have negative consequences on academic success for minority children (Massey and Denton, 1993; Orfield and Lee, 2006). Segregation for immigrant-origin children often involves isolation at the levels of race and ethnicity, poverty, and language–aptly named »triple segregation« (Orfield and Lee, 2006). These three dimensions of segregation have been associated with reduced school resources and to a variety of negative educational outcomes including low expectations, difficulties learning English, lower achievement, greater school violence, and higher dropout rates (Gándara and Contreras, 2008). In all but a few »exceptional cases under extraordinary circumstances, schools that are separate are still unquestionably unequal« (Orfield and Lee 2006, p. 4).

Segregation places immigrant-origin children at a significant disadvantage as they strive to learn a new language, master the necessary skills to pass high-stakes tests, accrue graduation credits, get into college, and attain the skills needed to compete in workplaces increasingly shaped by the demands of the new global economy. All too many schools that serve the immigrant-origin schools that serve other disadvantaged children, are those that are designated to teach »other people's children«; they offer the least to those who need the most thereby structuring and reinforcing inequality (Delpit 2006).

6.2.2 Second Language Instruction

As noted earlier, a majority of immigrant-origin children must learn a new language as they navigate their schooling; as such second language instruction is a critical component to ensuring their academic success (Batalova, Fix, and Murray, 2007). Frequently, children are placed in some kind of second language instructional setting as they enter their new school (Gándara and Contreras, 2008). Children are then transitioned out of these settings in various schools, districts, and states with very little rhyme or reason for transition (Callahan, 2005; Suárez-Orozco et al., 2008; Thomas and Collier, 2002). Research considering the efficacy of second language instruction and bilingual programs reveals contradictory results (Callahan, Wilkinson, Muller and Frisco, 2009; Callahan and Gándara, 2004, 2014). This should not be surprising given that there are nearly as many models of bilingual and language assistance programs of a wide array of practices and programs as well as philosophical approaches (Thomas and Collier, 2002; Callahan and Gándara, 2004) as there are districts. Well designed and implemented programs offer good educational results and buffer at risk children from dropping out by easing transitions, providing academic scaffolding, and providing a sense of community (Padilla et al., 1991; Callahan and Gándara, 2004, 2014).

There is, however, a huge disparity in quality of instruction between settings. While it has been well demonstrated that high quality programs produce excellent results, not surprisingly those plagued with problems (Thomas and Collier, 2002) produce less than optimal outcomes. Many bilingual programs, unfortunately, face real challenges in their implementation characterized by inadequate resources, uncertified personnel, and poor administrative support. Perhaps the most common problem in the day to day running of bilingual programs is the dearth of fully certified bilingual teachers who are trained in second language acquisition and who can serve as proper language models to their pupils (Váldez, 2001). Because many bilingual programs are ambivalently supported throughout the nation, they simply do not offer the breadth, depth, and rigor curriculum and instruction that immigrant-origin children need to attain access to higher levels of academic pathways.

6.2.3 Low Teacher Expectations

In schools that serve predominantly immigrant-origin children, we commonly find cultures of low teacher expectations where what is sought and valued by teachers is student compliance rather than curiosity or student cognitive engagement (Suárez-Orozco, Suárez-Orozco and Todorova, 2008; Conchas, 2001). Low teacher expectations shape the educational experience and outcomes of their pupils in fundamental ways beyond simply exposing them to low educational standards (Weinstein, 2002). Classrooms and schools typically sort children into those who are thought to be talented versus those who are thought to be less so. These expectations may be made based on impressions of individual capabilities, but are often founded upon stereotyped beliefs about their racial, ethnic, and socio-economic backgrounds as well (e. g., »Asian children are smart and hardworking« while »Latino children are social«). Children are very well aware of the perceptions that teachers have of them; well-regarded pupils receive ample positive social mirroring (or reflections and feedback) about their capacity to learn and thus are more likely to redouble their efforts (Suárez-Orozco, 2001). Children who are found wanting on any combination of these characteristics, however, tend to either become invisible in the classroom or are actively disparaged. Under these circumstances, only the most resilient of children remain engaged (Súarez-Orozco and Súarez-Orozco, 2001; Todorova, 2008). Immigrant-origin children from families who do not always share the culture of the teachers who teach them are particularly susceptible to these kinds of negative expectations (Dabach et al., 2018; Súarez-Orozco and Súarez-Orozco, 2001).

6.2.4 Ill-prepared Teachers

In 2002, A. Lynn Goodwin scanned the educational literature in order to consider the ways in which education as a field were considering the fastest growing student population–immigrant-origin children. That review of the literature led her to determine that while there was some effort focused on language acquisition issues, there was nearly no focus on social emotional issues or the need to consider ways in which to make appropriate cultural adaptations to curriculum and pedagogy. Indeed, she noted there was little will to »do the right thing« (Goodwin, 2002, p. 156) in regards to these children. In a similar scan of the literature, done 15 years later, she found that little had changed (Goodwin, 2017). As Goodwin points out, the lack of understanding about immigrant learners along with (mis)conceptions about them present a clear danger to positive educational pathways as well as social integration.

6.2.5 Early Childhood Access Among Immigrant-origin Families

Families of immigrant origin are less likely to access childcare services as well as pre-school centered based care than are the families from U. S. born citizens (Mathews and Ewen, 2006; Miller et al., 2014). Center based care is infrequent for children of immigrants under age five. When both parents are working, the most common work arrangement is relative care (Mathews and Ewen, 2006). Further, until age five, children of immigrants are also less likely to participate in preschool or kindergarten than are their U. S. born peers (Mathews and Ewen, 2006; Miller et al., 2014).

A number of barriers have been identified that serve as impediments to access to early childhood services for immigrant-origin children. Of primary concern, under the current political climate, is fear of access. Undocumented parents of citizen children often do not take advantage of early childhood programs because they are fearful of exposing themselves (or other members of the family) to immigration authorities (Yoshikawa, 2011). By so doing they fear that they are putting themselves at risk to deportation or eventual denial to access to permanent legal status. Further, many work (multiple) jobs that do not align with regular childcare hours (Mathews and Ewen, 2006). It should be noted that in many cultures of origin, formal child care is simply not a cultural practice that the family would likely have engaged in had they remained in their country of origin (Obeng, 2007). Further, as more immigrants than non-immigrants of young children have two parents in the home with one working outside the home (Mathews and Ewen, 2006) and the other staying at home, issues of affordability can serve as impediment (Miller et al., 2014).

Yet for immigrant-origin children in particular, access to early childhood programs has the potential to »address issues of school readiness and language acquisition, and to ease integration for them and their families into the American society and its educational system« (Mathews and Ewen, 2006, p. 1). Participation in early childhood programs not only provides them with the classic kindergarten readiness skills (e. g.) but it also provides the opportunity for second language learners to begin their English learning prior to entering formal learning (Mathews and Ewen, 2006). Further, high quality programs with comprehensive family services can serve to ease the transition for immigrant families by providing them with essential health or social services in the community (Mathews and Ewen, 2006).

6.3 Conclusion

Immigrant origin families and their children face a variety of challenges as they navigate their way in the new land. For immigrant-origin, early childhood formal learning spaces have great potential as »sites of possibilities« (Fine and Jaffe-Walter, 2007) and safe havens for systematic, intimate, and long-term immersion in the new culture and society. To date, early childhood opportunities have failed to reach their potential for these children–a serious missed opportunity given that they are the fastest growing sector of the child population. By failing to address this issue, we are revealing a studied indifference to authentically and successfully engage our newest future citizens (Allen and Reich, 2013). We know how to do better and must demonstrate the will and the care to do so (Darling-Hammond and Cook-Harvey, 2018; Noddings, 2002).

References

Alegria, M., T., Hong, S., Gile, K. and Takeuchi, D. (2007): Developmental Contexts and Mental Disorders Among Asian Americans. Research in Human Development, 4(1-2), pp. 49–69.
Allen, D. and Reich, R. (2013) (Eds.): Introduction. Education, justice, & society. Chicago, IL: The University of Chicago Press.
Amnesty International. (1998): From San Diego to Brownsville: Human Rights Violations on the USA-Mexico Border. http://web.amnesty.org/library/Index/ENGAMR5103311998.
American Psychological Association (APA) (2012): Crossroads: The psychology of immigration in the new century. Report of the APA Presidential Task Force on Immigration. Washington, DC: Author.
August, D. and Shanahan, T. (2006): Synthesis: Instruction and professional development. In D. August and T. Shanahan (Eds.): Developing literacy in second-language learners: Report of the National Literacy Panel on Language.
Batalova, J., Fix, M. and Murray, J. (2007): Measures of change: The demography and literacy of adolescent English learners. Washington, DC: Migration Policy Institute.
Bean, F., and Stevens, G. (2003): America's newcomers and the dynamics of diversity. New York: Russell Sage Foundation.

Bean, F. D., Leach, M. A., Brown, S. K., Bachmeier, J. D. and Hipp, J. R. (2011): The educational legacy of unauthorized migration: Comparisons across U. S.-immigrant groups in how parents' status affects their offspring. International Migration Review, 45(2), pp. 348–385.

Berry, J. W., Phinney, J. S., Sam, D. L. and Vedder, P. (Eds.) (2006): Immigrant youth in cultural transition: Acculturation, identity, and adaptation across national contexts. Mahwah, NJ: Lawrence Erlbaum Associates.

Callahan, R. M. (2005): Tracking and High School English Learners: Limiting Opportunity to Learn. American Educational Research Journal, 42(2), pp. 305–328.

Callahan, R. M. and Gándara, P. (2004): On nobody's agenda: Improving English language learners' access to higher education. Teaching immigrant and second-language students: Strategies for success, pp. 107–127.

Callahan, R. M., and Gándara, P. C. (Eds.) (2014): The bilingual advantage: Language, literacy and the US labor market. Vol. 99. Bristol, RI: Multilingual Matters.

Callahan, R. M., Wilkinson, L., Muller, C., and Frisco, M. (2009): ESL placement and schools: Effects on immigrant achievement. Educational Policy, 23(2), pp. 355–384.

Capps, R. M., Castañeda, R., Chaudry, A. and Santos, R. (2007): The impact of immigration raids on America's children. Washington, D.C.: The Urban Institute.

Carhill, A., Suárez-Orozco, C. and Páez, M. (2008): Explaining English language proficiency among adolescent immigrant students. American Educational Research Journal, 79(4), pp. 1155–1179.

Chávez, L. (2008): The Latino threat: Constructing immigrants, citizens, and the nation. Stanford: Stanford University Press.

Child Trends Data Bank (2019): Immigrant Children. Washington, DC: Author. https://www.childtrends.org/indicators/immigrant-children.

Collier, V. P. (1995): Acquiring a second language for school. Directions in language and education 1: 1–14.

Collier, V. P. (1989): How long? A synthesis of research on academic achievement in a second language. TESOL quarterly, 23(3), pp. 509–531.

Conchas, G. (2001): Structuring failure and success: Understanding the variability in Latino school engagement. Harvard educational review, 71(3), pp. 475–505.

Cummins, J. (1991): Language development and academic learning. In: L. M. Malavé and G. Duquette (Eds.): Language, culture, and cognition. Clevedon, UK: Multilingual Matters, pp. 161–175.

Dabach, D. B., Suárez-Orozco, C., Hernandez, S. J. and Brooks, M. D. (2018): Future perfect? Teachers' expectations and explanations of their Latino immigrant students' postsecondary futures. Journal of Latinos and Education, 17(1), pp. 38–52.

Darling-Hammond, L. and Cook-Harvey, C. M. (2018): Educating the whole child: Improving school climate to support student success. Palo Alto, CA: Learning Policy Institute.

Delgado-Gaitan, C. (2004): Involving Latino families in schools: Raising student achievement through home-school partnerships. Thousand Oaks, CA: Corwin Press.

Delpit, L. (2006). Other people's children: Cultural conflict in the classroom. New York: New Press.

Delva, J., Horner, P., Martinez, R., Sanders, L., Lopez, W. D. and Doering-White, J. (2013): Mental health problems of children of undocumented parents in the United States: A hidden crisis. Journal of Community Positive Practices, 13(3), pp. 25–35.

Duncan, G. J. and Murname, R. J. (2014): Restoring opportunity: The crisis of inequality and the challenge of American Education. Cambridge & New York: Harvard Education Press & Sage Foundation.

Falicov, C. J. (1998): Latino families in therapy: A guide to multicultural practice. New York, NY: Guilford Press.

Faulstich-Orellana, M. (2001): The work kids do: Mexican and Central American immigrant children's contribution to households and schools in California. Harvard Educational Review 71(3), pp. 366–89.

Fazel, M., Reed, R. V., Panter-Brick, C. and Stein, A. (2012): Mental health of displaced and refugee children resettled in high-income countries: risk and protective factors. The Lancet, 379(9812), pp. 266–282.

Fine, M. and Jaffe-Walter, R. (2007): Swimming: On oxygen, resistance and possibility for immigrant youth under siege. Anthropology & Education Quarterly, 38(1), pp. 76–96.

Fuligni, A. (2001): A comparative longitudinal approach among children of immigrant families. Harvard Educational Review, 71(3), pp. 566–578.

Gándara, P. and Contrera, F. (2008): The Latino educational crisis: The consequences of failed policies. Cambridge, MA: Harvard University Press.

García Coll, C. and Marks, A. K. (2009): Immigrant stories: Ethnicity and academics in middle childhood. New York, NY: Oxford University Press.

Goldenberg, C., Rueda, R. S. and August, D. (2006): Sociocultural Influences on the Literacy Attainment of Language-Minority Children and Youth. In: D. August and T. Shanahan (Eds.): Developing literacy in second-language learners: Report of the National Literacy Panel on Language-Minority Children and Youth. Mahwah, NJ, US: Lawrence Erlbaum, pp. 269–318.

Goodwin, A. L. (2002): Teacher preparation and the education of immigrant children. Education and urban society, 34(2), pp. 156–172.

Goodwin, A. L. (2017): Who is in the classroom now? Teacher preparation and the education of immigrant children. Educational Studies, 53(5), pp. 433–449.

Hagelskamp, C., Suárez-Orozco, C. and Hughes, D. (2010): Migrating to opportunities: How family migration motivations shape academic trajectories among newcomer immigrant youth. Journal of Social Issues, 66 (4), pp. 717–739.

Hanson, G. H. (2010): The economics and policy of illegal immigration in the United States. Washington, DC: Migration Policy Institute.

Hernández, D. J., Denton, N. A. and Macartney, S. E. (2007): Children in immigrant families-the U. S. and 50 States: National origins, language, and early education. Research Brief Series Publication # 2007-11. Albany, NY: The Child Trends Center for Social and Demographic Analysis at SUNY.

Hobfoll, S. E. (1991): Traumatic stress: A theory based on rapid loss of resources. Anxiety Research, 4(3), pp. 187–197.

Jia, G., and Aaronson, D. (2003): A longitudinal study of Chinese children and adolescents learning English in the United States. Applied Psycholinguistics 24, pp. 131–161.

Kanstrom, D. (2010): Deportation nation: Outsiders in American history. Cambridge, MA: Harvard University Press.

Kao, G. and Tienda, M. (1995): Optimism and achievement: The educational performance of immigrant youth. Social Science Quarterly, 76 (1), pp. 1–19.

Kasinitz, P., Mollenkopf, J., Waters, M. C. and Holdaway, J. (2008): Inheriting the city: The children of immigrants come of age. Cambridge, MA & New York: Harvard University Press & Russell Sage Foundation.

Kulish, N., Yee, V., Dickerson, C., Robbins, L., Santos, F. and Medinca, J. (2017): Trump's immigration policies explained. New York, NY: New York Times. https://www.nytimes.com/2017/02/21/us/trump-immigration-policies-deportation.html?_r=0.

Levitt, P. and Schiller, N. G. (2004): Conceptualizing simultaneity: A transnational social field perspective on society. International Migration Review, 38(3), pp. 1002–1039.

Li, G. (2004): Family literacy: Learning from an Asian immigrant family. In: F. Boyd, C. Brock and M. Rozendal (Eds.): Multicultural and multilingual literacy and language practices. New York, NY: Guilford Press, pp. 304–322.

López, G. (2001): The value of hard work: Lessons on parental involvement from an (im) migrant household. Harvard Education Review.41(3), pp. 416–37.

López, M. H. and Velásco, G. (2011): Childhood poverty among Hispanics sets record, leads nation. Washington, D. C. Pew Hispanic Center. http://www.pewhispanic.org/2011/09/28/childhood-poverty-among-hispanics-sets-record-leads-nation/.

Luthar, S. S. (1999): Poverty and children's adjustment. Thousand Oaks, CA: Sage Publication, Inc.

Marks, A. K., Seaboyer, L. and Garcia Coll, C. (2015): The academic achievement of U. S. immigrant children and adolescents. In: C. Suarez-Orozco, M. Abo-Zena and A. K. Marks (Eds.): Transitions: The Development of Children of Immigrants. New York: NYU Press, pp. 259–275.

Massey, D. and Denton, N. (1993): American apartheid. Cambridge: Harvard University Press.

Masten, A. S. and Narayan, A. J. (2012): Child development in the context of disaster, war, and terrorism: Pathways of risk and resilience. Psychology, 63.

Mathews, H. and Ewen, D. (2006): Reaching all children? Understanding early care and education participation among immigrant children. Washington, D. C.; Center for Law and Social Policy. https://eric.ed.gov/?id=ED489574.

Mendoza, F. S., Joyce, J. R. and Burgos. A. E. (2007): Health of children in immigrant families. In: J. E. Lansford, K. Deater-Deckard and M. H. Bornstein (Eds.): Immigrant Families in Contemporary Society. New York: Guilford Press.

Menjívar, C. (2006): Liminal legality: Salvadoran and Guatemalan immigrants' lives in the United States. American Journal of Sociology, 111, pp. 999–1037.

Miller, C. and Werner-Winslow, A. (2016): Ten days after: Harassment and intimidation in the aftermath of the election. Southern Poverty Law Center. https://www.splcenter.org/20161129/ten-days-after-harassment-and-intimidation-aftermath-election.

Miller, P., Votruba-Drzal, E., Coley, R. L. and Koury, A. S. (2014): Immigrant families' use of early childcare: Predictors of care type. Early Childhood Research Quarterly, 29(4), pp. 484–498.

Milner, H. R. (2013): Analyzing poverty, learning, and teaching through a critical race theory lens. Review of Research in Education, 37(1), pp. 1–53.

Motomura, H. (2008): Immigration outside the law. Columbia Law Review, 108(8), pp. 1–9.

Noddings, N. (2002): Educating moral people: A caring alternative to character education. New York: Teachers College Press.

Obeng, C. S. (2007): Immigrants families and childcare preferences: Do immigrants' cultures influence their childcare decisions? Early Childhood Education Journal, 34(4), pp. 259–264.

Orfield, G. and Lee, C. (2006): Racial transformation and the changing nature of segregation. Cambridge: The Civil Rights Project at Harvard University.

Padilla, A., Lindholm, K., Chen, A., Duran, R., Hakuta, K., Lambert, W. and Tucker, R. (1991): The English-only movement: Myth, reality, and implications for psychology. American Psychologist 46(2), pp. 120–130.

Páez, M. and Hunter, C. (2015): Bilingualism and Language Learning. In: C. Suárez-Orozco, M. M. Abo-Zena and A. K. Marks (Eds.): Transitions: The Development of Children of Immigrants. New York. NYU Press, pp. 165-183.

Passel, J. S. (2006): Size and characteristics of the unauthorized migrant population in the U. S. Washington, DC: Pew Hispanic Center.

Perreira, K. M., Harris, K. M. and Lee, D. (2006): Making it in America: High school completion by immigrant and native youth. Demography, 43, pp. 511–536.

Pew Hispanic Center. (2013): A nation of immigrants: A portrait of the 40 million, including 11 million unauthorized. Washington, DC: Pew Research Center. http://www.pewhispanic.org/2013/01/29/a-nation-of-immigrants/.

Portes, A. and Rumbaut, R. G. (2006): Immigrant America: a portrait. Berkeley, CA: University of California Press.

Potochnick, S. R. and Perreira, K. M. (2010): Depression and anxiety among first-generation immigrant Latino youth: key correlates and implications for future research. The Journal of Nervous and Mental Disease, 198(7), pp. 470–77.

Preston, J. (2011, June 4): Immigrants are focus of harsh bill in Alabama. The New York Times, p. A10.

Ream, R. K. (2005): Toward understanding how social capital mediates the impact of mobility on Mexican American achievement. Social forces, 84(1), pp. 201–224.

Re-imagining Migration (2019): https://reimaginingmigration.org/

Rogers, J., Ishimoto, M., Kwako, A., Berryman, A. and Diera, C. (2019): School and society in the age of Trump. Los Angeles, CA: UCLA's Institute for Democracy, Education, and Access. https://idea.gseis.ucla.edu/publications/school-and-society-in-age-of-trump/.

Ruíz-de-Velasco, J., Fix, M., and Clewell, B. C. (2001): Overlooked and underserved: Immigrant students in U. S. secondary schools. Washington, DC: The Urban Institute.

Schwab, G. (2010): Haunting legacies: Violent histories and transgenerational trauma. New York, NY: Columbia University Press.

Shonkoff, J. P., Garner, A. S., Siegel, B. S., Dobbins, M. I., Earls, M. F., McGuinn, L., Pascoe, J. and Wood, D. (2012): The lifelong effects of early childhood adversity and toxic stress. Pediatrics, 129(1), pp. 232–246.

Sirin, S. R. and Fine, M. (2008): Muslim American youth: Understanding hyphenated identities through multiple methods. New York, NY: New York University Press.

Stanton-Salazar, R. D. and Dornbusch, S. M. (1995): Social Capital and the Reproduction of Inequality: Information Networks among Mexican-Origin High School Students. Sociology of Education, 68(2), pp. 116–135.

Suárez-Orozco, C., Motti-Stefanidi, F., Marks, A. and Katsiaficas, D. (2018): An integrative risk and resilience model for understanding the adaptation of immigrant-origin children and youth. American Psychologist, 73(6), pp. 781–796. http://dx.doi.org/10.1037/amp0000265.

Suárez-Orozco, C. (2004): Formulating identity in a globalized world. In: M. Suárez-Orozco and D. B. Qin-Hilliard (Eds.): Globalization: Culture and education in the new millennium. Berkeley, CA: University of California Press and the Ross Institute, pp. 173–202.

Suarez-Orozco, C. and Suárez-Orozco, M. M. (1995): Transformations: Immigration, family life, and achievement motivation among Latino adolescents. Stanford University Press.

Suárez-Orozco, C. and Suárez-Orozco, M. M. (2009): Children of immigration. Cambridge, MA: Harvard University Press.

Suárez-Orozco, C., Bang, H. J. and Kim, H. Y. (2010): I felt like my heart was staying behind: Psychological implications of family separations & reunifications for immigrant youth. Journal of Adolescent Research.

Suárez-Orozco, C., Suárez-Orozco, M. and Todorova, I. (2008): Learning a new land: Immigrant students in American Society. Cambridge: Harvard University Press.

Suárez-Orozco, C., Yoshikawa, H., Teranishi, R. and Suárez-Orozco, M. (2011): Growing up in the shadows: The developmental implications of growing up unauthorized status. Harvard Education Review, 81(3), pp. 438–472.

Suárez-Orozco, C. (2017): The Diverse Immigrant Student Experience: What Does it Mean for Teaching? Educational Studies, 53(5), pp. 522–534.

Suárez-Orozco, C. Martin, M. Alexandersson, M., Dance, L. and Lunneblad, J. (2013): Promising practices: Preparing children of Immigrants in New York and Sweden. In: R. Alba and J. Holdaway (Eds.): The Children of Immigrants in School: A Comparative Look at Integration in the United States and Western Europe. NY: New York University Press, pp. 204–251.

Suárez-Orozco, C. (2020): Countering cascading xenophobia and cultivating shared fate: Educational settings at the frontline. Paper presented to the Pontifical Academy of Social Sciences, Education: The Global Compact Meeting. Vatican City; February 6.

Suárez-Orozco, C., Abo-Zena, M. M. and Marks, A. K. (Eds.) (2015): Transitions: The development of children of immigrants. NYU Press.

Suro, R., Suárez-Orozco, M. M. and Canizales, S. L. (2015): Removing Insecurity: How American Children Will Benefit from President Obama's Executive Action on Immigration. Los Angeles: Tomas Rivera Policy Institute.

Thomas, W. P. and Collier. V. P. (2002): A National Study of School Effectiveness for Language Minority Students' Long-Term Academic Achievement. Berkeley: University of California Berkeley Center for Research on Education, Diversity & Excellence.

United Nations Development Programme (2009): Human development report 2009 – Overcoming barriers: Human mobility and development. New York: United Nations Development Programme. http://hdr.undp.org/en/content/human-development-report-2009.

Valdez, E. O. (2001): Winning the battle, losing the war: Bilingual teachers and post-Proposition 227. The Urban Review, 33(3), pp. 237–253.

Weinstein, R. S. (2002): Reaching higher. Cambridge, MA: Harvard University Press.

Yin, R. K. (2003): Case study research: Design and methods (3rd ed.). Thousand Oaks, CA: Sage.

Yoshikawa, H. (2011): Immigrants raising citizens: Undocumented parents and their young children. New York: Russel Sage.

Yoshikawa, H., Suárez-Orozco, C. and Gonzales, R. G. (2017): Unauthorized status and youth development in the United States: Consensus statement of the society for research on adolescence. Journal of Research on Adolescence, 27(1), pp. 4–19.

Autorinnenverzeichnis

Prof. Dr. Maisha-Maureen Auma ist Professorin für Kindheit und Differenz (Diversity Studies) im Fachbereich Angewandte Humanwissenschaften an der Hochschule Magdeburg-Stendal. Zurzeit ist sie Gastprofessorin am Zentrum für interdisziplinäre Frauen- und Geschlechterforschung der Technischen Universität Berlin.

Dr. Janne Braband ist wissenschaftliche Mitarbeiterin am Lehrstuhl für internationale und interkulturelle Bildungsforschung an der Fakultät für Humanwissenschaft der Otto von Guericke Universität Magdeburg.

Prof. Dr. Drorit Lengyel ist Professorin für Erziehungswissenschaft in multilingualen Kontexten sowie Mitglied der Arbeitsgruppe Diversity in Education Research an der Fakultät für Erziehungswissenschaft an der Universität Hamburg.

Prof. Dr. Berrin Özlem Otyakmaz ist Professorin für Beratungswissenschaften im Schwerpunkt Interkulturelle Kompetenz und Migration an der Hochschule der Bundesagentur für Arbeit in Schwerin.

Prof. Dr. Julie A. Panagiotopoulou ist Professorin für Bildung und Entwicklung in Früher Kindheit im Department für Erziehungs- und Sozialwissenschaften an der Universität zu Köln.

Prof. Dr. Carola Suárez-Orozco ist Professorin für Beratung und Schulpsychologie an der University of Massachusetts in Boston, USA. Außerdem ist sie Mitbegründerin von »Re-Imagining Migration«.

Prof. Dr. Fahimah Ulfat ist Professorin für islamische Religionspädagogik und Leiterin des Instituts für islamisch-religionspädagogische Forschung am Zentrum für Islamische Theologie der Eberhard Karls Universität Tübingen.

Dr. Evamaria Zettl ist Dozentin für Deutschdidaktik und Migrationspädagogik an der Pädagogischen Hochschule Thurgau in der Schweiz.